Makroökonomische Effizienz des Finanzsektors

AF893576

Forschungsergebnisse der Wirtschaftsuniversität Wien

Band 22

PETER LANG
Frankfurt am Main · Berlin · Bern · Bruxelles · New York · Oxford · Wien

Hans Christian Mantler

Makroökonomische Effizienz des Finanzsektors

Herleitung eines theoretischen Modells und Schätzung der Wachstumsimplikationen für die Marktwirtschaften und Transformationsökonomien Europas

PETER LANG
Internationaler Verlag der Wissenschaften

Bibliografische Information der Deutschen Nationalbibliothek
Die Deutsche Nationalbibliothek verzeichnet diese Publikation in der Deutschen Nationalbibliografie; detaillierte bibliografische Daten sind im Internet über <http://www.d-nb.de> abrufbar.

Gefördert durch die Wirtschaftsuniversität Wien.

Umschlaggestaltung:
Atelier Platen, nach einem Entwurf
der Werbeagentur Publique.

Universitätslogo der Wirtschaftsuniversität Wien:
Abdruck mit freundlicher Genehmigung
der Wirtschaftsuniversität Wien.

ISSN 1613-3056
ISBN 978-3-631-55241-4

© Peter Lang GmbH
Internationaler Verlag der Wissenschaften
Frankfurt am Main 2008
Alle Rechte vorbehalten.

Das Werk einschließlich aller seiner Teile ist urheberrechtlich geschützt. Jede Verwertung außerhalb der engen Grenzen des Urheberrechtsgesetzes ist ohne Zustimmung des Verlages unzulässig und strafbar. Das gilt insbesondere für Vervielfältigungen, Übersetzungen, Mikroverfilmungen und die Einspeicherung und Verarbeitung in elektronischen Systemen.

www.peterlang.de

Meiner Familie und meinen Freunden!

Und dem Leser zum Geleit:

Im Anschluß [...] entwickelt sich [...] die Verwaltung des zinstragenden Kapitals oder des Geldkapitals als besondre Funktion der Geldhändler. Das Borgen und Verleihen des Geldes wird ihr besondres Geschäft. Sie treten als Vermittler zwischen den wirklichen Verleiher und den Borger von Geldkapital. Allgemein ausgedrückt besteht das Bankiergeschäft nach dieser Seite darin, das verleihbare Geldkapital in seiner Hand zu großen Massen zu konzentrieren, so daß statt des einzelnen Geldverleihers die Bankiers als Repräsentanten aller Geldverleiher den industriellen und kommerziellen Kapitalisten gegenübertreten. Sie werden die allgemeinen Verwalter des Geldkapitals. Andererseits konzentrieren sie, allen Verleihern gegenüber, die Borger, indem sie für die für die ganze Handelswelt borgen. Eine Bank stellt auf der einen Seite die Zentralisation des Geldkapitals der Verleiher, auf der anderen Seite die Zentralisation der Borger dar. Ihr Profit besteht im Allgemeinen darin, daß sie zu niedrigeren Zinsen borgt, als sie ausleiht.

[...]

Es findet hier eine Wechselwirkung statt. Die Entwicklung des Produktionsprozesses erweitert den Kredit, und der Kredit führt zur Ausdehnung der industriellen und merkantilen Operationen.

[...]

Das Kreditwesen beschleunigt daher die materielle Entwicklung der Produktivkräfte und die Herstellung des Weltmarktes.

Karl Marx: *Das Kapital. Kritik der politischen Ökonomie*, 3. Band
Nach der von Friedrich Engels herausgegebenen ersten Auflage, 1894.

Inhaltsverzeichnis

Tabellen- und Abbildungsverzeichnis

Tabellenverzeichnis

Abbildungsverzeichnis

Einleitung

Eine fundamentale Frage der Ökonomie, der sich Wissenschaftler seit Anbeginn der Disziplin widmen, ist, warum verschiedene Länder unterschiedliche Niveaus ökonomischen Wohlstandes aufweisen bzw. deren Wohlstand in unterschiedlichem Maße wächst. Die volkswirtschaftliche Literatur bietet zahlreiche Faktoren an, die einen Erklärungsbeitrag liefern können. Unter anderem sind zu nennen: die Akkumulation von Produktionsfaktoren, der Bildungsstand der Bevölkerung, die Entwicklung wirtschaftsrelevanter Institutionen, die Effektivität des Rechtssystems und internationaler Handel. Ein Faktor, dem erst seit etwa einem Jahrzehnt verstärkte Aufmerksamkeit gewidmet wird, ist der Finanzsektor.

Die Vermutung, dass zwischen dem Finanzsektor und dem ökonomischen Wohlstand eines Landes ein Zusammenhang besteht, wurde bereits von Adam Smith ([1776] 1979: 279) vorgebracht. Er vertrat die Ansicht, dass die hohe Bankendichte im damaligen Schottland einen entscheidenden Beitrag zur rasanten Entwicklung der schottischen Ökonomie leistete. Im frühen 20. Jahrhundert argumentierte Schumpeter ([1911] 1952: 140ff), dass die Kreditschöpfung durch das Bankensystem eine notwendige Voraussetzung zur Mehrung des ökonomischen Wohlstandes darstellt. Sie erlaubt Unternehmen, neue Faktorkombinationen aufzuspüren und neue Produkte zu innovieren.

In der zweiten Hälfte des 20. Jahrhunderts wurde der Zusammenhang zwischen dem Finanzsektor und dem wirtschaftlichen Wohlstand durch die bahnbrechenden Arbeiten von Goldsmith (1969), McKinnon (1973) und Shaw (1973) thematisiert. Diese frühen Arbeiten teilten jedoch die Schwäche, dass sie keine theoretischen Modelle über die Verbindung zwischen Finanzsektor und Wirtschaftswachstum entwickelten (Tsuru 2000). Diese Schwäche wog umso schwerer, als sich die ökonomische Theoriebildung zu dieser Zeit stark am Arrow (1964) – Debreu (1959) Modell orientierte, das von einer Modellwirtschaft ohne Informations- und Transaktionskosten ausging. Dieser Denkhaltung entsprechend wird dem Finanzsektor keine Relevanz in Bezug auf die Realwirtschaft zugesprochen. Der Finanzsektor zieht lediglich einen Schleier über realwirtschaftliche Entwicklungen.

Sobald die Existenz von Informations- und Transaktionskosten theoretisch akzeptiert war, änderte sich die Wahrnehmung der Rolle des Finanzsektors: im Allokationsprozess finanzieller Ressourcen trägt der Finanzsektor aktiv zur Verringerung von Informations- und Transaktionskosten bei (z.B. Merton und Bodie 1995).

Auf theoretischer Ebene legte diese Erkenntnis den Grundstein für die Bildung vor allem endogener Wachstumsmodelle, die sich explizit der Verbindung zwischen Finanzsektor und Wirtschaftswachstum widmeten (z.B. Greenwood und Jovanovic 1990, Bencivenga und Smith 1991, King und Levine 1993b, Bencivenga et al. 1995, Greenwood und Smith 1997).

Die empirische Forschung erlebte eine Renaissance durch die einflussreichen Arbeiten von King und Levine (1993a und 1993b) und den Literaturüberblick von Levine (1997). Eine beeindruckende Anzahl empirischer Arbeiten stellt fest, dass der Finanzsektor maßgeblichen Einfluss auf das Wirtschaftswachstum ausübt. Arbeiten, die sich auf einzelne Ländergruppen unter ähnlichen Rahmenbedingungen konzentrieren, geben jedoch Hinweise darauf, dass sich die Stärke des Wirkungszusammenhanges zwischen den Ländern unterscheidet. Die bisherige empirische Forschung konzentriert sich schwerpunktmäßig auf den makroökonomischen Nutzen des Finanzsektors. Die makroökonomischen Kosten werden selten berücksichtigt. Kosten-Nutzen-Überlegungen im Sinne makroökonomischer Effizienz werden kaum angestellt.

Vor diesem Hintergrund verfolgt die vorliegende Arbeit folgende Ziele:

(a) auf theoretischer Ebene ein Modell der makroökonomischen Effizienz des Finanzsektors herzuleiten;
(b) auf definitorischer Ebene ein umfassendes Konzept der makroökonomischen Effizienz des Finanzsektors vorzuschlagen;
(c) auf empirischer Ebene die Wachstumsimplikationen der makroökonomischen Effizienz des Finanzsektors für die Marktwirtschaften und Transformationsökonomien Europas zu schätzen.

Das auf theoretischer Ebene gebildete Modell berücksichtigt sowohl positve, über den Produktivitätskanal laufende Wachstumseffekte als auch negative, über den Faktorakkumulationskanal laufende Wachstumseffekte. Die positiven Wachstumseffekte ergeben sich aus den Vorteilen des Finanzsektors in der Allokation von Kapital: Mehr Kapital wird rentierlicheren Investitionsvorhaben zugeführt. Die negativen Wachstumseffekte ergeben sich aus dem Bedarf des Finanzsektors an Arbeitskräften zur Erbringung seiner Dienstleistungen: Je mehr Dienstleistungen der Finanzsektor erbringt, desto mehr Arbeitskräfte benötigt er und desto weniger Arbeit steht zur realwirtschaftlichen Produktion zur Verfügung. Hierauf aufbauend wird vorgeschlagen, dass der Finanzsektor makroökonomisch effizient ist, wenn der Grenznutzen des positiven, produktivitätssteigernden Wachstumseffektes gleich den Grenzkosten des negativen, arbeitsverzehrenden Grenzwachstumseffektes ist. Sind beide Grenzwachstumseffekte unterschiedlich groß wird das Wachstumspotential des Finanzsektors nicht voll genützt. Ist beispielsweise der positve Grenzwachstumseffekt größer als der negative Grenzwachstumseffekt, kann eine Ausweitung des Finanzsektors zusätzliches Wirtschaftswachstum generieren.

Im Folgenden wird das theoretische Rahmenmodell in eine empirische Schätzgleichung überführt, die sich auf die empirische Untersuchung des positiven, über den Produktivitätskanal laufenden Wachstumseffekts konzentriert. Es wird gezeigt, dass der aus dem theoretischen Modell abgeleitete Indikator für die Größe des Finanzsektors (Finanzaktiva des Finanzsektors gegenüber dem inländischen Privatsektor / Kapitalstock des Privatsektors) höhere Erklärungskraft als bisherige Indikatoren (Finanzaktiva des Finanzsektors gegenüber dem inländischen Privatsektor / Bruttowertschöpfung des Privatsektors) aufweist. Es wird gezeigt, dass sich die Wachstumseffekte des Finanzsektors zwischen den Ländern unterscheiden, sich jedoch Ländergruppen mit einem ähnlichen Zusammenhang zwischen Finanzsektor und Wirtschaftswachstum bilden lassen. Die emiprischen Ergebnisse stützen die Vermutung, dass die über den Produktivitätskanal laufenden Wachstumseffekte des Finanzsektors positiv sind, jedoch mit zunehmender Bedeutung des Finanzsektors im Kapitalallokationsprozess sinken. Die induzierten Wachstumseffekte sind kurzfristiger Natur. Diese Ergebnisse sind weitgehend robust gegenüber dem Einschluss von Kontrollvariablen und dem Einsatz von Instrumentalvariablenschätzern.

Aufbauend auf den Ergebnissen der empirischen Untersuchung werden mit Simulationen die länderspezifischen Wachstumseffekte des Finanzsektors für das Jahr 2002 berechnet. Hierbei finden sowohl positive, über den Produktivitätskanal laufende als auch negative, über den Faktorakkumulationskanal laufende Wachstumsimpulse Berücksichtigung. Anschließend wird das makroökonomisch effiziente Niveau der Bedeutung des Finanzsektors für jedes Land abgeleitet. Die Ergebnisse zeigen, dass die Optimierung der Bedeutung des Finanzsektors im Kapitalallokationsprozess insbesondere in den Transformationsökonomien kräftige Wachstumsimpulse auslösen kann.

Die vorliegende Arbeit schafft eine hilfreiche und wertvolle Grundlage für politische Entscheidungsträger. Sie ermöglicht, das volle wachstumsfördernde Potential des Finanzsektors auszuschöpfen. Im Hinblick auf den Prozess der wirtschaftlichen Integration der Transformationsländer in die Europäische Union ist dies von besonderer Bedeutung. Der Aufbau eines makroeffizienten Finanzsektors trägt zur Sicherung der realwirtschaftlichen Konvergenz innerhalb der erweiterten Europäischen Union bei.

Die vorliegende Arbeit gliedert sich in 6 Kapitel. In einem ersten Kapitel wird der theoretische Stand des Forschungsfeldes umrissen. Es werden unterschiedliche Erklärungen des Wirkungszusammenhanges zwischen Finanzsektor und Realwirtschaft dargestellt und deren Bedeutung für die makroökonomische Effizienz des Finanzsektors besprochen. Ein zweites Kapitel widmet sich den Ergebnissen empirischer Forschung, den eingesetzten Spezifikationstypen, Indikatoren und ökonometrischen Methoden. Aufbauend auf den ersten beiden Kapiteln schafft ein drittes den modelltheoretischen Rahmen für die empirische Untersuchung. Einerseits wird ein definitorisches Konzept makroökonomischer Effizienz vorgeschlagen, andererseits ein theoretisches Modell der makroökonomischen Effizienz des Finanzsektors hergeleitet. Ein viertes Kapitel beschreibt die zur empirischen Untersuchung herangezogenen Daten. Anschließend präsentiert ein fünftes Kapitel die eingesetzte Methodik und Ergebnisse der empirischen Untersuchung. Das letzte Kapitel fasst die zentralen Erkenntnisse der Arbeit zusammen und bespricht deren wirtschaftspolitische Implikationen sowie deren Implikationen für die weitere Forschung.

Die vorliegende Arbeit ist nicht nur als das Ergebnis der eigenen, intensiven Auseinandersetzung mit der Literatur des Forschungsbereiches und der eigenen, oft einsamen Gedankenarbeit zu bertrachten. Vielmehr ist sie auch als Ergebnis vielfältiger fachlicher Diskussionen und familiären sowie freundschaftlichen Beistandes zu sehen.

Zuallererst möchte ich meinem Doktorvater, Univ.-Prof. Dkfm. Dr. Gerhard Fink (Europainstitut der Wirtschaftsuniversität Wien) danken, der mich für das spannende Thema der vorliegenden Arbeit begeistert hat und so den gedanklichen Grundstein für die Auseinandersetzung mit der makroökonomsichen Effizienz des Finanzsektors gelegt hat. Ebenfalls schulde ich meinem Zweitbetreuer, a.o. Univ.-Prof. Dr. Werner Müller (Institut für Wirtschaftsstatistik der Wirtschaftsuniversität) Dank, der mir bei der Bewältigung der methodischen Komplexität der vorliegenden Arbeit eine unentbehrliche Hilfe war. In vielen persönlichen Diskussionen und elektronischer Korrespondenz half er mir, mein ökonometrisches Wissen zu schärfen und ökonometrische Methoden an die vorliegenden Probelmstellungen anzupassen. Weiters danke ich Frau Edith Knoch für die Redigation dieser Arbeit und dem Peter Lang Verlag sowie der Wirtschaftsuniversität Wien, die die Publikation dieser Arbeit ermöglichten.

Abschließend bedanke ich mich besonders herzlich bei meiner Familie für die emotionale und finanzielle Unterstützung in dieser mich prägenden Zeit. Ich danke meinen Freunden für ihre

Geduld, die sie bewiesen haben, wenn ich versuchte meine Faszination für dieses spannende, jedoch komplexe und abstrakte Themengebiet mit ihnen zu teilen. Ihnen, meiner Familie und meinen Freunden, sei diese Arbeit daher in Dank gewidmet!

1. *Theoretischer Stand des Forschungsfeldes*[1]

Dieses Kapitel gibt einen Überblick über theoretische Arbeiten, die zum Verständnis der makroökonomischen Effizienz des Finanzsektors beitragen.

Die bisherigen theoretischen Arbeiten gehen nicht explizit auf das Thema makroökonomischer Effizienz ein. Vielmehr behandeln sie zur Ableitung makroökonomischer Effizienz notwendige Einzelaspekte. Diese sind:

(a) der makroökonomische Nutzen des Finanzsektors und
(b) die makroökonomischen Kosten des Finanzsektors.

1.1. Theorien über den Nutzen des Finanzsektors

Merton und Bodie (1995: 12) sowie Tobin (1984) sehen den primären Nutzen des Finanzsektors darin, dass „the financial sector [...] facilitates the allocation and development of economic resources, across space and time in an uncertain environment". Diese Primärfunktion kann in mehrere nutzenstiftende Teilfunktionen heruntergebrochen werden (Levine 1997, Tobin 1984), die ihre wachstumsfördernde Wirkung über den Kanal der gesamtwirtschaftlichen Produktivität entfalten:

(a) Bereitstellung eines Zahlungssystems

Die Bereitstellung eines effizienten und verläßlichen Zahlungssystems durch den Finanzsektor erlaubt die Senkung realwirtschaftlicher Transaktionskosten, die produktive Spezialisierung und bewirkt eine Erhöhung der gesamtwirtschaftlichen Produktivität (Greenwood und Smith 1997, Chang 2002).

(b) Poolen von Ersparnissen

Das Sammeln und Anhäufen von Kleinersparnissen durch den Finanzsektor erlaubt die Nutzung effizienter Produktionstechnologien sowie optimaler Produktionsgrößen, die hohe Anfangsinvestitionen benötigen (Sirri und Tufano 1995).

(c) Allokation finanzieller Ressourcen

(aa) Auswahl und Bewertung von Investitionsprojekten

Finanzintermediäre, die sich auf die Beschaffung und Bewertung von Informationen über Investitionsprojekte und Unternehmen spezialisieren, können die Allokation finanzieller Ressourcen verbessern und damit wirtschaftliche Wachstumsimpulse geben (Greenwood und Jovanovic 1990, King und Levine 1993b).

Tiefe und liquide Wertpapiermärkte sind ebenfalls in der Lage, die Allokation finanzieller Ressourcen zu verbessern, indem sie Anreiz zur Beschaffung und Verbreitung von Unternehmensinformationen geben (Gossman und Stiglitz 1980, Holstrom und Tirole 1993). Dies wird jedoch teils bestritten (Stiglitz 1988): Wenn Wertpapiermärkte wirklich kontinuierlich Informationen über attraktive Investitionsmöglichkeiten aufdecken, würde niemand Anreiz verspüren, Informationen zu sammeln.

---

[1] Dieser Abschnitt profitiert stark von Fink et al. (2004a).

(bb) Diversifikation von Liquiditätsrisiken

Der Finanzsektor schützt Sparer und Investoren vor Investitionsrisiken. Sparer sind teils gezwungen, Investitionen vor ihrer Amortisation zu liquidieren. Durch die Haltung von Einlagenportfolios können Finanzintermediäre dieses Risiko diversifizieren. Mehr Investitionen werden illiquiden Projekten zugeführt (Diamond und Dybvig 1983). Damit verbundene Produktivitätsgewinne führen zu einer Steigerung des Wirtschaftswachstums (Bencivenga und Smith 1991).

Liquiditätsrisiken können auch über Wertpapiermärkte gemindert werden. Wird Liquidität benötigt, werden Wertpapiere verkauft. Dies setzt jedoch voraus, dass die Transaktionskosten auf Wertpapiermärkten nicht prohibitiv hoch sind (Bencivenga et al. 1995).

(cc) Diversifikation von idiosynchratischen Risiken

Der Finanzsektor schützt Sparer vor idiosynchratischem Risiko, d.h. vor dem Risiko, dass Investitionen keinen Gewinn abwerfen. Indem Finanzintermediäre Portfolios von Investitionsprojekten mit dem Geld der Sparer halten, kann mehr in risikoreiche, rentierliche Projekte investiert werden, ohne das Risiko des Gesamtportfolios zu erhöhen (Greenwood und Jovanovic 1990, Levine 1991). Idiosynchratische Risiken können auch direkt auf Wertpapiermärkten durch Portfoliobildung diversifiziert werden (Levine 1991).

Die Zuführung eines höheren Anteils finanzieller Ressourcen zu riskanten, rentierlichen Investitionsprojekten wirkt gesamtwirtschaftlich produktivitätssteigernd (Saint-Paul 1992) und fördert das Tempo des technologischen Wandels (King und Levine 1993b).

(d) Überwachung von Investitionsprojekten

Finanzintermediäre überwachen laufend Investitionsprojekte, um das Risiko von Misswirtschaft mit überlassenen finanziellen Ressourcen zu minimieren. Eine verbesserte Überwachung der Projekt- bzw. Unternehmensgebarung treibt das Wirtschaftswachstum durch produktivere Kapitalallokation an (Bencivenga und Smith 1993).

Die Quantität und Qualität der durch den Finanzsektor bereitgestellten Dienstleistungen bestimmt, wie gut der Finanzsektor die dargestellten (Teil-)Funktionen erfüllt.[2]

---

[2] Es wird auch diskutiert, dass der Finanzsektor als Nebenprodukt der Bereitstellung finanzieller Dienstleistungen die Sparquote und damit auch das Wirtschaftswachstum über den Kanal der Kapitalakkumulation beeinflusst. Das Vorzeichen und die Stärke dieses Effektes ist theoretisch nicht eindeutig. Es wird angenommen, dass insbesondere die Diversifikation von Liquiditätsrisiko und idiosynchratischem Risiko die Sparneigung beeinflusst, indem die Erträge erhöht und gleichzeitig die Risiken vermindert werden. Die Wirkung erhöhter Erträge hängt von der Stärke des Einkommens- und des Substitutionseffektes ab. Die Auswirkung der Verminderung des Risikos hängt vom Grad der Risikoaversion (Devreux und Smith 1994, Levhari und Srinivasan 1969) und vom Grad des Vorsorgesparens ab (Kimball 1990, Caballero 1990). Empirische Ergebnisse hierzu sind widersprüchlich (z.B. Levine und Zervos 1998, Beck et al. 2000b)

1.2. Theorien über die Kosten des Finanzsektors

Die Bereitstellung finanzieller Dienstleistungen ist nicht kostenlos. Einerseits werden Transaktionsgebühren, Provisionen, Margen zwischen Einlage- und Kreditzins, etc. einbehalten (finanzielle Intermediationskosten). Andererseits benötigt der Finanzsektor Produktionsfaktoren zur Erstellung seiner Intermediationsleistungen (reale Intermediationskosten).

Theoretische Überlegungen zu den makroökonomischen Kosten des Finanzsektors gehen davon aus, dass diese das Wirtschaftswachstum über den Faktorakkumulationskanal beeinflussen:

(a) Auswirkungen auf den Faktor Arbeit

Fink et al. (2004a), Santomero und Seater (2000) sowie Deidda (1999) konzentrieren sich auf die realen Intermediationskosten. Die Erstellung finanzwirtschaftlicher Dienstleistungen erfordert den Einsatz von Produktionsfaktoren, im Falle des Finanzsektors insbesondere Arbeit. Das dem Realsektor zur Verfügung stehende Arbeitskräftepotential verringert sich, somit auch die Bruttowertschöpfung.

(b) Auswirkungen auf den Faktor Kapital

Finanzielle Intermediationskosten stellen aus Sicht von Unternehmen Anschaffungskosten des Finanzkapitals dar. Erhöhen sich die Kosten pro Einheit aufgebrachten Finanzkapitals, so werden einige Investitionsprojekte unrentabel. Es wird weniger investiert. Das Wachstum des Kapitalstocks und damit das Wirtschaftswachstum verringern sich.

Wird im Vergleich zum Privatsektor ein höherer Anteil der vom Finanzsektor eingehobenen finanziellen Transaktionskosten Konsumzwecken zugeführt (z.B. öffentlichem Konsum über Steuereinnahmen aus dem Finanzsektor), so führt eine Erhöhung der Intermediationskosten zu einer Verringerung der gesamtwirtschaftlichen Sparneigung. Die Investitionstätigkeit verringert sich. Das Wachstum des Kapitalstocks und der Bruttowertschöpfung werden verlangsamt (Pagano 1993).

1.3. Kritische Würdigung theoretischer Arbeiten

Jede der dargestellten, theoretischen Überlegungen zum Nutzen und zu den Kosten des Finanzsektors bringt wichtige Einblicke in Teilaspekte der makroökonomischen Effizienz des Finanzsektors:

(a) Aspekt des Nutzens

Der Finanzsektor ist makroökonomisch desto effizienter, je mehr finanzwirtschaftliche Dienstleistungen er zur Verfügung stellt und je qualitativ hochwertiger diese sind.

(b) Aspekt der finanziellen Intermediationskosten

Der Finanzsektor ist makroökonomisch desto effizienter, je geringer die finanziellen Intermediationskosten pro alloziierter Einheit finanzieller Ressourcen sind.

(c) Aspekt der realen Intermediationskosten

Der Finanzsektor ist makroökonomisch desto effizienter, je geringer das Ausmaß der von ihm benötigten Produktionsfaktoren ist.

Jede dieser Einzelüberlegungen trifft ceteris paribus zu. Veränderungen in einer dieser „Effizienzdimensionen" bedingen jedoch im Regelfall auch Veränderungen in den anderen Dimensionen. Beispielsweise wird die Erhöhung der Bereitstellung finanzwirtschaftlicher Dienstleistungen mit einer Erhöhung der realen Intermediatonskosten einhergehen.

Vernachlässigt man die Wechselwirkungen zwischen den einzelnen „Effizienzdimensionen", kann es einerseits zu falschen wirtschaftspolitischen Schlussfolgerungen kommen: aus rein nutzenorientierten Überlegungen wird man folgern, dass so viel finanzielle Dienstleistungen bereitgestellt werden sollten wie nur möglich. Berücksichtigt man auch die Kosten des Finanzsektors, relativiert sich dieses Urteil. Andererseits können ex-ante keine Aussagen über die makroökonomisch effiziente Ausgestaltung des Finanzsektors getroffen werden.

Es braucht daher einen theoretischen Rahmen, der alle Teilaspekte der makroökonomischen Effizienz des Finanzsektors simultan berücksichtigt.

2. *Empirischer Stand des Forschungsfeldes*[3]

Dieses Kapitel gibt einen Überblick über empirische Arbeiten des Forschungsfeldes. Anfangs werden der Prozess und die Ergebnisse der systematischen Literaturrecherche beschrieben. Anschließend wird auf die Forschungsstrategien eingegangen, die zur Untersuchung der makroökonomischen Effizienz des Finanzsektors eingesetzt werden. In einem zweiten Unterkapitel werden die Ergebnisse der bisherigen Forschung diskutiert. Ebenso wird auf Einzelaspekte des empirischen Forschungsprozesses eingegangen. Diese sind:

(a) die Spezifikation empirisch testbarer Gleichungen,
(b) die Operationalisierung der Eigenschaften des Finanzsektors und
(c) die ökonometrische Analyse.

Abschließend werden bisherige empirische Arbeiten kritisch gewürdigt.

2.1. Forschung in 39 Spitzenjournalen und 34 Working-Paper-Reihen

Um einen umfassenden Überblick über die empirische Forschung zu geben, die sich mit der Makroeffizienz des Finanzsektors beschäftigt, wurden systematisch 39 akademische Spitzenjournale des Bereichs Finanzwirtschaftslehre und Volkswirtschaftslehre sowie 34 Working-Paper-Reihen relevanter Forschungseinrichtungen von 1997 bis 2002 nach relevanten Beiträgen durchsucht. Zusätzlich wurde mittels Literaturdatenbanken (EconLit, ProQuest) recherchiert. Die Zeit vor 1997 wurde mit dem Literaturüberblick von Blum et al. (2002) abgedeckt.[4] Eine Liste der Journale und Working-Paper-Reihen mitsamt der Anzahl der empirischen Beiträge, die unter das Thema der makroökonomieschen Effizienz fallen, findet sich in Tabelle 1 (siehe folgende Seiten). Jene Arbeiten wurden als unter den untersuchten Themenbereich fallend eingestuft, die das Wirtschaftswachstum mit Indikatoren der Entwicklung des heimischen Finanzsektors in Verbindung setzten.[5]

Von den 12.089 gesichteten Artikeln, 5.852 gesichteten Working-Papers und unzähligen gesichteten Büchern wurden 88 Beiträge als dem Themenbereich der makroökonomischen Effizienz des Finanzsektors zugehörig eingestuft. 8 Beiträge waren reine Literaturüberblicke.[6] Es verbleiben somit 80 empirische Primärstudien, die untersucht wurden.

Es ist zunehmendes Interesse am Forschungsfeld der makroökonomischen Effizienz des Finanzsektors zu verzeichnen: 7 Primärstudien (8,8 Prozent) wurden vor 1993 veröffentlicht. Im Zeitraum 1994 bis 1996 waren es 9 empirische Beiträge (11,3 Prozent). 12 Artikel (15,0 Prozent) wurden zwischen 1997 und 1998 veröffentlicht.

---

[3] Die Unterabschnitte 2.1 und 2.2 profitieren stark von Fink et al. (2004a)

[4] Im Gegensatz zu Blum et al. (2002) wurden die Beiträge von Bhattacharyay (1988), Gelb (1989), Hodgson (1989), Japelli und Pagano (1994), Artus (1995) und Andres et al. (1995) nicht eingeschlossen. Sie fallen nicht direkt unter das Thema der makroökonomischen Effizienz des Finanzsektors.

[5] Interessante Beiträge, die das Wirtschaftswachstum mit der internationalen Kapitalverkehrsfreiheit, dem Ausmaß der ausländischen Direkt- oder Portfolioinvestitionen und dem Ausmaß ausländischer Kredite in Verbindung setzen (z.B. Durham 2003a und 2003 b, Arestis et al. 2002, Bekaert et al. 2001 und 2000, Klein und Olivei 1999), wurden deshalb nicht berücksichtigt.

[6] Blum et al. (2002), Thiel (2001), Wachtel (2001), Mayer und Sussman (2001), Rajan und Zingales (2001), Beck et al. (2001a), Tsuru (2000) und Levine (1997)

Tabelle 1: 39 Spitzenjournale und 34 Working-Paper-Reihen und die Anzahl der Beiträge, die sich mit Aspekten der makroökonomischen Effizienz des Finanzssektors befassen

Journale	Anzahl der Beiträge	Working-Paper-Reihen	Anzahl der Beiträge
American Economic Review	2	BIS – Papers	
Applied Financial Economics	–	BIS – Policy Papers	–
Cambridge Journal of Economics	–	BIS – Working Papers	
Eastern European Economics	–	BOFIT – Discussion Papers	1
Economic Policy	–	CEPS – Working Documents	–
Economics of Transition	–	CEPS – Research Reports	
Empirica	–	CEPR – Discussion Papers	3
European Economic Review	2	CRENOS – Working Papers	2
European Finance Review	–	DIW – Discussion Papers	–
European Journal of Finance	–	EBRD – Working Papers	–
International Economic Review	–	ECB – Working Papers	
International Journal of Finance and Economics	2	ECB – Occasional Papers	–
Journal of Common Market Studies	–	EU – Economic Papers	2
Journal of Banking and Finance	1	EUI – Economics Working Papers	
Journal of Development Economics	2	EUI – Political and Social Science Working Papers	–
Journal of Development Studies	1	IHS – Economics Series	
Journal of Economic Growth	1	IHS – Transition Economics Series	–
Journal of Economic Literature	1	IHS – East European Series	
Journal of Economic Theory	–	IMF – Working Papers	3
Journal of Finance	4	IMF – Staff Papers	
Journal of Financial Economics	4	NBER – International Finance and Macroeconomics Working Papers	
Journal of Financial Intermediation	2	NBER – Economic Fluctuations and Growth Working Papers	5
Journal of Financial Research	–	NBER – Law and Economics Working Papers	
Journal of International Money and Finance	–	OECD – Growth Working Papers	
Journal of Macroeconomics	–	OECD – Finance and Investment Working Papers	3
Journal of Monetary Economics	2	OeNB – Working Papers	
Journal of Money, Credit, and Banking	4	OeNB – Focus on Transition	–
Journal of Political Economy	–	OeNB – Berichte und Studien	
Journal of Economic Perspectives	–	SUERF – Studies	1
Oxford Economic Papers	–	US Federal Reserve Board – Finance and Economics Discussion Papers	–
Oxford Review of Economic Policy	3	WIFO – Working Papers	1
Quarterly Journal of Economics	2	World Bank – International Economics Working Papers	
Review of Economic Studies	–	World Bank – Macroeconomics and Growth Working Papers	8
Review of Financial Economics	1	World Bank – Domestic Finance Working Papers	

Tabelle 1 (Fortsetzung):

Journale	Anzahl der Beiträge	Working-Paper-Reihen	Anzahl der Beiträge
Review of Financial Studies	–		
Review of International Economics	1		
Review of World Economics	–		
The Economic Journal	1		
World Bank Economic Review	–		
Andere Journale	12	Andere Working-Paper-Reihen	6
JOURNALE GESAMT	**48**	**WORKING-PAPERS GESAMT**	**35**
MONOGRAPHIEN	**3**	**BUCHBEITRÄGE**	**2**

In der darauffolgenden Zweijahresperiode waren es 19 Studien (23,8 Prozent). 33 Beiträge (41,3 Prozent) erschienen zwischen 2001 und 2002.

Auf die Frage, wie die makroökonomische Effizienz des Finanzsektors empirisch zu bestimmen ist, legen theoretische Überlegungen nahe (vgl. Kapitel 1), den Grenznutzen sowie die Grenzkosten des Finanzsektors direkt zu messen und zu vergleichen. Da jedoch der Grenznutzen und die Grenzkosten des Finanzsektors nicht direkt gemessen werden können, setzen Forscher vornehmlich Indikatoren der Größe des Finanzsektors[7] mit Indikatoren der wirtschaftlichen Aktivität in Verbindung.[8] Wie Graff (2000: 199) anmerkt, berücksichtigt kaum eine empirische Arbeit explizit die makroökonomischen Kosten des Finanzsektors. Dies bedingt, dass in der empirischen Forschung die positiven Wachstumseffekte des Finanzsektors nicht von den negativen Wachstumseffekten getrennt werden können. Vom Standpunkt makroökonomischer Effizienz bedeutet daher die Insignifikanz eines finanzsektoriellen Indikators nicht notwendigerweise, dass der Finanzsektor keinen Einfluss auf das Wirtschaftswachstum hat. Beispielsweise wird in Ländern mit einem hohen Grad makroökonomischer Effizienz der Grenznutzen den Grenzkosten des Finanzsektors gleichen. Empirische Schätzungen werden in insignifikanten Ergebnissen über den Zusammenhang zwischen Finanzsektor und Wirtschaftswachstum resultieren.

Nach dem Untersuchungsobjekt können empirische Arbeiten in Länderstudien, Branchenstudien und Unternehmensstudien unterteilt werden, nach dem methodischen Forschungsansatz in Zeitreihenstudien, Querschnittsstudien und Panelstudien, die sowohl eine Zeitdimension als auch eine Querschnittsdimension beinhalten. Tabelle 2 (siehe auf den folgenden Seiten) gibt einen Überblick über Untersuchungsobjekt und methodischen Forschungsansatz der einzelnen Studien.

[7] Es wird üblicherweise angenommen, dass die Größe des Finanzsektors mit der Bereitstellung finanzwirtschaftlicher Dienstleistungen und damit mit dem Nutzen des Finanzsektors positiv korreliert ist (Andres et al. 1999)

[8] Wie eine lange theoretische Debatte zeigt, wird angenommen, dass auch die Struktur des Finanzsektors (bankbasiert gegenüber wertpapierbasiert) Einfluss auf die Bereitstellung finanzieller Dienstleistungen hat. Einen umfassenden Überblick hierzu geben Allen und Gale (2001). Empirisch konnte der Einfluss der Struktur des Finanzsektors auf die Bereitstellung finanzieller Dienstleistungen und das Wirtschaftswachstum nicht nachgewiesen werden (vgl. Beck et al. 2000a und Levine 2002).

Tabelle 2: Empirische Primärstudien gegliedert nach Untersuchungsobjekt und methodischem Forschungsansatz[9]

Untersuchungsobjekt	Studie	Methodischer Forschungsansatz: Zeitreihenuntersuchung	Querschnittsuntersuchung	Panelуntersuchung
Länder	Wallich (1969)			X
	Fritz (1984)	X		
	Gupta (1984)	X		
	Jung (1986)	X		
	Ghani (1992)		X	
	King und Levine (1992)		X	X
	St. Hill (1992)	X		
	Atje und Jovanovic (1993)		X	
	King und Levine (1993a)		X	
	King und Levine (1993b)			X
	Wood (1993)	X		
	Gertler und Rose (1994)			X
	Thornton (1994)	X		
	De Gregorio und Giudotti (1995)		X	
	Demetriades und Hussein (1996)	X		
	Odedokun (1996)			X
	Arestis und Demetriades (1997)	X		
	Hannson und Jonung (1997)	X		
	Harris (1997)		X	
	Holzmann (1997)	X		
	Levine (1998)		X	
	Levine und Zervos (1998)		X	
	Neusser und Kugler (1998)	X		
	Rousseau und Wachtel (1998)	X		
	Andres et al. (1999)			X
	Fink und Haiss (1999)		X	
	Levine (1999)		X	
	Luintel und Kahn (1999)	X		
	Ram (1999)	X	X	
	Rousseau und Sylla (1999)	X		
	Beck et al. (2000a)		X	
	Benhabib und Spiegel (2000)		X	
	Beck et al. (2000b)		X	X
	Graff (2000)		X	X
	Kahn und Senhadji (2000)		X	X
	Levine et al. (2000)		X	X
	Rousseau und Wachtel (2000)			X
	Arestis et al. (2001)	X		
	Bassanini et al. (2001)			X

[9] Da sich die Studien von Beck et al. (2000a) und Tadesse (2002) nicht ausschließlich auf eine Untersuchungsebene beschränken, wurden sie mehrfach zugeordnet.

Tabelle 2 (Fortsetzung):

Unter-suchungs-objekt	Studie	Methodischer Forschungsansatz		
		Zeitreihen-untersuchung	Querschnitts-untersuchung	Panel-untersuchung
Länder	Beck und Levine (2001)			X
	Deidda und Fattouh (2001)		X	
	Jaffee und Levonian (2001)		X	
	Leahy et al. (2001)			X
	Rousseau und Sylla (2001)			X
	Shan et al. (2001)	X		
	Spiegel (2001)			X
	Al-Yousif (2002)	X		
	Beck und Levine (2002a)			X
	Drakos (2002)		X	X
	Durham (2002)			X
	Evans et al. (2002)			X
	Hahn (2002a)			X
	Hahn (2002c)		X	X
	Jalilian und Kirkpatrick (2002)			X
	Koivu (2002)			X
	La Porta et al. (2002)		X	
	Levine (2002)		X	
	Loayza und Ranciere (2002)			X
	Platek (2002)		X	
	Rousseau (2002)	X		X
Branchen	Rajan und Zingales (1998)			X
	Carlin und Mayer (1999)			X
	Beck und Levine (2000)			X
	Beck et al. (2000a)			X
	Singh et al. (2000)		X	
	Wurgler (2000)		X	
	Cetorelli und Gambera (2001)			X
	Beck und Levine (2002b)			X
	Claessen und Laeven (2002)			X
	Deidda und Fattouh (2002)			X
	Fisman und Love (2002)			X
	Giannetti et al. (2002)			X
	Tadesse (2002)			X
Unternehmen	Demirguc-Kunt und Maksimovic (1998)		X	
	Beck et al. (2000a)			X
	Demirguc-Kunt und Maksimovic (2000)			X
	Beck et al. (2002b)			X
	Demirguc-Kunt und Maksimovic (2002)			X
	Giannetti et al. (2002)			X
Anderes	Black und Strahan (2002)			X
	Guiso et al. (2002)			X

Eine Bestandsaufnahme der empirischen Ergebnisse, Verwendung findenden Spezifikationen, Indikatoren und der angewandten ökonometrischen Methodik all dieser Studien würde den Rahmen der vorliegenden Arbeit sprengen. Die Erläuterungen in den folgenden Unterabschnitten (Unterabschnitte 2.2 bis 2.5) beziehen sich daher nur auf jene 42 Arbeiten (in schwarz dick umrandet), die einerseits eine Analyse auf Länderebene durchführen und andererseits Querschnitts- oder Panelanalysen einsetzen.

2.2. Empirische Ergebnisse

Ebenso wie die theoretische Forschung konzentriert sich die empirische Forschung auf Einzelaspekte der makroökonomischen Effizienz des Finanzsektors, nämlich:

(a) den Nutzen des Finanzsektors und
(b) die Kosten des Finanzsektors.

Zusätzlich wurde ein weiterer Punkt in die Besprechung empirischer Ergebnisse aufgenommen, der sich:

(c) dem Zusammenhang zwischen Finanzsektor und Wirtschaftswachstum unter unterschiedlichen Rahmenbedingungen widmet.

2.2.1. Empirische Ergebnisse zum Nutzen des Finanzsektors

Die meisten empirischen Studien bauen auf den bahnbrechenden Arbeiten von King und Levine (1992, 1993a und 1993b) auf. Levine (1999 und 1998) sowie Levine und Zervos (1998) untersuchen den Zusammenhang zwischen der Größe des Bankensektors einerseits und dem Wirtschaftswachstum, dem Produktivitätswachstum und der Kapitalakkumulation andererseits. Sie finden, dass die Größe des Bankensektors positiv mit der zeitgleichen und zukünftigen Wachstumsrate der Wirtschaft, der Produktivität und des Kapitalstocks korreliert. De Gregorio und Giudotti (1995) kommen zu ähnlichen Ergebnissen, können jedoch die positive Wirkung des Bankensektors auf den Kapitalstock nicht eindeutig nachweisen. Ebenso La Porta et al. (2002).

Atje und Jovanovic (1993) stellen einen positiven Zusammenhang zwischen Aktienmarkt und Wirtschaftswachstum feststellen. Harris (1997) schätzt die Ergebnisse von Atje und Jovanovic nach, kann jedoch den stark positiven Zusammenhang nicht nachweisen. Ebenso finden Levine und Zervos (1998) hierfür keine Evidenz.

Da diese, aus Querschnittsuntersuchungen erlangten Ergebnisse durch Endogenitätsprobleme betroffen sind, untersuchen Beck et al. (2000b) und Levine et al. (2000) den Zusammenhang zwischen Bankensektor und Wirtschaftswachstum unter Verwendung von Paneldaten. Sie bestätigen den positiven Effekt der Größe des Banksektors auf das Wirtschaftswachstum und die Produktivität. Spiegel (2001) sowie Benhabib und Spiegel (2000) kommen zu ähnlichen Ergebnissen. Evans et al. (2002) schätzen eine Translog-Produktionsfunktion, die um Variablen für Humankapital und die Größe des Bankensektors angereichert wurde. Sie stellen fest, dass Humankapital und die Größe des Bankensektors Komplemente sind und folgern, dass das (Produktivitäts-)Wachstumspotential von Humankapital nur in Gegenwart eines entwickelten Bankensektors ausgeschöpft werden kann.

Tabelle 3: Empirische Ergebnisse zum makroökonomischen Nutzen des Finanzsektors

BREITES LÄNDERSAMPLE

Autor (Jahr)	Ländersample	Zeitraum	Methodischer Forschungsansatz	Eingeschlossene Finanzsegmente	Wachstumseffekt GE	PK	FAK
Wallich (1969)	max. 43 Länder aller Entwicklungsstufen	max. 1956-1965	Paneluntersuchung	Banksektor	+	0	+
	Hauptergebnisse:	Signifikant positiver Zusammenhang zwischen Finanzsektor und Wirtschaftswachstum. Haupteffekt läuft über Kapitalakkumulationskanal.					
King und Levine (1992)	max. 85 Länder aller Entwicklungsstufen	max. 1960-1989	Querschnitts- und Paneluntersuchung	Banksektor		+/0	
	Hauptergebnisse:	Schwach signifikant positver bzw. insignifikanter Zusammenhang zwischen Entwicklung des Banksektors und Wirtschaftswachstum.					
Atje und Jovanovic (1993)	max. 39 Länder aller Entwicklungsstufen	max. 1970-1988	Querschnittsuntersuchung	Bankensektor			0
				Aktienmarkt			+
	Hauptergebnisse:	Die Studie kommt zum Ergebnis, dass die Entwicklung von Aktienmärkten einen stark positiven Effekt auf das Wirtschaftswachstum hat. Für den Banksektor konnte kein Effekt nachgewiesen werden.					
King und Levine (1993a)	Max. 80 Länder aller Entwicklungsstufen	max. 1960-1989	Querschnittsuntersuchung	Banksektor	+	+	+
	Hauptergebnisse:	Die Entwicklung des Banksektors is stark mit dem Wirtschaftswachstum, der Wachstumsrate des physischen Kapitalstocks und dem Produktivitätswachstum korreliert.					
King und Levine (1993b)	Max. 80 Länder aller Entwicklungsstufen	max. 1960-1989	Panelanalyse	Banksektor	+	+	+
	Hauptergebnisse:	Die Entwicklung des Banksektors ist stark mit dem Wirtschaftswachstum, der Wachstumsrate des physischen Kapitalstocks und dem Produktivitätswachstum korreliert.					
De Gregorio und Giudotti (1995)	Max. 98 Länder aller Entwicklungsstufen	max. 1960-1985	Querschnittsuntersuchung	Banksektor	+	+	+/0
	Hauptergebnisse:	Die Entwicklung des Banksektors ist signifikant positiv mit dem Wirtschaftswachstum verbunden. Die Ergebnisse lassen schließen, dass der Haupteffekt über den Produktivitätskanal läuft.					

Tabelle 3 (Fortsetzung):

BREITES LÄNDERSAMPLE

Autor (Jahr)	Ländersample	Zeitraum	Methodischer Forschungsansatz	Eingeschlossene Finanzsegmente	Wachstumseffekt GE	PK	FAK
Harris (1997)	max. 49 Länder aller Entwicklungsstufen	max. 1980-1991	Querschnittsuntersuchung	Aktienmarkt			+/0
	Hauptergebnisse:	Im Gegensatz zu Atje und Jovanovic (1993) konnte diese Untersuchung nur einen schwachen Hinweis finden, dass der Aktienmarkt das Wirtschaftswachstum fördert.					
Levine (1998)	max. 42 Länder aller Entwicklungsstufen	max. 1976-1993	Querschnittsuntersuchung	Banksektor	+	+	+
	Hauptergebnisse:	Es besteht ein positiv signifikanter Zusammenhang zwischen der Entwicklung des Banksektors und dem Wirtschaftswachstum, dem Produktivitätswachstum und der Kapitalakkumulation.					
Levine und Zervos (1998)	max. 47 Länder aller Entwicklungsstufen	max. 1976-1993	Querschnittsuntersuchung	Banksektor	+	+	+
				Aktienmarkt	+	+	+
	Hauptergebnisse:	Die Entwicklung des Banksektors ist signifikant positiv und robust mit dem gegenwärtigen und zukünftigen Wachstum der Wirtschaft, der Produktivität und des Kapitalstocks korreliert.					
Levine (1999)	max. 45 Länder aller Entwicklungsstufen	max. 1960-1989	Querschnittsuntersuchung	Banksektor	+		
	Hauptergebnisse:	Die Schätzungen zeigen, dass die exogene Komponente der Entwicklung des Banksektors, die durch das rechtliche und regulative Umfeld definiert ist, positiv signifikant mit dem Wirtschaftswachstum korreliert.					
Ram (1999)	max. 93 Länder aller Entwicklungsstufen	max. 1960-1989	Querschnittsuntersuchung	Banksektor	0/-		
	Hauptergebnisse:	In dieser Querschnittsuntersuchung werden die Länder in drei Untergruppen unterteilt. Es zeigt sich in der Schätzung große parametrische Heterogenität. Der allgemeine Befund deutet auf eine vernachlässigbar kleine oder eine negative Verbindung zwischen Finanzsektor und Wirtchaftswachstum hin.					

Tabelle 3 (Fortsetzung):

	Autor (Jahr)	Ländersample	Zeitraum	Methodischer Forschungsansatz	Eingeschlossene Finanzsegmente	Wachstumseffekt GE	PK	FAK
BREITES LÄNDERSAMPLE	Beck et al. (2000a)	max. 38 Länder aller Entwicklungsstufen	max. 1980-1995	Querschnittsuntersuchung	Banksektor und Aktienmarkt (aggregierter Indikator)	+		
		Hauptergebnisse:	Die Schätzungen sind im Einklang mit der Sichtweise, dass die allgemeine Entwicklung des Finanzsektors, die durch das rechtliche Umfeld erklärt werden kann, einen signifikant positive Auswirkung auf das Wirtschaftswachstum hat.					
	Beck et al. (2000b)	max. 77 Länder aller Entwicklungsstufen	max. 1960-1995	Querschnitts- und Paneluntersuchung	Banksektor	+	+	+/0
		Hauptergebnisse:	Diese Studie findet einen signifikant positiven Einfluss finanzwirtschaftlicher Entwicklung auf das Wirtschaftswachstum und das Produktivitätswachstum. Die Ergebnisse sind robust gegenüber dem Einsatz unterschiedlicher Schätzverfahren und Kontrollvariablensets.					
	Benhabib und Spiegel (2000)	max. 97 Länder aller Entwicklungsstufen	max. 1965-1985	Paneluntersuchung	Banksektor		+/0	+/0
		Hauptergebnisse:	Die Studie findet Hinweise, dass die Entwicklung des Banksektors das Wirtschaftswachstum positiv beeinflusst. Dieses Ergebnis ist jedoch nicht robust gegenüber dem Einsatz unterschiedlicher Indikatoren für die Entwicklung des Banksektors und dem Einsatz unterschiedlicher Schätztechniken.					
	Graff (2000)	max. 93 Länder aller Entwicklungsstufen	max. 1960-1990	Querschnitts- und Paneluntersuchung	Finanzsektor umfassend	+		
		Hauptergebnisse:	Die Ergebnisse deuten auf einen signifikant psoitiven Zusammenhang zwischen Finanzsektor und Wirtschaftswachstum hin. Der Zusammenhang scheint sich jedoch zwischen einzelnen Ländergruppen zu unterscheiden.					
	Kahn und Senhadji (2000)	max. 159 Länder aller Entwicklungsstufen	max. 1960-1999	Querschnitts- und Paneluntersuchung	Banksektor, Aktienmarkt und Anleihenmarkt (aggregierter Indikator)	+		
		Hauptergebnisse:	Die Ergebnisse dieser Studie bestätigen den starken, positv signifikanten Zusammenhang zwischen finanzwirtschaftlicher Entwicklung und Wirtschaftswachstum. Dieses Ergebnis erweist sich als robust gegenüber dem Einsatz unterschiedlicher finanzsektorieller Indikatoren.					

Tabelle 3 (Fortsetzung):

	Autor (Jahr)	Ländersample	Zeitraum	Methodischer Forschungsansatz	Eingeschlossene Finanzsegmente	Wachstumseffekt GE	PK	FAK
BREITES LÄNDERSAMPLE	Levine et al. (2000)	max. 74 Länder aller Entwicklungsstufen	max. 1960-1995	Querschnitts- und Paneluntersuchung	Bankensektor	+		
		Hauptergebnisse:	Die Ergebnisse deuten auf eine sehr starke Verbindung zwischen der exogenen Komponente der Entwicklung der Finanzintermediäre und dem Wirtschaftswachstum hin.					
	Rousseau und Wachtel (2000)	max. 47 Länder aller Entwicklungsstufen	max. 1980-1995	Paneluntersuchung	Bankensektor	+		
					Aktienmarkt	+		
		Hauptergebnisse:	Sowohl der Banksektor als auch Aktienmärkte haben signifikant positive Effekte auf das Wirtschaftswachstum.					
	Beck und Levine (2001)	max. 40 Länder aller Entwicklungsniveaus	max. 1976-1998	Paneluntersuchung	Banksektor	+		
					Aktienmarkt	+		
		Hauptergebnisse:	Indikatoren für die Entwicklung des Banksektors und des Aktienmarktes gehen gemeinsam signifikant positiv in die Schätzgleichungen ein. Die Ergebnisse sind robust gegenüber unterschiedlichen Schätzmethoden und unterschiedlichen Kontrollvariablensets.					
	Deidda und Fattouh (2001)	max. 119 Länder aller Entwicklungsniveaus	max. 1960-1989	Querschnittsuntersuchung	Banksektor	+/0		
		Hauptergebnisse:	Für das gesamte Sample ergeben die Schätzungen einen positiven Zusammenhang zwischen der finanzwirtschaftlichen Entwicklung und dem Wirtschaftswachstum. Werden einzelne Ländergruppen untersucht, so hält der positive Zusammenhang nur für Länder mit hohem Pro-Kopf-Einkommen.					
	Spiegel (2001)	keine Details verfügbar	max. 1965 - 1985	Paneluntersuchung	Banksektor	+/0	+/0	+/0
		Hauptergebnisse:	Die Ergebnisse weisen darauf hin, dass die Entwicklung des Finanzsektors mit dem Produktivitätswachstum und der Kapitalakkumulation stark korreliert. Diese Ergebnisse sind jedoch nicht robust gegenüber dem Einschluss von 'Country-Fixed-Effects'.					

Tabelle 3 (Fortsetzung):

	Autor (Jahr)	Ländersample	Zeitraum	Methodischer Forschungsansatz	Eingeschlossene Finanzsegmente	Wachstumseffekt GE	PK	FAK
BREITES LÄNDERSAMPLE	Beck and Levine (2002a)	max. 40 Länder aller Entwicklungsniveaus	max. 1976-1998	Paneluntersuchung	Banksektor	+		
					Aktienmarkt	+		
		Hauptergebnisse:	Aktienmärkte und der Banksektor haben beide Bedeutung für das Wirtschaftswachstum. Indikatoren für beide Finanzsegmente gehen positiv signifikant in die Schätzgleichungen ein.					
	Durham (2002)	max. 64 Länder aller Entwicklungsstufen	max. 1981-1998	Paneluntersuchung	Aktienmarkt	+/0		
		Hauptergebnisse:	Die Ergebnisse dieser Studie scheinen darauf hinzuweisen, dass der Aktienmarkt unterschiedliche Effekte in Abhängigkeit vom Pro-Kopf-Einkommensniveau der Länder hat. Länder mit hohem Pro-Kopf-Einkommen scheinen den positive Zusammenhang zu treiben.					
	Evans et al. (2002)	max. 80 Länder aller Entwicklungsniveaus	max. 1972-1993	Paneluntersuchung	Banksektor	+		
		Hauptergebnisse:	Die Entwicklung des Banksektors leistet einen signifikant positiven Beitrag zum Wirtschaftswachstum. Die Entwicklung des Banksektors und Humankapital sind Komplemente im Wachstumsprozess. Die produktivitätsfördernde Wirkung von Humankapital kann nur in der Gegenwart eines entwickleten Finanzsektors ausgeschöpft werden.					
	La Porta et al. (2002)	max. 82 Länder aller Entwicklungsniveaus	max. 1960-1995	Querschnittsuntersuchung	Banksektor	+	+	+/0
		Hauptergebnisse:	Die Entwicklung des Banksektors bzw. das Ausmass zu dem er in Staatsbesitz ist sind signifikant positiv bzw. negativ mit dem Wirtschaftswachstum korreltiert. Die gesamtwirtschftliche Produktivität scheint hierbei eine größere Rolle als die Kapitalakkumulation zu spielen.					
	Levine (2002)	max. 48 Länder aller Entwicklungsstufen	max. 1980-1995	Querschnittsuntersuchung	Banksektor und Aktienmarkt (aggregierter Indikator)	+		
		Hauptergebnisse:	Die Studie kommt zum Ergebnis, dass die Gesamtentwicklung des Finanzsektors einen wichtigen positiven Effekt auf das Wirtschaftswachstum hat. Die Struktur des Finanzsektors ist zweitrangig.					

Tabelle 3 (Fortsetzung):

	Autor (Jahr)	Ländersample	Zeitraum	Methodischer Forschungsansatz	Eingeschlossene Finanzsegmente	Wachstumseffekt GE	PK	FAK
BREITES LÄNDER-SAMPLE	Loayza and Ranciere (2002)	max. 74 Länder aller Entwicklungsstufen	max. 1960-1997	Paneluntersuchung	Banksektor	+		
		Hauptergebnisse:	Die Studie kommt zum Befund, dass ein signifikant positiver Zusammenhang zwischen dem Banksektor und dem Wirtschaftswachstum vorliegt. Dies sogar in Länder, die vor kurzem eine Finanzkrise durchmachten.					

ANMERKUNGEN: GE = Gesamtwachstumseffekt, PK = Wachstumseffekt über den Produktivitätskanal, FAK = Wachstumseffekt über den Faktorakkumulationskanal; + bezeichnet einen signifikant positiven Zusammenhang, 0 bezeichnet einen nicht eindeutigen oder insignifikanten Zusammenhang, - bezeichnet einen signifikant negativen Zusammenhang.

Loayza und Ranciere (2002) zeigen, dass der positive Wachstumseffekt der Größe des Bankensektors sogar in Ländern nachgewiesen werden kann, die zuvor mit Finanzkrisen konfrontiert waren. Der Effekt ist jedoch schwächer als in den übrigen Ländern.

Beck und Levine (2002a, 2001), Levine (2002) und Rousseau und Wachtel (2000) vervollständigen das Bild, indem sie die Wachstumseffekte sowohl des Bankensektors als auch des Aktienmarktes unter Einsatz von Paneldaten schätzen. Beide Finanzsegmente haben einen unabhängigen, signifikant positiven Einfluss auf das Wirtschaftswachstum. Kahn und Senhadji (2000) und Graff (2000) setzten umfassendere Maße für die Größe des Finanzsektors ein, die neben dem Bankensektor und dem Aktienmarkt auch Anleihenmärkte einschließen. Die positive Verbindung zwischen Finanzsektor und Wirtschaftswachstum wird bestätigt.

Zusammenfassend lässt sich somit sagen, dass die überwiegende Mehrzahl der empirischen Studien zum Befund kommt, dass das Entwicklungsniveau des Finanzsektors (insbesondere des Banksektors und des Aktienmarktes) das Wirtschaftswachstum positiv beeinflusst. Der Großteil des Wachstumseffektes läuft über den Produktivitätskanal.

Durham (2002), Deidda und Fattouh (2001) und Ram (1999) weisen jedoch darauf hin, dass in diesen breit angelegten Untersuchungen große parametrische Heterogenität vorhanden ist. Aussagen aufbauend auf Schätzergebnissen, die die Informationen aller Untersuchungseinheiten nützen, müssen nicht notwendiger Weise Geltung für einzelne Untergruppen von Ländern haben.

Tabelle 3 (siehe vorhergehende Seiten) gibt einen detaillierten Überblick über die Ergebnisse der einzelnen Studien.

2.2.2. Empirische Ergebnisse zu den Kosten des Finanzsektors

Wie Graff (2000: 199) feststellt, finden die durch den Finanzsektor verursachten makroökonomischen Kosten kaum Eingang in empirische Untersuchungen. Lediglich Levine (2002) sowie Beck et al. (2000) beziehen diese in ihre Arbeiten ein. Sie finden erste Hinweise darauf, dass erhöhte Kosten der Bereitstellung finanzwirtschaftlicher Dienstleistungen signifikant negativen Einfluss auf das Wirtschaftswachstum haben. Details zu diesen Studien finden sich in Tabelle 4.

Tabelle 4: Empirische Ergebnisse zu den makroökonomischen Kosten des Finanzsektors

	Autor (Jahr)	Ländersample	Zeitraum	Methodischer Forschungsansatz	Eingeschlossene Finanzsegmente	Wachstumseffekt GE	PK	FAK
BREITES LÄNDERSAMPLE	Beck et al. (2000a)	max. 38 Länder aller Entwicklungsstufen	max. 1980-1995	Querschnittsuntersuchung	Banksektor und Aktienmarkt (aggregierter Indikator)	-		
		Hauptergebnisse:	Die empirischen Ergebnisse weisen auf einen negativen Zusammenhang zwischen den Kosten des Finanzsektors und dem Wirtschaftswachstum hin.					
	Levine (2002)	max. 48 Länder aller Entwicklungsstufen	max. 1980-1995	Querschnittsuntersuchung	Banksektor und Aktienmarkt (aggregierter Indikator)	-		
		Hauptergebnisse:	Die empirischen Ergebnisse weisen auf einen negativen Zusammenhang zwischen den Kosten des Finanzsektors und dem Wirtschaftswachstum hin.					

ANMERKUNGEN: GE = Gesamtwachstumseffekt, PK = Wachstumseffekt über den Produktivitätskanal, FAK = Wachstumseffekt über den Faktorakkumulationskanal; + bezeichnet einen signifikant positiven Zusammenhang, 0 bezeichnet einen nicht eindeutigen oder insignifikanten Zusammenhang, - bezeichnet einen signifikant negativen Zusammenhang.

2.2.3. Empirische Ergebnisse zum Zusammenhang zwischen Finanzsektor und Wirtschaftswachstum unter unterschiedlichen Rahmenbedingungen

Die Kritik von Durham (2002), Deidda und Fattouh (2001) und Ram (1999) aufgreifend – es ist in breit angelegten Untersuchungen große parametrische Heterogenität vorhanden – werden im folgenden die Ergebnisse jener Studien besprochen, die sich auf Länder unter ähnlichen Rahmenbedingungen konzentrieren. Dies sind Industrieländer, Transformationsökonomien und Entwicklungsländer.

(a) Industrieländer

Unter Verwendung eines Panels, das 21 Industrieländer beinhaltet, kommen Andres et al. (1999) zum Schluss, dass kein signifikanter Zusammenhang zwischen der Größe des Banksektors, der Größe des Aktienmarktes und dem Wirtschaftswachstum besteht. Im Gegensatz dazu stellen Bassanini et al. (2001) fest, dass eine positive Verbindung zwischen der Größe des Aktienmarktes und dem Wirtschaftswachstum besteht. Ergebnisse bezüglich der Größe des Bankensektors lassen keinen eindeutigen Schluss zu. Um die Wirkung des Finanzsektors auf das Investitionsniveau zu untersuchen, schätzen Bassanini et al. (2001) Investitionsgleichungen. Sie finden eine robuste Verbindung zwischen der Größe des Aktienmarktes und dem Investitionsniveau. Leahy et al. (2001) überprüfen die auf das Investitionsniveau bezogenen Schätzergebnisse von Bassanini et al. (2001) unter

Verwendung einer größeren Bandbreite von Schätzmethoden. Die Ergebnisse werden bestätigt. Hahn (2002a, 2002c) argumentiert, dass der festgestellte positive Zusammenhang zwischen der Größe des Finanzmarktes (gemessen anhand der Aktienmarktkapitalisierung) und dem Wirtschaftswachstum auf die vorausschauende Natur von Aktienpreisen zurückzuführen ist. Er schätzt den Zusammenhang zwischen Aktienmarktindikatoren, die gegen Aktienpreisänderungen robust sind, und dem Investitionsniveau. Er überprüft auch die Ergebnisse von Levine und Zervos (1998) für eine Stichprobe von 22 OECD-Ländern. Nachdem er keinen signifikanten Zusammenhang findet, schließt Hahn, dass der Zusammenhang zwischen der Größe des Aktienmarktes und dem Wirtschaftswachstum tatsächlich auf die vorausschauende Natur der Aktienpreise zurückgeführt werden kann. Fink und Haiss (1999) weisen für ein Sample von 17 Industrieökonomien einen signifikant positiven Zusammenhang zwischen der Größe des Anleihenmarktes und dem Wirtschaftswachstum nach.

Fasst man die bisherigen, oft widersprüchlichen Forschungsergebnisse zusammen, so scheint, dass in Industrieländern der Zusammenhang zwischen Finanzsektor und Wirtschaftswachstum schwach und instabil ist. Dies mag als Hinweis gedeutet werden, dass der in breit angelegten Studien gefundene robuste Zusammenhang eher in frühen Stadien wirtschaftlicher Entwicklung von Bedeutung ist.

Historische Studien für OECD-Länder stützen diese Vermutung. Rousseau (2002) sowie Rousseau und Sylla (2001) entdecken bei der Untersuchung von 17 OECD-Ländern ab 1850 eine robuste Korrelation zwischen der Größe des Bankensektors und dem Wirtschaftswachstum. Diese Beziehung war in der der „Großen Depression“ vorausgehenden Periode (1850-1929) am stärksten ausgeprägt. Zusätzlich wird festgestellt, dass Länder mit größerem Finanzsektor einen höheren wirtschaftlichen Integrationsgrad mit anderen Ökonomien aufwiesen und mehr internationalen Handel betrieben.

(b) Transformationsökonomien

In einem ersten Versuch, den Nutzen finanzwirtschaftlicher Entwicklung in 10 mittel- und osteuropäischen Transformantionsökonomien zu untersuchen, schätzen Fink und Haiss (1999) in einer Querschnittsuntersuchung Produktionsfunktionen, die um Indikatoren für die Größe des Banksektors, des Aktien- und Anleihenmarktes ergänzt wurden. Sie stellen einen positiven Zusammenhang zwischen Banksektor und Wirtschaftswachstum fest. Aktienmärkte und der Anleihenmarkt haben keinen signifikanten Einfluss. Jaffee und Levonian (1999) bestätigen die positive Wirkung der Entwicklung des Bankensektors unter Verwendung eines Samples von 23 Transformationsökonomien. Platek (2002) fügt hinzu, dass auch der Aktienmarkt positive Wachstumsimpulse auslöst.

Koivu (2002) bezieht in ihre Studie auch die makroökonomischen Kosten des Finanzsektors ein. Die Kosten des Banksektors korrelieren negativ mit dem Wirtschaftswachstum. Indikatoren der Größe des Bankensektors sind positiv jedoch insignifikant korreliert. Drakos (2002) kommt zu ähnlichen Ergebnissen.

(c) Entwicklungsländer

Studien über den Zusammenhang zwischen der Entwicklung des Bankensektors und dem Wirtschaftswachstum in Entwicklungsländern (Jalilian und Kirkpatrick 2002, Odedokun

1996, Gertler und Rose 1994 und Ghani 1992) kommen einhellig zum Befund, dass ein signifikant positiver Wirkungszusammenhang vorliegt.

Zusammenfassend geben Untersuchungen, die sich auf einzelne Ländergruppen konzentrieren, Hinweise darauf, dass sich der Zusammenhang zwischen Finanzsektor und Wirtschaftswachstum zwischen den einzelnen Ländergruppen unterscheidet. Während sich die wachstumsfördernde Wirkung des Finanzsektors in Industrieländern als schwach und instabil darstellt, scheint in Transformationsökonomien und Entwicklungsländern der Bankensektor starke wachstumsfördernde Impulse zu geben. Tabelle 5 bis Tabelle 7 (siehe folgende Seiten) geben einen detaillierten Überblick über die Ergebnisse der einzelnen Studien.

Tabelle 5: Empirische Ergebnisse zum makroökonomischen Nutzen des Finanzsektors - Industrieländer

	Autor (Jahr)	Ländersample	Zeitraum	Methodischer Forschungsansatz	Eingeschlossene Finanzsegmente	Wachstumseffekt GE	PK	FAK
INDUSTRIELÄNDER	Fink und Haiss (1999)	max. 17 Industrieländer	1996	Querschnittsuntersuchung	Bankensektor	0		
					Aktienmarkt	0		
					Anleihenmarkt	+		
		Hauptergebnisse:	Signifikant positive Verbindung zwischen dem Anleihenmarkt und dem Wirtschaftswachstum.					
	Andres et al. (1999)	max. 21 OECD-Länder	max. 1961-1993	Paneluntersuchung	Banksektor		0/-	
					Aktienmarkt		+/0	
		Hauptergebnisse:	Die Verbindung zwischen Indikatoren der finanzsektoriellen Entwicklung und dem Wirtschaftswachstum ist schwach und verschwindet, wenn Länder-Dummies eingeschlossen werden und wenn Instrumentalvariablen zur Schätzung eingesetzt werden.					
	Bassanini et al. (2001)	max. 21 OECD-Länder	max 1971-1998	Paneluntersuchung	Banksektor		0	+/0
					Aktienmarkt		+	+
		Hauptergebnisse:	Die Ergebnisse deuten auf eine robuste, langfristige Verbindung zwischen dem Aktienmarkt und dem Wirtschaftswachstum hin, während der Zusammenhang zwischen der Entwicklung des Bankensektors und dem Wirtschaftswachstum nicht eindeutig ist.					
	Leahy et al. (2001)	max. 19 OECD-Länder	max. 1970-1997	Paneluntersuchung	Banksektor			+/0
					Aktienmarkt			+
		Hauptergebnisse:	Unter der Verwendung von Panelschätztechniken kommt diese Studie zum Ergebnis, dass ein signifikant positiver, robuster Zusammenhang zwischen der Entwicklung des Aktienmarktes und dem Investitionsniveau vorliegt. Die den Banksektor betreffenden Ergebnisse sind nicht eindeutig.					

Tabelle 5 (Fortsetzung):

	Autor (Jahr)	Ländersample	Zeitraum	Methodischer Forschungsansatz	Eingeschlossene Finanzsegmente	Wachstumseffekt GE	PK	FAK
INDUSTRIELÄNDER	Rousseau und Sylla (2001)	max. 17 Industrieländer (in früher Entwicklungsphase)	max. 1850-1997	Paneluntersuchung	Banksektor	+		
		Hauptergebnisse:	Die Studie deckt einen robusten und positiven Zusammenhang zwischen dem Banksektor und dem Wirtschaftswachstum auf. Der Zusammenhang ist am stärksten in den 80er Jahren, die der Großen Depression vorausgehen. Dies gibt Hinweise darauf, dass der finanzwirtschaftlichen Entwicklung besondere Bedeutung in frühen Entwicklungsphasen zukommt.					
	Hahn (2002a)	max. 23 OECD-Länder	max. 1970-2000	Paneluntersuchung	Banksektor			+/0
					Aktienmarkt			0
		Hauptergebnisse:	Diese Studie findet Hinweise darauf, dass die scheinbar starke Verbindung zwischen der Aktienmarktentwicklung und dem Wirtschaftswachstum in OECD-Ländern vorwiegend auf die vorausschauende Natur des Aktienmarktes und nur zu einem geringen Teil auf eine kausale Verbindung zurückzuführen ist.					
	Hahn (2002c)	max. 23 OECD-Länder	max. 1970-2000	Querschnitts- und Paneluntersuchung	Banksektor	+/0		+/0
					Aktienmarkt	0		0
		Hauptergebnisse:	Diese Studie findet Hinweis darauf, daß die scheinbar starke Verbindung zwischen der Aktienmarktentwicklung und dem Wirtschaftswachstum in OECD-Ländern vorwiegend auf die vorausschauende Natur des Aktienmarktes und nur zu einem geringen Teil auf eine kausale Verbindung zurückzuführen ist.					
	Rousseau (2002)	max. 17 Industrieländer (in früher Entwicklungsphase)	max. 1850-1997	Paneluntersuchung	Banksektor	+		
		Hauptergebnisse:	Die Studie deckt einen robusten und positiven Zusammenhang zwischen dem Banksektor und dem Wirtschaftswachstum auf. Der Zusammenhang ist am stärksten in den 80er Jahren, die der Großen Depression vorausgehen. Dies gibt Hinweise darauf, dass der finanzwirtschaftlichen Entwicklung besondere Bedeutung in frühen Entwicklungsphase zukommt.					

ANMERKUNGEN: GE = Gesamtwachstumseffekt, PK = Wachstumseffekt über den Produktivitätskanal, FAK = Wachstumseffekt über den Faktorakkumulationskanal; + bezeichnet einen signifikant positiven Zusammenhang, 0 bezeichnet einen nicht eindeutigen oder insignifikanten Zusammenhang, - bezeichnet einen signifikant negativen Zusammenhang.

Tabelle 6: Empirische Ergebnisse zum makroökonomischen Nutzen des Finanzsektors – Transformationsökonomien und Entwicklungsländer

	Autor (Jahr)	Ländersample	Zeitraum	Methodischer Forschungsansatz	Eingeschlossene Finanzsegmente	Wachstumseffekt GE	PK	FAK
TRANSFORMATIONSÖKONOMIEN	Fink and Haiss (1999)	max. 10 Transformationsökonomien	1996	Querschnittsuntersuchung	Banksektor	+		
					Aktienmarkt	0		
					Anleihenmarkt	0		
		Hauptergebnisse:	Positive Verbindung zwischen der Entwicklung des Banksektors und dem Wirtschaftswachstum.					
	Jaffee und Levonian (2001)	max. 23 Transformationsökonomien	1995	Querschnittsuntersuchung	Banksektor	+		
		Hauptergebnisse:	Signifikant positiver Zusammenhang zwischen der Entwicklung des Bankensektors, der Reform des Banksektors und dem Wirtschaftswachstum.					
	Koivu (2002)	max. 25 Transformationsökonomien	max. 1993-2000	Paneluntersuchung	Banksektor	+/0		
		Hauptergebnisse:	Die Ergebnisse weisen darauf hin, dass die Entwicklung des Banksektors einen positiven, jedoch insignifikanten Einfluss auf das Wirtschaftswachstum hat.					
	Platek (2002)	max. 26 Transformationsökonomien	max. 1990-1998	Querschnittsuntersuchung	Banksektor	+		
					Aktienmarkt	+		
		Hauptergebnisse:	Sowohl die Entwicklung des Banksektors als auch die Entwicklung des Aktienmarktes sind signifikant positiv mit dem Wirtschaftswachstum korreliert.					
ENTWICKLUNGSLÄNDER	Ghani (1992)	max. 52 Entwicklungsländer	max.1965-1989	Querschnittsuntersuchnung	Banksektor		+	
		Hauptergebnisse:	Die Ergebnisse weisen auf eine robuste, positiv signifikante Korrelation zwischen der Entwicklung des Banksektors und der Wachstumsrate der Wirtschaft hin.					
	Gertler und Rose (1994)	max. 69 Entwicklungsländer	max. 1950-1988	Paneluntersuchung	Banksektor	+		
		Hauptergebnisse:	Ein signifikant positiver Zusammenhang zwischen der Entwicklung des Banksektor und dem Wirtschaftswachstum wird gefunden.					

Tabelle 6 (Fortsetzung):

	Autor (Jahr)	Ländersample	Zeitraum	Methodischer Forschungsansatz	Eingeschlossene Finanzsegmente	Wachstumseffekt GE	PK	FAK
ENTWICKLUNGSLÄNDER	Odedokun (1996)	max. 81 Entwicklungsländer	max. 1961-1989	Paneluntersuchung	Banksektor		+	
		Hauptergebnisse:	Die Studie ergibt, dass das Ausmaß der über den Finanzsektor allozierten Mittel stark positiv mit der Grenzproduktivität des Kapitals korreliert. Dieser Effekt wird jedoch schwächer je höher die Entwicklung des Finanzsektors ist.					
	Jalilian und Kirkpatrick (2002)	max. 42 Entwicklungsländer	keine Details verfügbar	Paneluntersuchung	Banksektor	+		
		Hauptergebnisse:	Es wird ein starker, positiv signifikanter Zusammenhang zwischen der Entwicklung des Banksektors und dem Wirtschaftswachstum für Entwicklungsländer gefunden.					

ANMERKUNGEN: GE = Gesamtwachstumseffekt, PK = Wachstumseffekt über den Produktivitätskanal, FAK = Wachstumseffekt über den Faktorakkumulationskanal; + bezeichnet einen signifikant positiven Zusammenhang, 0 bezeichnet einen nicht eindeutigen oder insignifikanten Zusammenhang, - bezeichnet einen signifikant negativen Zusammenhang.

Tabelle 7: Empirische Ergebnisse zu den makroökonomischen Kosten des Finanzsektors - Transformationsökonomien

	Autor (Jahr)	Ländersample	Zeitraum	Methodischer Forschungsansatz	Eingeschlossene Finanzsegmente	Wachstumseffekt GE	PK	FAK
TRANSFORMATIONS-ÖKONOMIEN	Koivu (2002)	max. 25 Transformationsökonomien	max. 1993-2000	Paneluntersuchung	Banksektor	-		
		Hauptergebnisse:	Die Studie findet Evidenz, dass höhere Intermediationskosten in Form der Zinsspanne negative Effekte auf das Wirtschaftswachstum haben.					
	Drakos (2002)	max. 21 Transformationsökonomien	Max. 1992-2000	Querschnitts- und Paneluntersuchung	Banksektor	-		
		Hauptergebnisse:	Die Studie zeigt, dass Wettbewerbsunvollkommenheiten innerhalb des Bankensektors (als Indikator der Intermediationskosten) einen negativen Effekt auf das Wirtschaftswachstum haben.					

ANMERKUNGEN: GE = Gesamtwachstumseffekt, PK = Wachstumseffekt über den Produktivitätskanal, FAK = Wachstumseffekt über den Faktorakkumulationskanal; + bezeichnet einen signifikant positiven Zusammenhang, 0 bezeichnet einen nicht eindeutigen oder insignifikanten Zusammenhang, - bezeichnet einen signifikant negativen Zusammenhang.

2.3. Spezifikation empirisch testbarer Gleichungen

Auf Basis der gesichteten, empirischen Literatur bespricht dieses Unterkapitel unterschiedliche empirische Spezifikationen, die zur Untersuchung des Zusammenhangs zwischen Finanzsektor und Wirtschaftswachstum herangezogen werden. Es werden vornehmlich vier unterschiedliche Spezifikationstypen eingesetzt (vgl. Tabelle 8)

Ad-hoc Spezifikationen werden am weitaus häufigsten eingesetzt (in 31 Studien). Weniger gebräuchlich sind Growth-Accounting Spezifikationen (5 Studien), neoklassisch-wachstumstheoretische Spezifikationen (3 Studien) oder endogen-wachstumstheoretische Studien (5 Studien). Die einzelnen Spezifikationstypen werden im Folgenden besprochen.[10]

Tabelle 8: In empirischen Studien eingesetzte Spezifikationstypen[11]

Spezifikationstyp	Eingesetzt von
Ad-hoc Spezifikationen (31)	Wallich (1969), Ghani (1992), King und Levine (1993a, 1993b und 1992), Gertler und Rose (1994), De Gregorio und Giudotti (1995), Levine (1998), Levine und Zervos (1998), Levine (1999), Ram (1999), Beck et al. (2000a und 2000b), Kahn und Senhadji (2000), Levine et al. (2000), Rousseau und Wachtel (2000), Beck und Levine (2001), Deidda und Fattouh (2001), Jaffee und Levonian (2001), Rousseau und Sylla (2001), Beck und Levine (2002a), Drakos (2002), Durham (2002), Hahn (2002c), Jalilian und Kirkpatrick (2002), Koivu (2002), La Porta et al. (2002), Levine (2002), Loayza und Ranciere (2002), Platek (2002), Rousseau (2002)
Growth-Accounting Spezifikationen (5)	Fink und Haiss (1999), Benhabib und Spiegel (2000), Graff (2000), Spiegel (2001), Evans et al. (2002)
Neoklassisch-wachstumstheoretische Spezifikationen (3)	Atje und Jovanovic (1993), Andres et al. (1999), Bassanini et al. (2001)
Endogen-wachstumstheoretische Spezifikationen (5)	Atje und Jovanovic (1993), Harris (1997), Leahy et al. (2001), Hahn (2002a und 2002c)
Andere Spezifikationen (1)	Odedokun (1996)

2.3.1. Ad-hoc Spezifikationen

Um den Gesamtwachstumseffekt des Finanzsektors zu untersuchen, setzen die meisten Studien (z.B. Levine und Zervos 1998, Beck et al. 2000b, Rousseau und Wachtel 2000, Loayza und Ranciere 2002, etc.) Ad-hoc Spezifikationen ein, die an die Arbeiten von Barro (1991) anknüpfen. In der Erforschung des Zusammenhangs zwischen Finanzsektor und Wirtschaftswachstum wurden sie vor allem von King und Levine (1993a und 1993b) propagiert.

[10] Die Besprechung der unterschiedlichen Spezifikationstypen geht vom Fall einer Paneluntersuchung aus.

[11] Da einige Arbeiten mehrfach zugeordnet wurden, übersteigt die Summe der verwendeten Spezifikationen die Anzahl der betrachteten Studien.

Typischerweise regressiert dieser Spezifikationstyp den Pro-Kopf-Output in logarithmierter Form $(\ln(y_{it}) = \ln(Y_{it} / POP_{it}))$ auf Variablen, die den Finanzsektor charakterisieren ($\mathbf{FD}_{it}$), ein Kontrollset ($\mathbf{X}_{it}$) und länderspezifische Interzepte (μ_i). Um Niveaueffekte zu untersuchen, ergibt sich in statischer Form:[12]

$$\ln(y_{it}) = \boldsymbol{\gamma} \cdot \mathbf{FD}_{it} + \boldsymbol{\beta} \cdot \mathbf{X}_{it} + \mu_i + \varepsilon_{it} \qquad (G.\ 1)$$

Hierbei bezeichnet i den Länderindex und t den Zeitindex. In der Regel wird nicht die statische, sondern eine dynamische Form eingesetzt, die sich eines Konvergenz- bzw. „partial adjustment"-Modells bedient.

G. 1 wird als strukturelle Gleichung interpretiert, die den Gleichgewichtswert des logarithmierten Pro-Kopf-Outputs determiniert:

$$\ln(y^*_{it}) = \boldsymbol{\gamma} \cdot \mathbf{FD}_{it} + \boldsymbol{\beta} \cdot \mathbf{X}_{it} + \mu_i + \varepsilon_{it} \qquad (G.\ 2)$$

Variablen mit hochgestellten Sternen bezeichnen hierbei Gleichgewichtswerte.

Eine Veränderung der erklärenden Variablen führt nicht unmittelbar zu einer vollständigen Anpassung der abhängigen Variablen an den Gleichgewichtswert. Vielmehr erfolgt jede Periode eine teilweise Anpassung („partial adjustment"), die sich als gewogenes Mittel zwischen dem Gleichgewichtswert der aktuellen Periode und dem tatsächlichen Wert der vergangenen Periode bestimmt:

$$\ln(y_{it}) = \theta \cdot \ln(y^*_{it}) + (1-\theta) \cdot \ln(y_{i,t-1}), \quad 0 < \theta \leq 1 \qquad (G.\ 3)$$

Damit ergibt sich als empirisch testbare Gleichung:

$$\ln(y_{it}) = \theta \cdot \boldsymbol{\gamma} \cdot \mathbf{FD}_{it} + \theta \cdot \boldsymbol{\beta} \cdot \mathbf{X}_{it} + \theta \cdot \mu_i + (1-\theta) \cdot \ln(y_{i,t-1}) + \theta \cdot \varepsilon_{it}, \qquad (G.\ 4)$$

2.3.2. Growth-Accounting Spezifikationen

Growth-Accounting Spezifikationen gehen auf die Ansätze von Solow (1957) und Kendrick (1961) zurück. Mit der Untersuchung von Benhabib und Spiegel (1994) erlangte dieser Ansatz neue Beliebtheit in der Wachstumsempirie.

Ausgangspunkt ist eine konventionelle Cobb-Douglas Produktionsfunktion:

$$Y_{it} = \exp(A_{it}) \cdot K^{\alpha}_{it} \cdot L^{1-\alpha}_{it} \qquad (G.\ 5)$$

Hierbei bezeichnet Y den Output, K den Kapitalstock, L Arbeit, α bzw. $(1-\alpha)$ die Outputelastizität des Kapitals bzw. der Arbeit. i bezeichnet den Länderindex, t den Zeitindex. In intensiver Form ergibt sich:

$$y_{it} = \exp(A_{it}) \cdot k^{\alpha}_{it} \text{ mit } y_{it} = \frac{Y_{it}}{L_{it}}, k_{it} = \frac{K_{it}}{L_{it}} \qquad (G.\ 6)$$

[12] Es wäre natürlich auch möglich, im Rahmen von Ad-hoc Spezifikationen Wachstumseffekte i.e.S. zu untersuchen. In gesichteten Studien, die Ad-hoc Spezifikationen einsetzen, werden jedoch lediglich Niveaueffekte getestet.

Logarithmiert man G. 6, erhält man das Basismodell G. 7.

$$\ln y_{it} = A_{it} + \alpha \cdot \ln k_{it} \qquad (G.\ 7)$$

Eine erste Erweiterung des Basismodells (produktivitätserweiterte Growth-Accounting Spezifikation; z.B. eingesetzt von Evans et al. 2002, Spiegel 2001, Benhabib und Spiegel 2000 und Graff 2000) geht von der Annahme aus, dass das Niveau der gesamtwirtschaftlichen Produktivität (A_{it}) eine Funktion von Merkmalen des Finanzsektors ($\mathbf{FD}_{it}$), eines Kontrollsets ($\mathbf{X}_{it}$) und länderspezifischen Interzepten (μ_i) ist.

Es wird somit implizit angenommen, dass sich die wachstumsfördernde Wirkung des Finanzsektors über den Produktivitätskanal entfaltet. Man erhält folgende statische Testgleichung:[13]

$$\begin{aligned} \ln y_{it} &= A_{it} + \alpha \cdot \ln k_{it} \\ A_{it}(\mu_i, \mathbf{FD}_{it}, \mathbf{X}_{it}) &= \boldsymbol{\gamma} \cdot \mathbf{FD}_{it} + \boldsymbol{\beta} \cdot \mathbf{X}_{it} + \mu_i \qquad (G.\ 8) \\ \ln y_{it} &= \boldsymbol{\gamma} \cdot \mathbf{FD}_{it} + \boldsymbol{\beta} \cdot \mathbf{X}_{it} + \alpha \cdot \ln k_{it} + \mu_i + \varepsilon_{it} \end{aligned}$$

Wie im Falle von Ad-hoc Spezifikationen kann G. 8 zu einem dynamischen „partial adjustment"-Modell erweitert werden:

$$\begin{aligned} \ln y_{it} = {} & \theta \cdot \boldsymbol{\gamma} \cdot \mathbf{FD}_{it} + \theta \cdot \boldsymbol{\beta} \cdot \mathbf{X}_{it} + \theta \cdot \alpha \cdot \ln k_{it} + \\ & + (1-\theta) \cdot \ln y_{i,t-1} + \theta \cdot \mu_i + \theta \cdot \varepsilon_{it} \end{aligned} \qquad (G.\ 9)$$

Eine zweite Erweiterung des Basismodells (kapitalerweiterte Growth-Accounting Spezifikation) wird von Fink und Haiss (1999) vorgeschlagen. Diese Spezifikation erweitert das Basismodell um den Produktionsfaktor Finanzkapital (FK):

$$\ln y_{it} = A_{it} + \gamma \cdot \ln fk_{it} + \alpha \cdot \ln k_{it} + \varepsilon_{it} \quad \text{mit} \quad fk_{it} = \frac{FK_{it}}{L_{it}} \qquad (G.\ 10)$$

Auch hier kann die dynamische „partial adjustment"-Form gebildet werden:

$$\ln y_{it} = \theta \cdot A_{it} + \theta \cdot \gamma \cdot \ln fk_{it} + \theta \cdot \alpha \cdot \ln k_{it} + (1-\theta) . \ln y_{i,t-1} + \theta \cdot \varepsilon_{it}$$

2.3.3. Neoklassisch-wachstumstheoretische Spezifikationen

Neoklassisch-wachstumstheoretische Spezifikationen schließen an die Arbeiten von Solow (1956) und Swan (1956) an. Das Basismodell von Solow (1956) und Swan (1956) geht von einer Harrod-neutralen Cobb-Douglas-Produktionsfunktion aus:

$$Y_{it} = K_{it}^{\alpha} \cdot \left(\exp(A_{it}) \cdot L_{it}\right)^{1-\alpha}, \qquad (G.\ 11)$$

[13] Ursprünglich gehen Benhabib und Spiegel (1994) von einer Schätzung in ersten Differenzen aus. Um die Vergleichbarkeit mit anderen Spezifikationstypen zu erleichtern, wurde die Testgleichung in Niveaus abgeleitet. Ebenfalls aufgrund der Vergleichbarkeit wurde eine Spezifikation zur Untersuchung von Niveaueffekten des Finanzsektors dargestellt. Es wäre natürlich auch möglich, Wachstumseffekte i.e.S. zu untersuchen.

Hierbei bezeichnet Y den Output, K den Kapitalstock, L Arbeit, α bzw. $(1-\alpha)$ die Outputelastizität des Kapitals bzw. der Arbeit. i bezeichnet den Länderindex, t den Zeitindex. In intensiver Form ergibt sich:

$$y_{it} = \exp(A_{it})^{1-\alpha} \cdot k_{it}^{\alpha} \text{ mit } y_{it} = \frac{Y_{it}}{L_{it}},\ k_{it} = \frac{K_{it}}{L_{it}} \qquad (G.\ 12)$$

Vereinfachend wird angenommen, dass das Ausmaß der zur Verfügung stehenden Arbeit (L_{it}) exogen und länderspezifisch mit der Wachstumsrate n_i wächst:

$$L_{it} = L_{i0} \cdot \exp(n_i \cdot t) \qquad (G.\ 13)$$

und dass ein bestimmter, über die Zeit hinweg konstanter Anteil s_i^k des Outputs (Y_{it}) zur Kapitalbildung verwendet wird, wobei $0 < s_i^k \leq 1$. Die Kapitalbildung $(\dot{k}_{it} = dk_{it}/dt)$ gehorcht folgendem Prozess:

$$\begin{aligned} \dot{k}_{it} &= s_i^k \cdot y_{it} - (n_i + d_i) \cdot k_{it} \\ \dot{k}_{it} &= s_i^k \cdot \exp(A_{it})^{1-\alpha} \cdot k_{it}^{\alpha} - (n_i + d_i) \cdot k_{it} \end{aligned} \qquad (G.\ 14)$$

Hierbei bezeichnet d_i die Abschreibungsrate des Kapitalstocks.

Da der Pro-Kopf-Kapitalstock nicht mehr wächst, wenn $(s_i^k \cdot \exp(A_{it})^{1-\alpha} \cdot k_{it}^{\alpha})$ gleich $((n_i + d_i) \cdot k_{it})$ ist, wird ceteris paribus ein „steady state" des Kapitalstocks erreicht bei:

$$k_{it}^{*} = \left[\left(s_i^k \cdot \exp(A_{it})^{1-\alpha} \right) / (n_i + d_i) \right]^{1/(1-\alpha)} \qquad (G.\ 15)$$

Setzt man G. 15 in die intensive Produktionsform G. 12 ein und logarithmiert, erhält man als „steady state"-Output pro Kopf:

$$\ln y_{it}^{*} = A_{it} + \frac{\alpha}{(1-\alpha)} \cdot \ln s_i^k - \frac{\alpha}{(1-\alpha)} \cdot \ln(n_i + d_i) \qquad (G.\ 16)$$

Es wird unmittelbar klar, dass eine Erhöhung der Spar- bzw. Investitionsquote s_i^k lediglich begrenzt in der Lage ist, eine Erhöhung des Pro-Kopf-Outputs herbeizuführen, da ja s_i^k nach oben hin theoretisch mit dem Wert Eins beschränkt ist. Langfristiges Wirtschaftswachstum kann nur modellexogen durch stetiges Anwachsen des Produktivitätsniveaus erklärt werden.

Die Übergangsdynamik von einem „steady state" zu einem anderen, kann durch Erweiterung von G. 16 um eine „partial adjustment"-Prozess modelliert werden. Man erhält folgende Gleichung:

$$\begin{aligned} \ln y_{it} = {} & \theta_i \cdot A_{it} + \theta_i \cdot \frac{\alpha}{(1-\alpha)} \cdot \ln s_i^k - \\ & - \theta_i \cdot \frac{\alpha}{(1-\alpha)} \cdot \ln(n_i + d_i) + (1-\theta_i) \cdot \ln y_{i,t-1} + \theta_i \cdot \varepsilon_{it} \end{aligned} \qquad (G.\ 17)$$

Die Geschwindigkeit der Konvergenz (θ_i) wird ebenfalls durch das Modell determiniert. Sie errechnet sich durch die log-lineare Approximation der Wachstumsrate des effektiven Pro-Kopf-Outputs $(\dot{y}_{it}/y_{it})$ in der Nähe des steady states:

$$\frac{\dot{y}_{it}}{y_{it}} = \frac{d \ln y_{it}}{dt} \cong \lambda_i \cdot \left(\ln y_{it}^* - \ln y_{it}\right),$$
$$\lambda_i = \left(n_i + d_i\right) \cdot (1-\alpha), \qquad (G. 18)$$
$$\theta_i = 1 - \exp(-\lambda_i \cdot t)$$

Die Konvergenzgeschwindigkeit ist durch die Wachstumsrate der Arbeit, die Abschreibungsrate des Kapitalstocks und die Outputelastizität des Kapitals determiniert.

Eine erste Erweiterung des Basismodells (produktivitätserweiterte, neoklassisch-wachstumstheoretische Spezifikation) geht von der Annahme aus, dass der Finanzsektor vornehmlich das Niveau der gesamtwirtschaftlichen Produktivität (A_{it}) beeinflusst (z.B. Bassanini et al. 2001, Andres et al. 1999). Das Produktivitätniveau ist eine Funktion von Merkmalen des Finanzsektors ($\mathbf{FD}_{it}$), eines Kontrollsets ($\mathbf{X}_{it}$) und länderspezifischen Interzepten (μ_i):[14, 15]

$$A_{it}\left(\mu_i, \mathbf{FD}_{it}, \mathbf{X}_{it}\right) = \boldsymbol{\gamma} \cdot \mathbf{FD}_{it} + \boldsymbol{\beta} \cdot \mathbf{X}_{it} + \mu_i, \qquad (G. 19)$$

Wird in G. 17 eingesetzt, erhält man:

$$\ln y_{it} = \theta_i \cdot \boldsymbol{\gamma} \cdot \mathbf{FD}_{it} + \theta_i \cdot \boldsymbol{\beta} \cdot \mathbf{X}_{it} + \theta_i \cdot \frac{\alpha}{(1-\alpha)} \cdot \ln s_i^k -$$
$$- \theta_i \cdot \frac{\alpha}{(1-\alpha)} \cdot \ln\left(n_i + d_i^k\right) + \left(1 - \theta_i\right) \cdot \ln y_{i,t-1} + \theta_i \cdot \mu_i + \theta_i \cdot \varepsilon_{it} \qquad (G. 20)$$

[14] Temple (1999) kritisiert, dass produktivitätserweiterte, neoklassisch-wachstumstheoretische Spezifikationen unvollkommene Erweiterungen des Basismodells wären: Einerseits müsste aufgrund der Variabilisierung des Produktivitätsniveaus die „steady state"-Bedingungen neu abgeleitet werden. Anderseits würde sich ein Term $\ln(n_i + g_i(..) + d_i)$ bilden, der die Schätzung sogar mit nichtlinearen Techniken ungemein erschweren würde. Hierbei bezeichnet n_i das Bevölkerungswachstum, d_i die Abschreibungsrate und i den Länderindex. Die Funktion $g_i(..)$ spiegelt die Wachstumsrate der Produktivität und die sie determinierenden Faktoren wider. Diese Kritik beruht jedoch meines Erachtens auf einem Missverständnis und geht ins Leere. In seinen Ausführung bezieht sich Temple insbesondere auf die Modellableitungen von Mankiw et al. (1992). Sie bilden die intensive Form der Produktionsfunktion, indem sie durch $A_{it} \cdot L_{it}$ dividieren. Damit erhalten sie Output und Kapitalstock pro effektiver Arbeitseinheit. Die Investitions bzw. Sparquote s_i^k bezieht sich auf absolute Werte des Outputs. Zur Berechung des Wachstums des Kapitalstocks pro effektiver Arbeitseinheit wird die Investitionsquote (bezogen auf absolute Werte) mit dem Kapitalstock pro effektiver Arbeitseinheit multipliziert. Zur Korrektur um Abschreibungen wird die Abschreibungsquote multipliziert mit dem Kapitalstock pro effektiver Arbeitseinheit abgezogen. Um zu korrekten Kapitalstockwerten pro effektiver Arbeitseinheit zu gelangen, muss jedoch noch ein Korrekturterm $\left(n_i + g_{it}(..)\right) \cdot k_{it}$ abgezogen werden, der um das Bevölkerungswachstum (n_i) und das Produktivitätswachstum ($g_{it}(..)$) korrigiert wird. Damit ergibt sich der Term $\ln\left(n_i + g_{it}(..) + d_i\right)$. Um eine testbare Gleichung zu erhalten, formen jedoch Mankiw et al. (1992) um, sodass die abhängige Variable den Output pro absoluter Arbeitseinheit darstellt. Vermeidet man in der Ableitung den Umweg über Werte pro effektiver Arbeitseinheit und bildet die intensive Form der Produktionsfunktion für Werte pro absoluter Arbeitseinheit, so bleibt der einfach zu schätzende Term $\ln\left(n_i + d_i\right)$ erhalten.

[15] Es wäre natürlich möglich, auch im Rahmen von produktivitätserweiterten, neoklassisch-wachstumstheoretischen Spezifikationen Wachstumseffekte i.e.S. zu untersuchen. Um der Vergleichbarkeit mit den anderen Spezifikationstypen willen, wird hier von einer Untersuchung der Niveaueffekte ausgegangen.

Eine zweite Erweiterung des Basismodells (kapitalerweiterte, neoklassisch-wachstumstheoretische Spezifikation) wird von Atje und Jovanovic (1993) vorgeschlagen. Diese Spezifikation lehnt sich an Mankiw et al. (1992) an und erweitert den Kapitalbegriff um Finanzkapital (FK_{it}).

In intensiver Form ergibt sich die Produktionsfunktion: [16]

$$y_{it} = \exp(A_{it})^{1-\alpha-\gamma} \cdot fk_{it}^{\gamma} \cdot k_{it}^{\alpha}, \text{ mit } y_{it} = \frac{Y_{it}}{L_{it}}, fk_{it} = \frac{FK_{it}}{L_{it}}, k_{it} = \frac{K_{it}}{L_{it}} \qquad (G.\ 21)$$

Es wird angenommen, dass ein bestimmter, über die Zeit hinweg konstanter Anteil s_i^k des Outputs zur Realkapitalbildung und ein Anteil s_i^{fk} zur Finanzkapitalbildung verwendet wird, wobei $s_i^{fk}, s_i^k > 0$ und $0 < \left(s_i^{fk} + s_i^k\right) \leq 1$. Beide Arten von Kapital unterliegen der einheitlichen Abschreibungsrate d_i.

Das „steady state"-Niveau des Pro-Kopf-Outputs ergibt sich aus:

$$\begin{aligned} \ln y_{it}^{*} = A_{it} + \frac{\alpha}{(1-\alpha-\gamma)} \cdot \ln s_i^k + \frac{\gamma}{(1-\alpha-\gamma)} \cdot \ln s_i^{fk} - \\ - \frac{\alpha+\gamma}{(1-\alpha-\gamma)} \cdot \ln(n_i + d_i) + \varepsilon_{it} \end{aligned} \qquad (G.\ 22)$$

Das „partial adjustment"-Modell als:

$$\begin{aligned} \ln y_{it} = \theta_i \cdot A_{it} + \theta_i \cdot \frac{\alpha}{(1-\alpha-\gamma)} \cdot \ln s_i^k + \theta_i \cdot \frac{\gamma}{(1-\alpha-\gamma)} \cdot \ln s_i^{fk} - \\ - \theta_i \cdot \frac{\alpha+\gamma}{(1-\alpha-\gamma)} \cdot \ln(n_{i,i} + d_i) + (1-\theta_i) \cdot \ln y_{i,t-1} + \theta_i \cdot \varepsilon_{it} \end{aligned} \qquad (G.\ 23)$$

mit:

$$\begin{aligned} \theta_i &= 1 - \exp(-\lambda_i \cdot t) \\ \lambda_i &= (n_i + d_i) \cdot (1-\alpha-\gamma) \end{aligned} \qquad (G.\ 24)$$

2.3.4. Endogen-wachstumstheoretische Spezifikationen

Endogen-wachstumstheoretische Spezifikationen gehen im Unterschied zu neoklassisch-wachstumstheoretischen Modellen von der Grundannahme aus, dass der Produktionsfaktor Kapital nicht dem Gesetz des abnehmenden Grenznutzens unterliegt. Dies mag auf den ersten Blick als eine recht unrealistische Annahme scheinen, doch wird Kapital im Sinne endogener Wachstumstheorie sehr weit definiert und schließt beispielsweise auch Humankapital ein. Die einfachste Variante endogener Wachstumsmodelle stellt der von Rebelo (1991) vorgeschlagene AK-Ansatz dar, an dem sich – trotz seiner Einfachheit – die Hauptcharakteristika endogener Wachstumstheorie präsentieren lassen. Es wird von einer Produktionsfunktion ausgegan-

[16] In der von Atje und Jovanovic (1993) verwendeten Produktionsfunktion findet auch Humankapital Berücksichtigung. Um der Einfachheit Willen und da der Wachstumseffekt von Humankapital nicht im Mittelpunkt der vorliegenden Arbeit steht, findet Humankapital in den Erläuterungen keine Berücksichtigung.

gen, die als Variablen lediglich das Produktivitätsniveau (*A*) und den Kapitaleinsatz (*K*) beinhaltet.

$$Y_{it} = \exp(A_i) \cdot K_{it} \qquad (G.\ 25)$$

Die gesamtwirtschaftliche Produktivität wurde vereinfachend als zwischen den Ländern unterschiedlich und als über die Zeit hinweg konstant angenommen. Ein bestimmter, über die Zeit hinweg konstanter Anteil s_i^k des Outputs wird zur Kapitalbildung verwendet, wobei $0 < s_i^k \leq 1$. Die Kapitalbildung $\left(\dot{K}_{it} = dK_{it}/dt\right)$ folgt dem Prozess:

$$\begin{aligned} \dot{K}_{it} &= s_i^k \cdot y_{it} - d_i \cdot K_{it} \\ &= s_i^k \cdot \exp(A_i) \cdot K_{it} - d_i \cdot K_{it}, \qquad (G.\ 26) \\ \frac{\dot{K}_{it}}{K_{it}} &= s_i^k \cdot \exp(A_i) - d_i \end{aligned}$$

wobei d_i die Abschreibungsrate des Kapitalstocks bezeichnet.

Im Gegensatz zu neoklassisch-wachstumstheoretischen Spezifikationen lässt sich hier kein „steady state" im Sinne eines gleichgewichtigen Niveaus des Pro-Kopf-Kapitalstocks ableiten. Vielmehr wächst der Pro-Kopf-Kapitalstock im Sinne eines „steady growth" mit konstanter Rate, solange $s_i^k \cdot \exp(A_i) > d_i$ ist.

Das „steady growth" des Pro-Kopf-Outputs ist gleich dem „steady growth" des Pro-Kopf-Kapitalstocks:

$$\frac{\dot{Y}_{it}}{Y_{it}} = \frac{\dot{K}_{it}}{K_{it}} = s_i^k \cdot \exp(A_i) - d_i \qquad (G.\ 27)$$

Im Unterschied zu neoklassisch-wachstumstheoretischen Modellen können Veränderungen der strukturellen Parameter s_i^k, A_i, d_i langfristige Wachstumseffekte im eigentlichen Sinne begründen. Konvergenzverhalten ist in AK-Modellen nicht gegeben, da unterschiedliche Volkswirtschaften mit gleichen strukturellen Parametern, jedoch unterschiedlicher anfänglicher Kapitalausstattung stets mit der gleichen Wachstumsrate weiterwachsen.

Leahy et al. (2001) sowie Hahn (2002a und 2002c) beziehen sich in ihren Untersuchungen auf den modelltheoretischen Rahmen des AK-Ansatzes. Sie gehen von der Annahme aus, dass der Finanzsektor vornehmlich die Investitionsquote beeinflusst. Zur empirischen Überprüfung erweitern sie jedoch nicht Grundmodell G. 27 um den Finanzsektor. Sie begnügen sich mit der Schätzung von Investitionsgleichungen. Die Grundgleichung regressiert das Niveau der Bruttoinvestitionen des Privatsektors auf Indikatoren des Finanzsektors und ein Kontrollset, das den Output sowie die Kapitalnutzungskosten einschließt. Lediglich Atje und Jovanovic (1993) und Harris (1997) schätzen Wachstumsgleichungen im eigentlichen Sinne.

2.4. Operationalisierung des Nutzens und der Kosten des Finanzsektors

Auf Basis der gesichteten, empirischen Arbeiten bespricht dieses Unterkapitel unterschiedliche Indikatoren zur Operationalisierung des Nutzens und der Kosten des Finanzsektors. Insgesamt konnten 26 unterschiedliche Indikatoren identifiziert werden. Die meisten dieser Indikatoren (22 Indikatoren) versuchen den Nutzen des Finanzsektors zu operationalisieren. Lediglich 4 Indikatoren stellen auf die Kosten des Finanzsektors ab. Spaltet man die Indikatoren nach den Teilsegmenten des Finanzsektors auf, so liegt das Schwergewicht einerseits auf dem Segment der Finanzintermediäre (11 Indikatoren), andererseits auf aggregierten Indikatoren (11 Indikatoren), die sowohl Finanzintermediäre als auch Wertpapiermärkte umfassen (vgl. Tabelle 9).[17] Die wichtigsten, Verwendung findenden Indikatoren werden im Folgenden besprochen.

Tabelle 9: Indikatoren zur Operationalisierung des Nutzens und der Kosten des Finanzsektors

	Anzahl der identifizierten Indikatoren			
	Finanzintermediäre	Wertpapiermärkte	Aggregierte Indikatoren	GESAMT
Nutzen des Finanzsektors	8	4	10	22
Kosten des Finanzsektors	3	--	1	4
GESAMT	11	4	11	26

2.4.1. Indikatoren zur Operationalisierung des Nutzens des Finanzsektors

Da – wie in Kapitel 2.1 angemerkt – üblicherweise angenommen wird, dass die Größe des Finanzsektors mit der Bereitstellung finanzwirtschaftlicher Dienstleistungen und damit mit dem Nutzen des Finanzsektors positiv korreliert (Andres et al. 1999) spiegeln die meisten Nutzenindikatoren die Größe des Finanzsektors oder die Größe eines seiner Teilsegmente wider.

Um das Ausmaß der Bankintermediation widerzugeben, vertraut ein Teil der Forschung auf Indikatoren, die auf Geldaggregaten aufbauen. Diese Indikatoren beziehen sich insbesondere auf die Fähigkeit des Finanzsektors, Ersparnisse zu poolen und ein funktionsfähiges Zahlungssystem zur Verfügung zu stellen. Es werden die liquiden Verbindlichkeiten einer Volkswirtschaft in Relation zur Wirtschaftsleistung gesetzt (d.h. M2/BIP oder M3/BIP) (z.B. Evans et al. 2002, Loayza und Ranciere 2002, Rousseau und Sylla 2001, Leahy et al. 2001, Levine et al. 2000, Levine 1999; Rousseau und Wachtel 2000). Diese Indikatoren weisen jedoch einige potentielle Schwächen auf:

(a) Auf Geldaggregaten basierende Indikatoren erlauben nicht zu unterscheiden, ob die einbezogenen Verbindlichkeiten von Zentralbanken, Depositenbanken oder von anderen Bankintermediären gehalten werden (Levine und Zervos 1998).

(b) Sie geben keine Auskunft darüber, wie aufgebrachte finanzielle Mittel verwendet werden (Levine und Zervos 1998).

[17] Einige Verwendung findende Indikatoren nehmen auch Bezug auf die Struktur des Finanzsektors. Da der Zusammenhang zwischen Struktur des Finanzsektors und Wirtschaftswachstum nicht im Zentrum des Interesses dieser Arbeit steht, werden diese Indikatoren nicht berücksichtigt. Für einen umfassenden Überblick siehe Fink et al. 2004a.

(c) Sie vernachlässigen illiquide Verbindlichkeiten des Finanzsektors (z.B. begebene Bankanleihen), die eine nicht zu vernachlässigende Rolle in der Aufbringung finanzieller Ressourcen spielen.

(d) Während sich theoretische Überlegungen weitgehend auf die von Finanzintermediären im Kreditprozess erbrachten Dienstleistungen beziehen, spiegeln Aggregate wie M1 oder auch M2 eher die Fähigkeit der Intermediäre wider, ein verlässliches Mittel zur Wertaufbewahrung und zur Abwicklung von Zahlungen zur Verfügung zu stellen. Daher können höhere Ausprägungen des Indikators M2/BIP einen Ausdruck des Fehlens höherentwickelter Finanzprodukte zur Wertaufbewahrung und Wertsteigerung widerspiegeln, während niedrige Ausprägungen auf eine bessere Entwicklung von Finanzdienstleistungen hindeuten (De Gregorio und Giudotti 1995). Indikatoren, die auf umfassenderen Geldmengenkonzepten wie M3 beruhen, mögen zwar mehr mit der Fähigkeit des Finanzsektors verbunden sein, den realwirtschaftlichen Sektor mit Krediten und Finanzdienstleistungen zu versorgen, sie enthalten jedoch immer noch M1. Dieses Problem kann jedoch abgeschwächt werden, indem man Kennzahlen wie (M2 - M1 oder M3 - M1)/BIP einsetzt. Diese Möglichkeit wird jedoch nur von wenigen Forschern genutzt (z.B.: Andres et al. 1999, Odedokun 1996 oder Gertler und Rose 1994).

Als Alternative zu geldmengenbasierten Indikatoren bieten sich forderungsseitige Indikatoren an. Diese stehen in engem Zusammenhang mit der Allokation finanzieller Ressourcen und erlauben, zwischen verschiedenen Gläubigern (Zentralbanken, Depositenbanken, anderen Bankintermediären) und Schuldnern (Privatsektor, öffentlicher Sektor, Auslandssektor) zu unterscheiden. Da theoretische Überlegungen davon ausgehen, dass Wachstumsimpulse des Finanzsektors über den Privatsektor laufen, greift der Großteil der Arbeiten auf Forderungen gegenüber dem Privatsektor als Prozentsatz des BIP zurück: Forderungen (alle Arten von Gläubigern) an den Privatsektor/BIP (z.B. Evans et al. 2002, Spiegel 2001, Kahn und Senhadji 2000, Levine 1999), Forderungen von Depositenbanken an den Privatsektor/BIP (z.B. Platek 2002, Koivu 2002, Hahn 2002a und 2002c, Beck und Levine 2001, Levine und Zervos 1998), Forderungen von Depositenbanken und anderen Finanzintermediären/BIP (Loayza und Ranciere 2002, La Porta et al. (2002), Levine et al. (2000). Indikatoren, die auf dem finanziellen Gesamtvermögen von Banken basieren, werden kaum eingesetzt (z.B. von Platek 2002, Fink und Haiss 1999), da sie auch Auslandsforderungen der Banken beinhalten. Dies kann zu wesentlichen Verzerrungen führen: die Bedeutung des Finanzsektors im Bezug auf die inländische Wirtschaftsleistung wird überschätzt.

Indikatoren zur Operationalisierung der Größe von Wertpapiermärkten konzentrieren sich nahezu ausschließlich auf den Aktienmarkt. Die beliebtesten Indikatoren sind Aktienmarktkapitalisierung inländischer Unternehmen an inländischen Börsen/BIP (z.B. La Porta et al. 2002, Hahn 2002a und 2002c, Bassanini et al. 2001, Kahn und Senhadji 2000) und Aktienhandelsvolumen inländischer Unternehmen an inländischen Börsen/BIP (z.B. Platek 2002, Rousseau und Wachtel 2000, Levine und Zervos 1998, Harris 1997). Wie Rajan und Zingales (1998) bemerken, spiegeln diese Indikatoren nicht nur die Größe des Marktes wider, sondern beinhalten auch Gewinnerwartungen. Höhere Aktienpreise, in Vorwegnahme zukünftiger Gewinne, würden Aktienmarktkapitalisierung und Aktienhandelsvolumen ansteigen lassen, ohne dass zusätzliches Kapital notierten Unternehmen zugeflossen wäre oder mehr Aktien am Sekundärmarkt gehandelt worden wären. Eine in empirischer Arbeit festgestellte Korrelation würde auf nichts anderes als erfüllte, in Aktienpreisen vorweggenommene Gewinnerwartungen hindeuten.[18] Um diese Verzerrung abzuschwächen, schlagen Rousseau und Wachtel (2000) vor, die Indikatoren mit dem Aktienmarktindex zu deflationieren. Levine und Zervos (1998) schlagen vor, neben der Aktienmarktkapitalisierung noch einen weiteren Indikator simultan in die Regressionen einzuschließen, der eine Preiskomponente beinhaltet (z.B. das Aktienhandelsvolumen). Falls der Kapitalisierungsindikator weiterhin statistisch signifikant bleibt, dominiert der Preiseffekt nicht das Schätzergebnis. Schließlich schlägt Hahn (2002a und 2002c) vor, den Preiseffekt zu neutralisieren, indem das Aktienhandelsvolumen durch die Aktienmarktkapitalisierung dividiert wird. Es ergibt sich die Umschlagshäufigkeit des Aktienmarktes (z.B. Platek 2002, Hahn 2002a und 2002c, Beck und Levine 2002a und 2001). Dieser Indikator bezieht sich natürlich nicht unmittelbar auf die Größe des Aktienmarktes, sondern vielmehr auf seine Liquidität. Diese steht jedoch ebenfalls mit dem Nutzen des Finanzsektors in Verbindung. Sie spiegelt die Fähigkeit der Wertpapiermärkte wider, Liquiditätsrisiken zu diversifizieren.[19]

Lediglich Kahn und Senhadji (2000) und Fink und Haiss (1999) berücksichtigen in ihren Arbeiten auch die Größe des Anleihenmarktes. Sie verwenden als Indikator die Anleihenmarktkapitalisierung als Prozentsatz des BIP.

Um aggregierte Indikatoren der Gesamtgröße des Finanzsektors zu finden, die sowohl Bankintermediäre als auch Wertpapiermärkte umfassen, werden Indikatoren der einzelnen Teilsegmente des Finanzsektors kombiniert. Beck et al. (2000a) und Kahn und Senhadji (2000) summieren etwa Einzelindikatoren (z.B. Aktienmarktkapitalisierung/BIP + Bankforderungen gegenüber dem Privatsektor/BIP). Andere Forscher (Levine 2002, Beck et al. 2000a) multiplizieren einzelne Indikatoren (z.B. Aktienmarktkapitalisierung/BIP x Forderungen von Depositenbanken und anderen Finanzintermediären an den Privatsektor). Um Probleme der Vergleichbarkeit der zu kombinierenden Einzelindikatoren zu vermeiden, wird von Beck und Levine 2002b, Graff 2002, Levine 2002 und Leahy et al. 2001 die erste Hauptkomponente eines Bündels von Einzelindikatoren gebildet.

Tabelle 10 bis Tabelle 12 (siehe folgende Seiten) geben einen detaillierten Überblick über die einzelnen Nutzenindikatoren, deren Definition und deren Einsatz.

---

[18] Fama (1990), Schwert (1990), Darrat und Dickens (1999) finden, dass im Fall der USA ein großer Teil der Variation der Aktienkurse durch die nachfolgende realwirtschaftliche Aktivität erklärt werden kann. Choi et al. (1999) bestätigen dieses Ergebnis für alle bis auf ein G-7 Land. Mauro (2000) dehnt die Untersuchung auf acht „emerging markets" und 17 höherentwickelte Ökonomien aus, Aylward und Glen (2000) auf 23 Entwicklungsökonomien und entwickelte Ökonomien. Im Allgemeinen deuten die Ergebnisse darauf hin, dass Aktienkurse Qualitäten in der Prognose des zukünftigen Wirtschaftswachstums besitzen, jedoch variiert diese Qualität stark unter den Ländern. Binswanger (2000) zeigt des Weiteren anhand der USA, dass sich die prognostische Qualität über die Zeit hinweg verändern kann. Gemäß Löflung und Nummelin (1997) hängt die prognostische Qualität auch von wirtschaftszyklischen Schwankungen ab.

[19] Von einigen Autoren (z.B. Levine und Zervos 1998) werden das Aktienhandelsvolumen und die Umschlagshäufigkeit des Aktienmarktes als Indikator der Kosten von Wertpapiermärkten gesehen. Die zu Grunde liegende Annahme ist, dass eine hohe Liquidität der Aktienmärkte ein Zeichen für niedrige (Sekundärmarkt-) Transaktionskosten ist. Die Kosten des Primärmarktes werden hierbei jedoch gänzlich außer Acht gelassen. Deshalb scheint dieser Indikator nur sehr begrenzt geeignet, die makroökonomischen Kosten des Aktienmarktes umfassend abzubilden.

Tabelle 10: Indikatoren zur Operationalisierung des Nutzens des Finanzsektors – Teilsegment Finanzintermediäre

	Indikator	Definition	Normierung	Eingesetzt von
FINANZINTERMEDIÄRE	*Liquide Verbindlichkeiten*	(M2 oder M3) / BIP	BIP	Wallich (1969), Ghani (1992), King und Levine (1993a und 1993b), Odedokun (1996), Levine (1999), Ram (1999), Benhabib und Spiegel (2000), Levine et al. (2000), Rousseau und Wachtel (2000), Deidda und Fattouh (2001), Leahy et al. (2001), Rousseau und Sylla (2001), Spiegel (2001), Drakos (2002), Evans et al. (2002), Jalilianund Krikpatrick (2002), La Porta et al. (2002), Loayza und Ranciere (2002), Rousseau (2002), Platek (2002)
	Einlageverbindlichkeiten	[(M2 oder M3) - M1] / BIP	BIP	King und Levine (1992), Gertler und Rose (1994), Odedokun (1996), Andres et al. (1999)
	Bankvermögen	Gesamtvermögen inländischer Banken / BIP	BIP	Platek (2002)
		Gesamtvermögen inländischer Banken / POP	POP	Fink und Haiss (1999)
		Gesamtvermögen inländischer Banken	--	Fink und Haiss (1999)
	Gesamte inländischer Forderung des Bankensektors	Gesamte inländische Forderungen des Banksektors / BIP	BIP	Atje und Jovanovic (1993)
	Inländische Forderungen des Banksektors an den Privatsektor	Inländische Forderungen des Banksektors an den Privatsektor / BIP	BIP	King und Levine (1993a und 1993b), Gertler und Rose (1994), De Gregorio und Giudotti (1995), Odedokun (1996), Andres et al. (1999), Levine (1999), Kahn und Senhadji (2000), Spiegel (2001), Evans et al. (2002)
	Gesamte inländische Depositenbankforderungen	Gesamte inländische Forderungen von Depositenbanken / BIP	BIP	Durham (2002)
	Inländische Depositenbankforderungen an den Privatsektor	Inländische Forderungen von Depositenbanken an den Privatsektor / BIP	BIP	Ghani (1992), Levine (1998), Levine and Zervos (1998), Benhabib und Spiegel (2000), Bassanini (2001), Beckund Levine (2001), Leahy et al. (2001), Beck und Levine (2002a), Hahn (2002a und 2002c), Koivu (2002), Platek (2002)

Tabelle 10 (Fortsetzung):

	Indikator	Definition	Normierung	Eingesetzt von
FINANZINTERMEDIÄRE	*Inländische Depositenbankforderungen an den öffentlichen Sektor*	Inländische Forderungen von Depositenbanken an den öffentlichen Sektor / BIP	BIP	Ghani (1992)
	Inländische Finanzintermediärforderungen an den Privatsektor	Inländische Forderungen von Depositenbanken und anderen Finanzintermediären an den Privatsektor / BIP	BIP	Beck et al. (2000b), Levine et al. (2000), La Porta et al. (2002), Loayza und Ranciere (2002)

Tabelle 11: Indikatoren zur Operationalisierung des Nutzens des Finanzsektors – Teilsegment Wertpapiermärkte

	Indikator	Definition	Normierung	Eingesetzt von
WERTPAPIERMÄRKTE	*Aktienmarktkapitalisierung*	Wert inländischer Aktien, die auf inländischen Wertpapiermärkten gelistet sind / BIP	BIP	Levine und Zervos (1998), Andres et al. (1999), Kahn und Senhadji (2000), Rousseau und Wachtel (2000), Bassanini et al. (2001), Leahy et al. (2001), Hahn (2002a und 2002c), La Porta et al. (2002), Platek (2002)
		Wert inländischer Aktien, die auf inländischen Wertpapiermärkten gelistet sind / POP	POP	Fink und Haiss (1999)
		Wert inländischer Aktien, die auf inländischen Wertpapiermärkten gelistet sind	--	Fink und Haiss (1999)
	Aktienhandelsvolumen	Wert der an inländischen Börsen gehandelten inländischen Aktien / BIP	BIP	Atje und Jovanovic (1993), Harris (1997), Levine und Zervos (1998), Rousseau und Wachtel (2000), Hahn (2002a und 2002c), Platek (2002)
	Umschlagshäufigkeit des Aktienmarktes	Wert der an inländischen Börsen gehandelten inländischen Aktien / Wert inländischer Aktien, die auf inländischen Wertpapiermärkten gelistet sind	--	Levine und Zervos (1998), Beck und Levine (2001), Beck und Levine (2002a), Durham (2002), Hahn (2002a und 2002c), Platek (2002)

Tabelle 11 (Fortsetzung):

	Indikator	Definition	Normierung	Eingesetzt von
WERTPAPIERMÄRKTE	*Anleihenmarktkapitalisierung*	Wert inländischer Anleihen, die an inländischen Börsen gelistet sind / BIP	BIP	Kahn und Senhadji (2000)
		Wert inländischer Anleihen, die an inländischen Börsen gelistet sind / POP	POP	Fink und Haiss (1999)
		Wert inländischer Anleihen, die an inländischen Börsen gelistet sind	--	Fink und Haiss (1999)

Tabelle 12: Indikatoren zur Operationalisierung des Nutzens des Finanzsektors – Aggregierte Indikatoren:

	Indikator	Definition	Normierung	Eingesetzt von
AGGREGIERTE INDIKATOREN	*Aggregierter Nutzenindikator I*	(Aktienhandelsvolumen / BIP) * (inländische Forderungen von Depositenbanken und anderen Finanzintermediären an den Privatsektor / BIP)	--	Beck et al. (2000a), Levine (2002)
	Aggregierter Nutzenindikator II	(Aktienmarktkapitalisierung / BIP) * (inländische Forderungen von Depositenbanken und anderen Finanzintermediären an den Privatsektor / BIP)	--	Levine (2002)
	Aggregierter Nutzenindikator III	(Inländische Forderungen von Depositenbanken und anderen Finanzintermediären an den Privatsektor / BIP) + (Aktienmarktkapitalisierung / BIP)	--	Beck et al. (2000a)

Tabelle 12 (Fortsetzung):

	Indikator	Definition	Normierung	Eingesetzt von
AGGREGIERTE INDIKATOREN	*Aggregierter Nutzenindikator IV*	(Inländische Forderungen des Banksektors an den Privatsektor / BIP) + (Aktienmarktkapitalisierung / BIP)	--	Kahn und Senhadji (2000)
	Aggregierter Nutzenindikator V	(Inländische Forderungen des Banksektors an den Privatsektor / BIP) + (Aktienmarktkapitalisierung / BIP) + (Anleihenmarktkapitalisierung / BIP)	--	Kahn und Senhadji (2000)
	Aggregierter Nutzenindikator VI	Erste Hauptkomponente von zwei bzw. drei der folgenden Indikatoren: (1) *Liquide Verbindlichkeiten*, (2) *Inländische Depositenbankforderungen an den Privatsektor*; (3) *Aktienmarktkapitalisierung*	--	Leahy et al. (2001)
	Aggregierter Nutzenindikator VII	Erste Hauptkomponente folgender Indikatoren: (1) *Aggregierter Nutzenindikator I*, (2) *Aggregierter Nutzenindikator II*, (3) *Aggregierter Kostenindikator*	--	Levine (2002)
	Aggregierter Nutzenindikator VIII	Erste Hauptkomponente folgender Indikatoren: (1) *Aggregierter Nutzenindikator I*, (2) *Aggregierter Nutzenindikator III*, (3) *Aggregierter Kostenindikator*	--	Beck et al. (2000a)

Tabelle 12 (Fortsetzung): [20]

	Indikator	Definition	Normierung	Eingesetzt von
AGGREGIERTE INDIKATOREN	*Aggregierter Nutzenindikator IX*	Erste Hauptkomponente von 2 bzw. 3 der folgenden Variablen: (1) Anzahl der Bankfilialen, (2) Antreil des BIP des Finanzsektors am gesamten BIP, (Anteil der Beschäftigung im Finanzsektor an der gesamten Beschäftigung	--	Graff (2000)
	Aggregiertes Nutzendummy	Land wird als finanziell unterwentwickelt definiert (Wert=0), wenn der Ländermittelwert der Indikatoren (1) *Inländische Depositenbankforderungen an den Privatsektor* bzw. *Inländische Finanzintermediärforderungen an den Privatsektor* und (2) *Aktienhandelsvolumen* unter dem Samplemittelwert liegt. Andernfalls ist der Wert gleich 1.	--	Beck et al. (2000a)

2.4.2. Indikatoren zur Operationalisierung der Kosten des Finanzsektors

Um die Kosten zu messen, zu denen Bankintermediäre Finanzdienstleistungen bereitstellen, werden die Gemeinkosten mit dem Gesamtvermögen der Banken in Relation gesetzt (z.B. Levine 2002, Beck et al. 2000a). Üblicherweise werden hohe Gemeinkosten als Zeichen von Ineffizienz und mangelnder Konkurrenz gesehen. Wie Demirguc-Kunt und Levine (1999) feststellen, ist diese Interpretation problematisch. Die Gemeinkosten wettbewerbsfähiger Banken können durch Großinvestitionen, die zu einer Verbesserung der erbrachten Dienstleistungen führen, in die Höhe getrieben werden. Deshalb würden niedrige Gemeinkosten eher auf geringe Investitionen und damit schlechte Finanzdienstleistung hindeuten. Koivu (2002)

[20] Der von Graff (2000) verwendete *Aggregierte Nutzenindikator IX* könnte theoretisch auch als Kostenindikator gewertet werden. Da die zur Bildung der Hauptkomponente Verwendung findenden Einzelindikatoren stark mit der Größe des Finanzsektors korrelieren und da der aggregierte Indikator im Sinne Graffs die Größe des Finanzssektors abbilden soll, wurde er den Nutzenindikatoren zugeordnet.

berechnet die Zinsspanne von Bankintermediären.[21] Sinkt die Zinsspanne aufgrund eines Absinkens der Transaktionskosten, steigt die Effizienz des Banksektors. Eine geringe Zinsspanne kann jedoch auch auf eine Umschichtung des Kreditportfolios zugunsten weniger risikoreicher Kreditnehmer hindeuten oder ein durch verstärkten Wettbewerb bedingtes Sinken der Gewinne der Bankintermediäre aufzeigen. An letzterem Punkt setzt Drakos (2002) an. Als Indikator für Wettbewerbsunvollkommenheiten und damit für erhöhte Intermediationskosten setzt er den Anteil der 3 bzw. 5 größten Banken am Gesamtvermögen des gesamten Bankensektors ein.

Um einen aggregierten Indikator zu erlangen, der sowohl Bankintermediäre als auch Aktienmärkte einschließt, kombinieren Beck et al. (2000a) und Levine (2002) den Gemeinkostenindikator mit dem Aktienhandelsvolumen: ([Aktienhandelsvolumen/BIP] / [Bankgemeinkosten/Gesamtvermögen der Banken]).[22]

Tabelle 13 gibt einen detaillierten Überblick über die einzelnen Kostenindikatoren, deren Definition und deren Einsatz.

Tabelle 13: Indikatoren zur Operationalisierung der Kosten des Finanzsektors[23]

	Indikator	Definition	Normierung	Eingesetzt von
FINANZINTERMEDIÄRE	Bankgemeinkosten	Bankgemeinkosten / Gesamtvermögen des Banksektors	--	Beck et al. (2000a), Levine (2002)
	Zinsmarge	Kreditzinssatz - Einlagezinssatz	--	Koivu (2002)
	Konzentration des Banksektors	Gesamtvermögen der 3 bzw. 5 größten Banken / Gesamtvermögen des Banksektors	--	Drakos (2002)
AGGREGIERTE INDIKATOREN	Aggregierter Kostenindikator	(Aktienhandelsvolumen / BIP) / (Bankgemeinkosten / Gesamtvermögen des Banksektors)	--	Beck et al. (2000a), Levine (2002)

[21] Die Zinsspanne berechnet sich aus dem Kreditzins minus dem Einlagezins von Bankintermediären.

[22] Die beiden Einzelkennzahlen werden durch Division verbunden, da höheres Aktienhandelsvolumen als Indikator für niedrige Kosten interpretiert wird. Höhere Bankgemeinkosten werden jedoch als Zeichen höherer Intermediationskosten interpretiert.

[23] Die den Aktienmarkt abbildende Teilkomponente des *Aggregierten Kostenindikators* spiegelt eher den Nutzen des Aktienmarktes denn die Kosten wider (siehe hierzu Fußnote 6). Dennoch wurde dieser Indikator im Sinne von Levine (2002) und Beck et al. (2000a) den Kostenindikatoren zugeordnet.

2.5. Ökonometrische Analyse

Dieser Unterabschnitt bespricht eingangs ökonometrische Problembereiche empirischer Wachstumsforschung und umreißt Lösungsansätze. Im Anschluss daran werden einzelne in der gesichteten, empirischen Literatur angewandte Untersuchungstypen dargestellt. Es wird beurteilt, inwieweit diese in der Lage sind, die anfangs geschilderten, ökonometrischen Probleme zu lösen.

2.5.1. Problembereiche empirischer Wachstumsforschung und mögliche Lösungsansätze

Basierend auf einer Stichprobe haben ökonometrische Untersuchungen das Ziel, Aussagen über Wirkungszusammenhänge zwischen Variablen zu machen. In der vorliegenden Arbeit interessiert etwa, welchen Einfluss ein Indikator des Finanzsektors (FD_{it}) auf den Output einer Volkswirtschaft (Y_{it}) hat:

$$Y_{it} = \gamma \cdot FD_{it} + \mu_i + \varepsilon_{it} \qquad (G.\ 28)$$

Hierbei bezeichnet i den Länderindex, t den Zeitindex, γ den zu schätzenden Koeffizienten des Einflusses des Finanzsektors auf den Output, μ_i länderspezifische Interzepte und ε_{it} den Störterm.

Um Aussagen über den interessierenden Wirkungszusammenhang machen zu können, benötigt man einerseits Punktschätzer für die Koeffizienten γ und μ_i, und andererseits einen Schätzer für die Varianz der Störterme, aus der die Varianz der Wahrscheinlichkeitsverteilung der Punktschätzer abgeleitet wird.

Folgende Eigenschaften von eingesetzten Schätzmethoden sind wünschenswert:

(a) Erwartungstreue der Parameterschätzer (Koeffizienten und Varianz)

Ein Schätzer ist erwartungstreu, wenn der Erwartungswert der Wahrscheinlichkeitsverteilung der Parameterschätzer gleich dem wahren Parameter ist. Dies bedeutet nicht, dass die geschätzten Parameter den wahren Parametern gleichen. Es bedeutet vielmehr, dass bei unendlich oft wiederholter Ziehung von Stichproben gleicher Größe der Durchschnitt der erhaltenen Schätzer gleich dem wahren Wert ist.

(b) Effizienz der Parameterschätzer (Koeffizienten und Varianz)

Ein Schätzer ist effizient, wenn er unter mehreren Schätzern die geringste Varianz der Parameterschätzer aufweist.

(c) Asymptotische Eigenschaften I - Konsistenz der Parameterschätzer

Ein Schätzer ist konsistent, wenn sich bei zunehmendem Stichprobenumfang die Varianz der Wahrscheinlichkeitsverteilung der Parameterschätzer verringert. Dies bedeutet, dass die Wahrscheinlichkeit, einen vom wahren Wert weit entfernten Schätzer zu bekommen, mit zunehmendem Stichprobenumfang geringer wird.

(c) *Asymptotische Eigenschaften II - Normalverteilung der Wahrscheinlichkeitsverteilung der Parameterschätzer*

Ein Schätzer ist asymptotisch normalverteilt, wenn sich die Wahrscheinlichkeitsverteilung der Parameterschätzer bei zunehmendem Stichprobenumfang einer Normalverteilung annähert. Ist die Wahrscheinlichkeitsverteilung der Parameterschätzer nicht asymptotisch normalverteilt, so muss die Wahrscheinlichkeitsverteilung der Parameterschätzer durch Simulationen abgeleitet werden. Dies erschwert die ökonometrische Schätzung erheblich.

Werden in empirischer Wachstumsforschung herkömmliche Schätzmethoden angewandt, sind obige Eigenschaften oft nicht gegeben, dies insbesondere im Fall von Parameterheterogenität, unberücksichtigten Variablen, Simultanität, stochastischen Regressoren, serieller Korrelation und (Ko-)Integriertheit. Im folgenden werden die angeführten Problemfälle näher umrissen:[24]

(a) *Parameterheterogenität*

Ein oft gegen die Wachstumsempirie erhobener Vorwurf ist, dass Länder mit unterschiedlichen sozialen, politischen und institutionellen Rahmenbedingungen wohl unterschiedliche Wachstumszusammenhänge aufweisen werden. Oder wie Harberger (1987) es ausdrückt: „What do Thailand, the Dominican Republic, Zimbabwe, Greece and Bolivia have in common that merits their being put in the same regression analysis?".

Werden länderspezifische Unterschiede, die zwischen den Untersuchungseinheiten existieren, in der Modellspezifikation nicht berücksichtigt, so führt dies zu verzerrten und inkonsistenten Schätzern (Hsiao 2003: 8).

Betrachten wir folgendes Beispiel: Es wird ein (gepooltes) Modell geschätzt, das mögliche Parameterheterogenität unberücksichtigt lässt:

$$Y_{it} = \beta \cdot X_{it} + \mu + \varepsilon_{it} \qquad (G. 29)$$

Hierbei bezeichnet X eine beliebige, exogene Variable zur Erklärung des wirtschaftlichen Outputs (Y), μ bezeichnet das Interzept und β den Steigungskoeffizienten. i steht für den Länderindex und t für den Zeitindex.

Das datengenerierende Modell weist jedoch Parameterheterogenität auf:

Fall 1 – die Interzepte sind heterogen ($\mu_i \neq \mu_j$), der Steigungskoeffizient homogen ($\beta_i = \beta_j$):

Die Verzerrung der Schätzergebnisse durch die Vernachlässigung der Parameterheterogenität wird in Abbildung 1 (siehe nächste Seite) demonstriert. Die gebrochenen Ellipsen stellen die Punktwolke von über die Zeit hinweg getätigten Einzelbeobachtungen einzelner Länder dar. Die gebrochenen geraden Linien repräsentieren die Regressionsgeraden für die einzelnen Länder. Die durchgezogene schwarze Linie ist die Regressionsgerade der gepoolten Schätzung. Wie Darstellungen *(a)* und *(b)* zeigen, führt die gepoolte Regression zu verzerrten Ergebnissen, da die Heterogenität der Interzepte unberücksichtigt

[24] Den Problembereich der Heteroskedastizität lasse ich hier außer Acht, da er in der Regel leicht durch den Einsatz heteroskedastizitätskonsistenter Standardfehler oder den Einsatz von „Weighted Least Square"-Schätzern behoben werden kann.

bleibt. A priori kann auch nicht die Richtung der Verzerrung des gepoolten Schätzers abgeleitet werden.

Abbildung 1: Parameterheterogenität in Wachstumsregressionen (aus Hsiao 2003: 10)

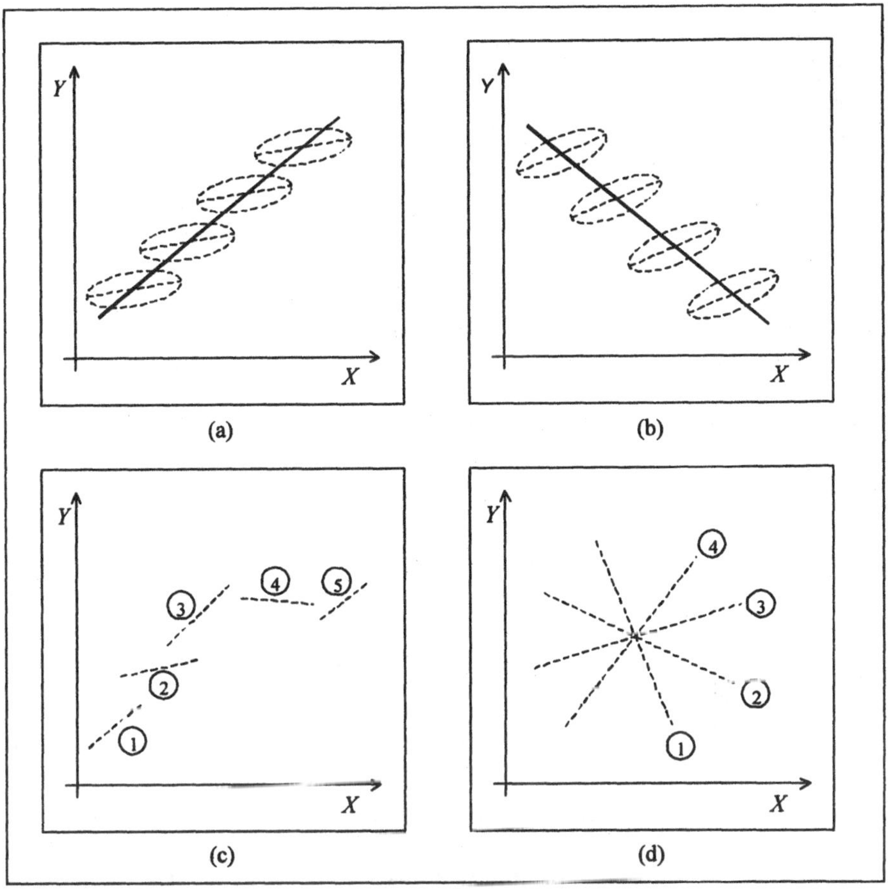

Fall 2 – die Interzepte und Steigungskoeffizienten sind heterogen ($\mu_i \neq \mu_j$, $\beta_i \neq \beta_j$):

In den Darstellungen *(c)* und *(d)* werden die Punktwolken der Einfachheit halber nicht dargestellt. Die umkreisten Nummern bezeichnen die Länder, deren Regressionsgeraden in die Erläuterung eingeschlossen wurden. Wie leicht zu sehen ist, führt die gepoolte Regression zu fehlleitenden Ergebnissen. Im Falle von Darstellung *(c)* würde man auf einen nichtlinearen Zusammenhang schließen. Im Fall von Darstellung *(d)* würde der erhaltene Koeffizient den Durchschnitt von sehr unterschiedlichen Einzelkoeffizienten darstellen.[25]

Um fehlleitende Ergebnisse zu vermeiden, sollte potentieller Parameterheterogenität in der empirischen Untersuchung Beachtung geschenkt werden.

(b) Unberücksichtigte Variablen

Das Problem unberücksichtigter Variablen findet spätestens seit den Arbeiten von Leamer (1983 und 1985) und Levine und Renelt (1992) vermehrt Aufmerksamkeit in der empirischen Wachstumsliteratur. In Wachstumsstudien wurden viele Variablen gefunden, die einen signifikanten Wachstumsbeitrag liefern. Die Signifikanz vieler dieser Variablen schwindet jedoch, wenn noch zusätzliche, potenziell wachstumsbeeinflussende Variablen in die Regression eingeschlossen werden.

Wird die unvermeidliche Unsicherheit über den wahren Zusammenhang der Variablen ignoriert, erhält man verzerrte, inkonsistente Schätzer.

Betrachten wir als Beispiel folgendes zu schätzende Modell:

$$Y_{it} = \beta \cdot X_{it} + \mu + \varepsilon_{it} \qquad (G.\ 30)$$

Hierbei bezeichnet *X* wiederum eine beliebige exogene Variable zur Erklärung des wirtschaftlichen Outputs (*Y*), μ bezeichnet das Interzept und β den Steigungskoeffizienten. *i* steht für den Länderindex und *t* für den Zeitindex.

Das datengenerierende Modell weist eine zusätzliche Variable (*Z*) auf, die den Output beeinflusst:

$$Y_{it} = \beta \cdot X_{it} + \chi \cdot Z_{it} + \mu + \varepsilon_{it} \qquad (G.\ 31)$$

Wird das datengenerierende Modell mit G. 30 geschätzt, ist der Erwartungswert des Schätzers $E(\hat{\beta})$ verzerrt:

$$E(\hat{\beta}) = \beta + \chi \cdot \frac{Cov(X,Z)}{Var(X)} \qquad (G.\ 32)$$

Wie leicht ersichtlich ist, wäre der Schätzer lediglich dann erwartungstreu, wenn entweder χ Null ist (d.h. die Variable *Z* ist nicht im wahren Modell enthalten) oder der Term *Cov(X,Z)/Var(X)* gleich Null ist (d.h. die Variablen *X* und *Z* sind nicht miteinander korreliert).

Zur Vermeidung von Fehlschlüssen aufgrund unberücksichtigter Variablen sollten bei Querschnitts- und Paneluntersuchungen Sensitivitätsanalysen durchgeführt werden. Dies sind ergänzende Schätzungen unter Einschluss zusätzlicher Variablen, die unter Verdacht stehen, Einfluss auf den Regressanden auszuüben. Bleiben die Ergebnisse stabil, so ist –

[25] Nach Temple (1999) ist der Hauptzweck der empirischen Wachstumsforschung, zu generalisierenden Aussagen über das Wirtschaftswachstum zu kommen. Daher wären gerade Durchschnittswerte wichtig. Dieser Argumentation kann ich mich jedoch nur begrenzt anschließen. Unterscheiden sich die Parameter der Einzelregressionen drastisch und systematisch, so kann eine Orientierung an Durchschnittswerten zu schwerwiegenden wirtschaftspolitischen Fehlschlüssen führen.

trotz verbleibender Restunsicherheit – die Wahrscheinlichkeit höher, dass die Ergebnisse nicht durch unberücksichtigte Variablen getrieben sind.

(c) *Problembereich Simultanität*

Das am öftesten in der Wachstumsliteratur geäußerte Bedenken betrifft das Problem der Simultanität: Die Regressoren in Wachstumsregressionen sind nicht unabhängig vom Regressanden. Der Regressand bestimmt die Ausprägung der Regressoren mit.

Nehmen wir als Beispiel wiederum folgendes zu schätzende Modell an:

$$Y_{it} = \beta \cdot X_{it} + \mu + \varepsilon_{it} \qquad \text{(G. 33)}$$

Der datengenerierende Prozess setzt sich jedoch aus zwei Gleichungen zusammen:

$$\begin{aligned} Y_{it} &= \beta \cdot X_{it} + \mu + \varepsilon_{it} \\ X_{it} &= \chi \cdot Y_{it} + \eta + \nu_{it} \end{aligned} \qquad \text{(G. 34)}$$

Es lässt sich zeigen (vgl. z.B. Wooldridge 2003: 525ff.), dass schon im datengenerierenden Modell die Regressoren mit den Störtermen korreliert sind. X korreliert mit ε, Y mit υ. Damit sind die Ergebnisse herkömmlicher Schätzer verzerrt und inkonsistent.

(d) *Problembereich stochastische Regressoren, serielle Korrelation, Integriertheit und Kointegriertheit*

Die folgenden Ausführungen begrenzen sich auf Paneluntersuchungen (insbesonders Zeitreihen-Paneluntersuchungen).

Da in der ökonometrischen Praxis die Annahme deterministischer Regressoren meist verletzt ist, muss von stochastischen Regressoren ausgegangen werden. Um eine konsistente Schätzung der Parameter zu erlauben, muss sichergestellt werden, dass in die Schätzung eingehende Variablen (kovarianz-)stationär[26], asymptotisch autounkorreliert[27] und asymptotisch mit dem Störterm unkorreliert[28] sind.

Weist der Störterm des datengenerierenden Modells serielle Korrelation auf:

$$\begin{aligned} Y_{it} &= \beta \cdot X_{it} + \mu + \varepsilon_{it} \\ \varepsilon_{it} &= \theta \cdot \varepsilon_{i,t-1} + \nu_t \quad \text{mit} \quad \nu_{it} \sim iid\left(0,\sigma^2\right) \text{ und } |\theta| < 1 \end{aligned} \qquad \text{(G. 35)}$$

so sind die Parameterschätzer für β konsistent und asymptotisch normalverteilt. Die Schätzer für die Varianz des Störterms und die Standardfehler sind jedoch verzerrt. Um

[26] Ein stochastischer Prozess $\{x_t : t = 1,2,...\}$ mit endlichem zweiten Moment $E\left(x_t^2\right) < \infty$ ist kovarianzstationär, wenn (a) $E(x_t)$ konstant ist, (b) $Var(x_t)$ konstant ist und (c) für jedes $t,h \geq 1$, $Cov(x_t, x_{t+h})$ nur von h und nicht von t abhängt (Wooldridge 2003: 361).

[27] Ein (kovarianz-)stationärer Prozess $\{x_t : t = 1,2,...\}$ ist asymptotisch autounkorreliert, wenn $Corr(x_t, x_{t+h}) \to 0$ wenn $h \to \infty$. Ist die Annahme der asymptotischen Autounkorreliertheit durchbrochen, so ist auch die (Kovarianz-)Stationarität des Prozesses nicht mehr gegeben (Wooldridge 2003: 362).

[28] Zwei (kovarianz-)stationäre Prozesse $\{x_t : t = 1,2,...$ und $y_t : t = 1,2,...\}$ sind asymptotisch unkorreliert, wenn $Corr(x_t, y_{t+h}) \to 0$ wenn $h \to \infty$ (Wooldridge 2003: 362).

dies zu korrigieren, können autokorrelationsrobuste Standardfehler nach Newey und West (1987) oder „Feasible GLS-Schätzer“ (FGLS-Schätzer) nach Cochrane und Orcutt (1949) oder Prais und Winsten (1954) eingesetzt werden.[29]

Liegt Integriertheit der in die Schätzung eingehenden Variablen vor, so ist die Annahme der asymtotischen Autounkorreliertheit und damit auch die Annahme der (Kovarianz-)-Stationarität durchbrochen. Folgt der Regressand beispielsweise einem „Random Walk“ (Integriertheit 1. Ordnung) ergibt sich:

$$Y_{it} = Y_{i,t-1} + \varepsilon_{it} = Y_{i0} + \sum_{h=0}^{t-1} \varepsilon_{i,t-h} \quad \text{mit}\, \varepsilon_{it} \sim iid\left(0, \sigma^2\right) \qquad (G.\ 36)$$

Um konsistente und asymptotisch normalverteilte Schätzer zu erlangen, müssen die betroffenen Variablen zu schwach abhängigen Zeitreihen transformiert werden. Dies erfolgt in der Regel durch Bildung der ersten Differenzen.

Sind die untersuchten Variablen kointegriert – Regressand und Regressor sind erster Ordnung integriert und zwischen beiden besteht eine Beziehung $Y_{it} = \beta \cdot X_{it} + \mu + \varepsilon_{it}$ – kann konsitent in Niveaus geschätzt werden.

Um valide Schätzergebnisse zu erlangen, empfiehlt es sich, die in die Schätzung eingehenden Variablen auf Integriertheit bzw. Kointegriertheit zu untersuchen und entsprechend den Ergebnissen ist die Schätzstrategie anzupassen.

2.5.2. Untersuchungstypen der ökonometrischen Analyse

Die in der ökonometrischen Analyse angewandten Untersuchungstypen können nach mehreren Kriterien unterschieden werden. Einerseits nach der Dimension des in die Untersuchung eingehenden Datenfeldes:

(a) Querschnittsregressionen

Im Fall von Querschnittsregressionen liegt lediglich eine einzige Beobachtung für mehrere Untersuchungseinheiten vor. Dies bedeutet, dass das zu untersuchende Datenfeld eine Querschnittsdimension von $N>1$ und eine Zeitdimension von $T=1$ hat. Die ökonometrische Analyse nützt die Querschnittsvarianz, d.h. die Varianz zwischen den Untersuchungseinheiten.

(b) Paneluntersuchungen

Im Fall von Paneluntersuchungen liegen mehrere zeitliche Beobachtungen für mehrere Untersuchungenseinheiten vor. Dies bedeutet, dass das zu untersuchende Datenfeld eine Querschnittsdimension von $N>1$ und eine Zeitdimension von $T>1$ hat. Bedingt durch die Mehrdimensionalität des Datenfeldes kann zur ökonometrischen Analyse entweder die Gesamtvarianz der Daten, die Querschnittsvarianz oder die Zeitreihenvarianz genützt

[29] Enthält die Testgleichung jedoch den verzögerten Regressanden und weist serielle Korrelation des Störterms auf, so sind auch die Parameterschätzer für β inkonsistent. Je nach dem Grund der verbleibenden seriellen Korrelation kann diesem Problem mit Instrumentalvariablen-Schätzern oder mit der Hinzunahme zusätzlicher verzögerter Variablen begegnet werden.

werden. Nach diesem Kriterium können Paneluntersuchungen weiter unterschieden werden in:

(aa) Gepoolte Paneluntersuchungen

Gepoolte Paneluntersuchungen nutzen die Gesamtvarianz der Daten. Da in der Wachstumsforschung die Gesamtvarianz von der Querschnittsvarianz dominiert wird, wurden diesem Untersuchungstyp auch jene Paneluntersuchungen zugeordnet, die lediglich die Querschnittsvarianz nützen.

(bb) Zeitreihen-Paneluntersuchungen

Zeitreihen-Paneluntersuchungen nutzen die Zeitreihenvarianz der Daten. Die Querschnittsvarianz wird durch den Einsatz von Interzepten für jede Untersuchungseinheit (μ_i) „herausgefiltert".

$$Y_{it} = \boldsymbol{\beta} \cdot \mathbf{X}_{it} + \mu_i + \varepsilon_{it} \qquad (G.\ 37)$$

Hierbei bezeichnet Y den Regressanden, $\mathbf{X}$ die Matrix der Regressoren, i den Querschnittsindex und t stellt den Zeitindex dar.

Zweitens können angewandte Untersuchungstypen nach dem Untersuchungsaufbau unterschieden werden in:[30]

(a) Zeitgleiche Regressionen

Beim Typ der zeitgleichen Regression werden jeweils Daten der gleichen Beobachtungsperiode aufeinander regressiert:

$$Y_{it} = \boldsymbol{\beta} \cdot \mathbf{X}_{it} + \boldsymbol{\mu} + \varepsilon_{it} \qquad (G.\ 38)$$

Hierbei bezeichnet Y den Regressanden, $\boldsymbol{\beta}$ den Vektor der Koeffizienten, $\mathbf{X}$ die Matrix der Regressoren, $\boldsymbol{\mu}$ den Vektor bzw. Skalar der Interzepte und ε den Störterm. i bzw. t stellen den Querschnitts- bzw. Zeitindex dar.

(b) Anfangswert-Regressionen

Beim Typ der Anfangswert-Regression wird der Regressand auf vergangene Werte der Regressoren regressiert:

$$Y_{it} = \boldsymbol{\beta} \cdot \mathbf{X}_{i,t-1} + \boldsymbol{\mu} + \varepsilon_{it} \qquad (G.\ 39)$$

(c) Instrumentalvariablen-Regressionen

Beim Typ der Instrumentalvariablen-Regression wird der Regressand auf instrumentierte Regressoren regressiert. Zur vereinfachten Darstellung wird dies für den Fall eines einzigen Regressors erläutert. Im ersten Schritt wird in einer Hilfsgleichung (G. 41) der Regressor X der Ausgangsgleichung (G. 40) auf eine Matrix von Instrumenten ($\mathbf{Z}$) regressiert. Die Instrumente sollten mit dem Regressor der Ausgangsgleichung (X) hoch korre-

[30] Die Klassifizierung richtet sich nach der Stellung (zeitgleich, Anfangswert) der interessierenden Regressoren – im vorliegenden Fall der Indikatoren finanzwirtschaftlicher Entwicklung – und deren Instrumentalisierung. Die Gleichungen sind jeweils für den Fall einer Paneluntersuchung dargestellt.

lieren, jedoch nicht mit dem Störterm der Ausgangsgleichung korrelieren. In einem zweiten Schritt (G. 42) werden die angepassten Werte $(\hat{X})$ des Regressors mit Hilfe der geschätzten Parameter der Hilfsgleichung errechnet. Die angepassten Werte finden im dritten Schritt (G. 43) in der Ausgangsgleichung als Regressor Verwendung.

$$Y_{it} = \boldsymbol{\beta} \cdot X_{it} + \boldsymbol{\mu} + \varepsilon_{it} \quad \text{(G. 40)}$$

$$X_{it} = \boldsymbol{\chi} \cdot \mathbf{Z}_{it} + \boldsymbol{\eta} + \nu_{it} \quad \text{(G. 41)}$$

$$\hat{X}_{it} = \hat{\boldsymbol{\chi}} \cdot \mathbf{Z}_{it} + \hat{\boldsymbol{\eta}} \quad \text{(G. 42)}$$

$$Y_{it} = \boldsymbol{\beta} \cdot \hat{X}_{it} + \boldsymbol{\mu} + \varepsilon_{it} \quad \text{(G. 43)}$$

Drittens und letztens können angewandte Untersuchungstypen nach der Berücksichtigung der zeitlichen Struktur des Zusammenhangs der untersuchten Variablen unterschieden werden in:

(a) Statische Regressionen

Beim Typ statischer Regressionen findet der Zusammenhang der betrachteten Variablen über die Zeit hinweg keine Berücksichtigung.

(b) Dynamische Regressionen

Beim Typ der dynamischen Regressionen findet der Zusammenhang der Variablen über die Zeit hinweg Berücksichtigung. Es kann weiter unterschieden werden in:

(aa) DL-Regressionen

Im Fall der „Distributed Lag“-Regressionen (DL-Regressionen) finden neben den ursprünglichen Regressoren noch (ein oder mehrere) verzögerte Werte der Regressoren Eingang in die zu schätzende Gleichung. Zum Beispiel:

$$Y_{it} = \boldsymbol{\beta}_1 \cdot \mathbf{X}_{it} + \boldsymbol{\beta}_2 \cdot \mathbf{X}_{i,t-1} + \boldsymbol{\beta}_3 \cdot \mathbf{X}_{i,t-2} + \boldsymbol{\mu} + \varepsilon_{it} \quad \text{(G. 44)}$$

(bb) AR-Regressionen

Im Fall der autoregressiven Regressionen (AR-Regressionen) finden neben den Regressoren noch (ein oder mehrere) verzögerte Werte des Regressanden Berücksichtigung. Zum Beispiel:

$$Y_{it} = \boldsymbol{\beta} \cdot \mathbf{X}_{it} + \theta \cdot Y_{i,t-1} + \boldsymbol{\mu} + \varepsilon_{it} \quad \text{(G. 45)}$$

(cc) ARDL-Regressionen

„Autoregressive Distributed Lag“-Regressionen (ARDL-Regressionen) kombinieren DL- und AR-Regressionen. Sowohl verzögerte Werte der Regressoren als auch des Regressanden werden in die Spezifikation aufgenommen.

$$Y_{it} = \boldsymbol{\beta}_1 \cdot \mathbf{X}_{it} + \boldsymbol{\beta}_2 \cdot \mathbf{X}_{i,t-1} + \theta \cdot Y_{i,t-1} + \boldsymbol{\mu} + \varepsilon_{it} \quad \text{(G. 46)}$$

Üblicherweise werden ARDL-Modelle umgeschrieben und in der Fehlerkorrekturform geschätzt:

$$\Delta Y_{it} = -(1-\theta)\cdot\left(Y_{i,t-1} - \frac{\mu}{(1-\theta)} - \frac{\beta_1+\beta_2}{(1-\theta)}\cdot \mathbf{X}_{i,t-1}\right) + \beta_1\cdot\Delta\mathbf{X}_{it} + \varepsilon_{it} \qquad (G.\ 47)$$

Der Überblick über den Einsatz unterschiedlicher Untersuchungstypen in Tabelle 14 (siehe Seite) lässt erkennen, dass Querschnittsregressionen bei weitem am häufigsten (32 mal) eingesetzt werden. Zeitreihen-Paneluntersuchungen folgen mit 20 Anwendungen. Gepoolte Paneluntersuchungen werden seltener verwendet (15 mal). Betrachtet man die Berücksichtigung der zeitlichen Wirkungsstruktur, so dominieren dynamische Typen, die 55 mal eingesetzt werden. Statische Gleichungen werden nur 12 mal angewendet.

Tabelle 14: Untersuchungstypen ökonometrischer Analyse und deren Einsatz[31]

Einsatz der unterschiedlichen Untersuchungstypen ökonometrischer Analyse					
	statisch		dynamisch		
		DL	AR	ARDL	**GESAMT**
Querschnittsuntersuchungen					
Zeitgleiche Regressionen	4	--	11	--	**15**
Anfangswert-Regressionen	2	--	7	--	**9**
Instrumentalvariablen-Regressionen	1	--	7	--	**8**
Gepoolte Paneluntersuchungen					
Zeitgleiche Regressionen	2	--	5	--	**7**
Anfangswert-Regressionen	--	--	4	--	**4**
Instrumentalvariablen-Regressionen	--	--	4	--	**4**
Zeitreihen-Paneluntersuchungen					
Zeitgleiche Regressionen	3	1	1	5	**10**
Anfangswert-Regressionen	--	--	2	2	**4**
Instrumentalvariablen-Regressionen	--	--	6	--	**6**
GESAMT	**12**	**1**	**47**	**7**	**67**

Im Folgenden werden die einzelnen Untersuchungstypen auf ihr Lösungspotential für die Probleme emprischer Wachstumsforschung untersucht.

2.5.3. Querschnittsuntersuchungen

Querschnittsuntersuchungen bieten nur begrenzte Möglichkeit, Parameterheterogenität festzustellen und zu beheben. Meist muss ex-ante angenommen werden, dass für alle betrachteten Untersuchungseinheiten ein homogener Wirkungszusammenhang besteht. Der Verzerrung der Schätzergebnisse durch unberücksichtigte Variablen kann nur durch Sensitivitätsanalysen begegnet werden. Das Problem der Simultanität wird in unterschiedlichem Maße durch unterschiedliche Untersuchungsaufbauten gelöst:

(a) *Zeitgleiche Regressionen* – Obwohl hier das Problem der Simultanität gänzlich ungelöst bleibt, wird dieser Untersuchungsaufbau oft eingesetzt (z.B.: Benhabib und Spiegel 2000,

[31] Die Anzahl der Verwendung einzelner Untersuchungstypen deckt sich nicht mit der Anzahl der Studien, da einige Studien mehrere Untersuchungstypen parallel einsetzen.

Ram 1999, Fink und Haiss 1999 und King und Levine 1993a), in neueren Arbeiten (z.B.: Levine 2002, Beck und Levine 2002a und Beck et al. 2000a) jedoch meist nur als erste explorative Annäherung an das Thema. Die Schätzung erfolgt mit herkömmlicher OLS-Methodik.[32] Die Schätzer können durch das Simultanitätsproblem potenziell verzerrt sein.

(b) *Anfangswert-Regressionen* – Das Problem der Simultanität kann nur bedingt gelöst werden: sind die Werte der verzögerten Regressoren mit den aktuellen hoch korreliert, so wird der sich ergebende Schätzer auch einen Teil des Erklärungsbeitrages des aktuellen Regressors abbilden, der durch das Simultanitätsproblem betroffen ist. Somit ist auch der Schätzer für die verzögerten Werte von Simultanitätsproblemen betroffen. Trotzdem erfreut sich auch dieser Untersuchungsaufbau großer Beliebtheit (z.B.: La Porta et al., Hahn 2002c, Graff 2000 und Levine und Zervos 1998). Es werden herkömmliche OLS-Schätzer eingesetzt. Die Schätzer sind durch das Simultanitätsproblem potentiell verzerrt.

(c) *Instrumentalvariablen-Regressionen* – Sie bieten hohes Lösungspotential im Hinblick auf Simultanitätsprobleme. Voraussetzung ist jedoch der Einsatz gültiger Instumente. Einerseits können externe Variablen, d.h. nicht in der ursprünglichen Regressionsgleichung enthaltene Variablen als Instumente eingesetzt werden (z.B. Levine 2002, Levine et al. 2000, Levine 1999). Es wird jedoch schwierig sein, gültige externe Instrumente, d.h. externe Variablen, die einerseits mit den Regressoren hoch korrelieren und als vom Regressanden unbeeinflusst angenommen werden können, zu finden. Alternativ können interne Instrumente, d.h. verzögerte Werte der Regressoren als Instrumente benützt werden (z.B.: Kahn und Senhadji 2000, Harris 1997). Zur Schätzung werden 2SLS- oder IV-GMM-Schätzer[33] eingesetzt. Werden gültige Instrumente gefunden, ergibt die Schätzung unverzerrte Parameter.

Probleme der seriellen Korrelation, Integriertheit und Kointegriertheit werden nicht schlagend, da das in die Untersuchung eingehende Datenfeld keine Zeitdimension enthält. Wie jedoch Quah (1993) anmerkt, ist die Schätzung dynamisch-autoregressiver Querschnittsgleichungen (AR-Regressionen und ARDL-Regressionen) problematisch. Die erhaltenen Koeffizienten weisen starke Verzerrungen auf und sind inkonsistent.

Einen detaillierten Überblick über den Einsatz von Querschnittsuntersuchungen gibt Tabelle 15 (siehe nächste Seite).

2.5.4. Gepoolte Paneluntersuchungen

Gepoolte Paneluntersuchungen geben ebenfalls nur begrenzte Möglichkeiten, Parameterheterogenität festzustellen und zu beheben. Zwar stehen durch die hinzugekommene Zeitdimension mehr Beobachtungen zur Verfügung, der Interzept bleibt jedoch weiterhin restringiert.

Das Problem der Simultanität stellt sich wie in Querschnittsuntersuchungen dar. Zeitgleiche Regressionen[34] (z.B.: Jalilian und Kirkpatrick 2002, Gertler und Rose 1994 und King und

---

[32] OLS-Methodik = „Ordinary Least Squares"-Methodik

[33] 2SLS-Schätzer = „Two Stage Least Square"-Schätzer; IV-GMM-Schätzer = „Generalized Method of Moments"- Instrumentalvariablenschätzer.

[34] Es werden OLS-Schätzer eingesetzt.

Tabelle 15: Ökonometrische Analyse – Querschnittsuntersuchungen

QUERSCHNITTSUNTERSUCHUNGEN

Autor (Jahr)	Länder-sample	Zeitraum	Untersuchungs aufbau	Zeitliche Struktur	Schätzer
Ghani (1992)	max. 52 Länder	max. 1965-1989 (Durchschnitt über gesamte Periode)	Anfangswert-Regression	dynamisch (AR-Regression)	OLS
King und Levine (1992)	max. 85 Länder	max. 1960-1989 (Durchschnitt über gesamte Periode)	Zeitgleiche Regression und Anfangswert-Regression	dynamisch (AR-Regression)	OLS
Atje und Jovanovic (1993)	max. 39 Länder	max. 1970-1988 (Durchschnitt über gesamte Periode)	Anfangswert-Regression	statisch	OLS
King und Levine (1993a)	max. 80 Länder	max. 1960-1989 (Durchschnitt über gesamte Periode)	Zeitgleiche Regression	dynamisch (AR-Regression)	OLS
De Gregorio und Giudotti (1995)	max. 98 Länder	max. 1960-1985 (Durchschnitt über gesamte Periode)	Zeitgleiche Regression und Anfangswert-Regression	dynamisch (AR-Regression)	OLS
Harris (1997)	max. 49 Länder	max. 1980-1991 (Durchschnitt über gesamte Periode)	Zeitgleiche Regression, Anfangswertregression und Instrumentalvariablen-Regression (interne Instrumente)	statisch	OLS und 2SLS
Levine (1998)	max. 42 Länder	max. 1976-1993 (Durchschnitt über gesamte Periode)	Instrumentalvariablen-Regression (externe Instrumente)	dynamisch (AR-Regression)	IV-GMM
Levine und Zervos (1998)	max. 47 Länder	max. 1976-1993 (Durchschnitt über gesamte Periode)	Anfangswert-Regression	dynamisch (AR-Regression)	OLS
Fink und Haiss (1999)	max. 27 Länder	1996	Zeitgleiche Regression	statisch	OLS
Levine (1999)	max. 45 Länder	max. 1960-1989 (Durchschnitt über gesamte Periode)	Instrumentalvariablen-Regression (externe Instrumente)	dynamisch (AR-Regression)	2SLS und GMM-IV
Ram (1999)	max. 93 Länder	max. 1960-1989 (Durchschnitte über gesamte Periode)	Zeitgleiche Regression	statisch	OLS

Tabelle 15 (Fortsetzung):

	Autor (Jahr)	Länder-sample	Zeitraum	Untersuchungs aufbau	Zeitliche Struktur	Schätzer
QUERSCHNITTSUNTERSUCHUNGEN	Beck et al. (2000a)	max. 38 Länder	max. 1980-1985 (Durchschnitt über gesamte Periode)	Zeitgleiche Regression und Instrumentalvariablen-Regression (externe Instrumente)	dynamisch (AR-Regression)	OLS und 2SLS
	Beck et al. (2000b)	max. 63 Länder	max. 1960-1995 (Durchschnitt über gesamte Periode)	Instrumentalvariablen-Regression (externe Instrumente)	dynamisch (AR-Regression)	GMM-IV
	Benhabib und Spiegel (2000)	max. 97 Länder	max. 1965-1985 (Logdifferenz End- minus Anfangswert)	Zeitgleiche Regression	dynamisch (AR-Regression)	OLS
	Graff (2000)	max. 93 Länder	max. 1960-1990	Anfangswert-Regression	dynamisch (AR-Regression)	OLS
	Kahn und Senhadji (2000)	max. 159 Länder	max. 1960-1999 (Durchschnitt über gesamte Periode)	Zeitgleiche und Instrumentalvariablen-Regression (interne Instrumente)	dynamisch (AR-Regression)	OLS und 2SLS
	Levine et al. (2000)	max. 71 Länder	max. 1960-1995 (Durchschnitt über gesamte Periode)	Instrumentalvariablen-Regression (externe Instrumente)	dynamisch (AR-Regression)	2SLS und IV-GMM
	Deidda und Fattouh (2001)	max. 119 Länder	max. 1960-1989 (Durchschnitt über gesamte Periode)	Zeitgleiche Regression	dynamisch (AR-Regression)	OLS
	Jaffee und Levonian (2001)	max. 49 Länder	1995	Zeitgleiche Regression	statisch	OLS
	Beck und Levine (2002a)	max. 40 Länder	max. 1976-1998 (Durchschnitt über gesamte Periode)	Zeitgleiche Regression	dynamisch (AR-Regression)	OLS
	Drakos (2002)	max. 21 Länder	max. 1992-2000 (Jahreswerte und Durchschnitt über gesamte Periode)	Zeitgleiche Regression	statisch	OLS
	Hahn (2002c)	max. 23 Länder	max. 1970-2000 (Durchschnitt über gesamte Periode)	Anfangswerte-Regression	dynamisch (AR-Regression)	OLS

Tabelle 15 (Fortsetzung):

	Autor (Jahr)	Länder-sample	Zeitraum	Untersuchungs aufbau	Zeitliche Struktur	Schätzer
QUERSCHNITTSUNTER-SUCHUNGEN	La Porta et al. (2002)	max. 82 Länder	max. 1960-1995 (Durchschnitt über gesamte Periode)	Anfangswerte-Regression	dynamisch (AR-Regression)	OLS
	Levine (2002)	max. 48 Länder	max. 1980-1995 (Durchschnitt über gesamte Periode)	Zeitgleiche Regression und Instrumentalvariablen-Regression (externe Instrumente)	dynamisch (AR-Regression)	OLS und 2SLS
	Platek (2002)	max. 26 Länder	max. 1990-1998 (Durchschnitt über gesamte Periode)	Zeitgleiche Regression	dynamisch (AR-Regression)	OLS

Levine 1992) bieten keine Lösung an. Anfangswert-Regressionen[35] (z.B.: Rousseau 2002, Durham 2002, Kahn und Senhadji 2000) verbessern die Situation nur geringfügig. Mit Instrumentalvariablen-Regressionen[36] (z.B.: Rousseau 2002, Rousseau und Sylla 2001) kann das Simultanitätsproblem gut in den Griff bekommen werden, da in Panelen mehrere verzögerte Werte der Regressoren als Instrumente zur Verfügung stehen.

Durch das Hinzukommen der zeitlichen Dimension können Probleme serieller Korrelation schlagend werden. Der Einsatz autokorrelationsrobuster Standardfehler schafft jedoch Abhilfe – zumindest in statischen Regressionen. Integriertheits- und Kointegriertheitsprobleme sind in gepoolten Paneluntersuchungen tendenziell nicht zu fürchten, da regelmäßig die Querschnittsvarianz die zeitliche Varianz dominiert.

Die Schätzung dynamischer Modelle bereitet in gepoolten Panelen mit einheitlichem Interzept Probleme. Wie Hsiao (2003) zeigt, ist der Schätzer für den Parameter des verzögerten Regressanden nach oben verzerrt und inkonsistent, wenn sich im wahren Modell die Interzepte zwischen den Untersuchungseinheiten unterscheiden. Die Schätzer der Parameter der anderen Regressoren sind ebenfalls betroffen. Serielle Korrelation kann das Problem noch zusätzlich verschärfen.

Einen detaillierten Überblick über den Einsatz von gepoolten Paneluntersuchungen gibt Tabelle 16 (siehe nächste Seite).

2.5.5. Zeitreihen-Paneluntersuchungen

Zeitreihenpanele bieten ausgiebig Möglichkeit zur Berücksichtigung von Parameterheterogenität. Einerseits wird durch Zentrierung der Daten oder durch die Bildung erster Differenzen die Möglichkeit von sich zwischen den Untersuchungseinheiten unterscheidenden Interzepten eingeräumt. Andererseits, da mehrere Beobachtungen pro Untersuchungseinheit vorliegen, kann ausführlich getestet werden, ob sich auch die anderen Parameter zwischen den Untersu-

[35] Es werden OLS-Schätzer eingesetzt.

[36] Es werden „Two Stage Least Squares"-Schätzer (2SLS) oder „Three Stage Least Squares"-Schätzer (3SLS) eingesetzt.

chungseinheiten unterscheiden. Die Aufhebung der Restriktion des Interzeptes mindert auch den potenziell verzerrenden Einfluss nicht berücksichtigter Variablen. Zumindest die Verzerrung der zeitinvarianten Komponente nicht berücksichtigter Variablen wird automatisch „herausgefiltert". Der Einsatz von Sensitivitätsanalysen ist jedoch weiterhin ratsam.

Tabelle 16: Ökonometrische Analyse – Gepoolte Paneluntersuchungen

	Autor (Jahr)	Länder-sample	Zeitraum	Untersuchungs aufbau	Zeitliche Struktur	Schätzer
GEPOOLTE PANELUNTERSUCHUNG	Wallich (1969)	max. 43 Länder	max. 1956-1965 (Fünfjahres-durchschnitte)	Zeitgleiche Regression	dynamisch (AR-Regression)	OLS
	King und Levine (1992)	max. 85 Länder	max. 1960-1989 (Fünfjahres-durchschnitte)	Zeitgleiche Regression	dynamisch (AR-Regression)	OLS
	King und Levine (1993a)	max. 80 Länder	max. 1960-1989 (Zehnjahres-durchschnitte)	Anfangswert-regression	dynamisch (AR-Regression)	OLS
	King und Levine (1993b)	max. 80 Länder	max. 1960-1989 (Zehnjahres-durchschnitte)	Instrumentalvariablen-Regression (interne Instrumente)	dynamisch (AR-Regression)	3SLS
	Gertler und Rose (1994)	max. 69 Länder	max. 1950-1988 (Jahresdaten und Fünfjahres-durchschnitte)	Zeitgleiche Regression	statisch	OLS
	Andres et al. (1999)	max. 21 Länder	max. 1961-1993 (Vierjahres-Durchschnitte)	Zeitgleiche Regression	dynamisch (AR-Regression)	OLS
	Kahn und Senhadji (2000)	max. 159 Länder	max. 1966-1999 (Fünfjahres-durchschnitte)	Anfangswert-Regression	dynamisch (AR-Regression)	OLS
	Rousseau und Wachtel (2000)	max. 47 Länder	max. 1980-1995 (Achtjahres-durchschnitte)	Instrumentalvariablen-Regression (interne Instrumente)	dynamisch (AR-Regression)	2SLS
	Rousseau und Sylla (2001)	max. 17 Länder	max. 1850-1997 (Fünf- und Zehn-jahres-durchschnitte)	Anfangswert-Regression und Instrumentalvariablen-Regression (interne Instrumente)	dynamisch (AR-Regression)	OLS uns 2 SLS
	Durham (2002)	max. 64 Länder	max. 1981-1998 (Neunjahres-durchschnitte)	Anfangswert-Regression	dynamisch (AR-Regression)	OLS

Tabelle 16 (Fortsetzung):

	Autor (Jahr)	Länder-sample	Zeitraum	Untersuchungs aufbau	Zeitliche Struktur	Schätzer
GEPOOLTE PANELUNT.	Jalilian und Kirk-patrick (2002)	max. 42 Länder	keine detailierte Angabe (Jahres-werte und Fünfjah-res-durchschnitte)	Zeitgleiche Regression	dynamisch (AR-Regression)	OLS
GEPOOLTE PANELUNT.	Rousseau (2002)	max. 17 Länder	max. 1850-1997 (Fünf- und Zehn-jahes-durchschnitte)	Anfangswerte- Reg-ression und Instrumen-talvariablen-Regression (interne Instrumente)	dynamisch (AR-Regression)	OLS

Wie in den anderen Untersuchungstypen wird dem Simultanitätsproblem in zeitgleichen Regressionen (z.B.: Koivu 2002, Hahn 2002a und 2002c, Spiegel 2001 und Odedokun 1996) nicht begegnet. Anfangswert-Regressionen (z.B.: Rousseau und Wachtel 2000, Graff 2000 und Andres et al. 1999) bieten nur geringe Verbesserung. Instrumentalvariablen-Regressionen (z.B.: Loayza und Ranciere 2002, Beck und Levine 2002a und 2001) sind die einzige Option zur adäquaten Behandlung des Problems.

In statischen Regressionen kann serieller Korrelation durch den Einsatz robuster Standardfehler begegnet werden. In typischen, makroökonomischen Panelen mit vielen Untersuchungseinheiten $(N \to \infty)$ und wenigen zeitlichen Beobachtungen $(\overline{T})$ können auch bei Integriertheit der untersuchten Zeitreihen konsistente Schätzer der Parameter erlangt werden (Baltagi und Kao 2000). In makroökonomischen Panelen, die wenige Untersuchungseinheiten und einen moderaten oder langen Beobachtungszeitraum aufweisen, sollte der potentiellen Integriertheit und Kointegriertheit der untersuchten Zeitreihen durch entsprechende Tests („Unit Root"-Tests z.B.: Levine und Lin 1992 Test, Im et al. 1997 Test, Residual Based LM Test nach Hadri 1999; Kointegriertheits-Tests z.B.: Kao 1999 Test, Residual Based LM Test nach McCoskey und Kao 1998, Pedroni 1997 Test), Datentransformation und/oder angepasste Schätzmethodik („Fully Modified"-Schätzer nach Phillips und Moon 1999, „Pooled Mean Group"-Schätzer nach Pesaran et al. (1999) oder „Dynamik OLS"-Schätzer nach Kao und Chiang 2000) Beachtung geschenkt werden.

Die Schätzung dynamischer Regressionen mit verzögertem Regressanden erweist sich als schwierig. Nehmen wir als Beispiel eine AR-Regression, deren Störterm keine Autokorrelation aufweist:

$$\begin{aligned} Y_{it} &= \beta \cdot \mathbf{X}_{it} + \theta \cdot Y_{i,t-1} + \mu_i + \varepsilon_{it} \\ \varepsilon_{it} &\sim iid\left(0, \sigma^2\right) \end{aligned} \qquad (G.\ 48)$$

Die direkte Schätzung der dynamischen Gleichung mit dem „Least Square Dummy Variable"-Schätzer (DV-LS) (z.B.: Andres et al. 1999) resultiert in verzerrten und inkonsistenten Ergebnissen. Da μ_i als „kostanter Fehler" einen Teil des Fehlerterms darstellt, Y_{it} und somit auch

$Y_{i,t-1}$ eine Funktion von μ_i ist, folgt, dass der verzögerte Regressand mit dem Fehlerterm korreliert. Die Daten müssen so transformiert werden, so dass μ_i aus der Gleichung verschwindet.

Einerseits können die Daten um ihre Mittelwerte zentriert und mit „Fixed Effects Least Squares"-Schätzern (FE-LS, z.B.: Hahn 2002a und 2002c und Leahy 2001) oder „Fixed Effects Maximum Likelihood"-Schätzern (FE-MLE, z.B.: Loayza und Ranciere 2002) geschätzt werden:

$$\begin{aligned}
\widetilde{Y}_{it} &= \beta \cdot \widetilde{\mathbf{X}}_{it} + \theta \cdot \widetilde{Y}_{i,t-1} + \widetilde{\varepsilon}_{it} \\
\widetilde{Y}_{it} &= Y_{it} - \frac{1}{T} \cdot \sum_{t=1}^{T} Y_{it} \\
\widetilde{\mathbf{X}}_{it} &= \mathbf{X}_{it} - \frac{1}{T} \cdot \sum_{t=1}^{T} \mathbf{X}_{it} \\
\widetilde{Y}_{i,t-1} &= Y_{i,t-1} - \frac{1}{T-1} \cdot \sum_{t=2}^{T} Y_{i,t-1} \\
\widetilde{\varepsilon}_{it} &= \varepsilon_{it} - \frac{1}{T} \cdot \sum_{t=1}^{T} \varepsilon_{it}
\end{aligned} \qquad \text{(G. 49)}$$

Der verzögerte Regressand $\widetilde{Y}_{i,t-1}$ ist jedoch noch immer mit $\widetilde{\varepsilon}_{it}$ korreliert, da $\widetilde{Y}_{i,t-1}$ mit dem Term

$$\sum_{t=1}^{T} \varepsilon_{it} \Big/ T$$

korreliert, der $\varepsilon_{i,t-1}$ enthält. Wie Nickel (1981) empirisch nachweist, ist der erhaltene Schätzer für den verzögerten Regressanden nach unten verzerrt und inkonsistent für $N \rightarrow \infty$. Die anderen Parameter sind ebenfalls verzerrt, jedoch nicht zwingend nach unten. Lediglich wenn das Panel eine sehr lange Zeitdimension aufweist $(T \rightarrow \infty)$, sind konsistente Schätzer zu erhalten. Einige Forscher (z.B.: Hahn 2002a und c, Leahy 2001 und Bassanini et al. 2001) setzen für Panele mit moderater Zeitdimension Spielarten der FE-LS- und FE-MLE-Schätzer ein, nämlich den „Mean Group"-Schätzer (MG) und den „Pooled Mean Group"-Schätzer (PMG) nach Peseran et al. (1999). Der MG-Schätzer hebt die Restriktion aller Parameter auf. Für jede Untersuchungseinheit werden eigene Parameter geschätzt. Ein gemeinsamer Schätzer wird aus dem ungewichteten Mittel der Einzelschätzer gebildet. Der PMG-Schätzer hebt lediglich die Restriktion des Anpassunsgparameters (θ) auf, es wird jedoch ein homogener langfristiger Zusammenhang unterstellt. Einerseits wird argumentiert, dass dieser Schätzer gegen beliebige Arten von Integriertheit und Kointegriertheit der untersuchten Zeitreihen immun ist. Es wird die Ansicht vertreten, dass die Verzerrung nicht so groß sei, da Panele mit relativ großer Zeitdimension eingesetzt werden. Judson und Owen (1999) zeigen jedoch in Monte-Carlo Experimenten, dass sogar bei N=100 und T=30 die Verzerrung der Schätzer bis zu 20% betragen kann. Sie nimmt tendenziell mit der Größe von θ zu und mit der Zeitdimension ab. Zudem hängt die Validität des Schätzers maßgeblich von der Exogenität der Regressoren ab, die bei Simultanitätsproblemen nicht gewährleistet ist.

Alternativ zur Zentrierung der Daten um ihre Mittelwerte kann in ersten Differenzen geschätzt werden:

$$\Delta Y_{it} = \beta \cdot \Delta \mathbf{X}_{it} + \theta \cdot \Delta Y_{i,t-1} + \Delta \varepsilon_{it} \qquad (G. 50)$$

Der verzögerte Regressand $\Delta Y_{i,t-1}$ korreliert wiederum mit dem Störterm, da das in $\Delta Y_{i,t-1} = Y_{i,t-1} - Y_{i,t-2}$ enthaltene $Y_{i,t-1}$ eine Funktion von $\varepsilon_{i,t-1}$ ist, das in $\Delta \varepsilon_{it} = \varepsilon_{it} - \varepsilon_{i,t-1}$ enthalten ist. Um dies zu beheben, schlagen Anderson und Hsiao (1981) vor, den verzögerten Regressanden mit $\Delta Y_{i,t-2}$ oder $Y_{i,t-2}$ zu instrumentieren. Die Instrumente korrelieren nicht mit dem Störterm, solange dieser selbst keine Autokorrelation in der Ausgangsgleichung (G. 48) aufweist. Die erhaltenen Ergebnisse des „Anderson-Hsiao"-Schätzers (AH-LS, z.B.: Graff 2000) sind zwar konsistent, aber nicht notwendiger Weise effizient. Arellano und Bond (1991) schlagen daher einen „General Method of Moments"-Schätzer vor (DIFF-GMM, z.B.: Rousseau und Wachtel 2000 und Levine et al. 2000), der erlaubt, mehrere verzögerte Werte des Regressanden als Instrumente und zusätzliche Restriktionen der Momente zu nutzen. Wenn die Daten jedoch hohe Autokorrelation aufweisen, werden Niveaus als Instrumente für erste Differenzen gültige, aber schlechte Instrumente sein. Die Schätzer werden nach unten verzerrt und sind inkonsistent. Blundell und Bond (1998) schlagen daher einen Systemschätzer vor (SYS-GMM, z.B.: Loayza und Ranciere 2002, Beck und Levine 2002a und 2001), der die Gleichung in Differenzen mit einer Gleichung in Niveaus ergänzt. Die Niveaus des verzögerten Regressanden werden mit verzögerten Differenzen instrumentiert. Der erhaltene Schätzer ist konsistent und verringert drastisch die Verzerrung des DIFF-GMM-Schätzers.

Einen detaillierten Überblick über den Einsatz von gepoolten Paneluntersuchungen gibt Tabelle 17 (siehe folgende Seiten).

2.6. Kritische Würdigung empirischer Arbeiten

Dieses Unterkapitel fasst die Ergebnisse der Besprechung empirischer Studien zusammen und identifiziert Ansatzpunkte für die weitere Forschung.

(a) *Empirische Ergebnisse*

Ebenso wie die theoretische Forschung konzentriert sich die empirische Forschung auf den makroökonomischen Nutzen des Finanzsektors. In zahlreichen, breit angelegten Arbeiten wird die wachstumsfördernde Wirkung des Finanzsektors belegt. Arbeiten, die sich auf einzelne Ländergruppen unter ähnlichen Rahmenbedingungen konzentrieren, geben Hinweise darauf, dass sich die Stärke des Wirkungszusammenhanges unterscheidet: In Industrieländern kann der wachstumsfördernde Zusammenhang des Finanzsektors nicht eindeutig nachgewiesen werden. In Entwicklungsländern und Transformationsökonomien dürfte der Finanzsektor eine entscheidende Rolle einnehmen. Länderspezifische Unterschiede in der Stärke des Zusammenhangs wurden bisher jedoch nicht explizit untersucht.

Den makroökonomischen Kosten des Finanzsektors wird nur vereinzelt Beachtung geschenkt. Es liegen bisher keine Arbeiten vor, die sowohl den Nutzen als auch die Kosten des Finanzsektors in der empirischen Untersuchung berücksichtigen und Aussagen über die makroökonomische Effizienz des Finanzsektors erlauben.

Tabelle 17: Ökonometrische Analyse – Zeitreihen-Paneluntersuchungen

	Autor (Jahr)	Länder-sample	Zeitraum	Untersuchungsaufbau	Zeitliche Struktur	Schätzer
ZEITREIHEN-PANELUNTERSUCHUNGEN	Gertler und Rose (1994)	max. 69 Länder	max. 1950-1988 (Jahresdaten und Fünfjahres-durchschnitte)	Zeitgleiche Regression	statisch	FE-LS
	Odedokun (1996)	max. 81 Länder	max. 1961-1989 (Jahresdaten)	Zeitgleiche Regression	statisch	FE-LS
	Andres et al. (1999)	max. 21 Länder	max. 1961-1993 (Jahreswerte und Vierjahres-Durchschnitte)	Anfangswert-Regression und Instrumentalvariablen-Regression (interne Instrumente)	dynamisch (AR-Regression und ARDL-Regression)	DV-LS und DV-2SLS
	Beck et al. (2000b)	max. 77 Länder	max. 1960-1995 (Fünfjahres-durchschnitte)	Instrumentalvariablen-Regression (interne Instrumente)	dynamisch (AR-Regression)	SYS-GMM
	Graff (2000)	max. 93 Länder	max. 1960-1990 (Fünfjahres-durchschnitte)	Anfangswert-Regression und Instrumentalvariablen-Regression (interne Instrumente)	dynamisch (AR-Regression und ARDL-Regression)	DIFF-OLS, DIFFDV-LS, AH-LS
	Levine et al. (2000)	max. 74 Länder	max. 1960-1995 (Fünfjahres-durchschnitte)	Instrumentenvariablen-Regression (interne Instrumente)	dynamisch (AR-Regression)	DIFF-GMM und SYS-GMM
	Rousseau und Wachtel (2000)	max. 47 Länder	max. 1980-1995 (Jahreswerte)	Anfangswert-Regression	dynamisch (ARDL-Regression)	DIFF-GMM
	Bassanini et al. (2001)	max. 21 Länder	max. 1976-1993 (Jahreswerte)	Zeitgleiche Regression	dynamisch (ARDL-Regression)	PMG
	Beck und Levine (2001)	max. 40 Länder	max. 1976-1998 (Fünfjahres-durchschnitte)	Instrumentenvariablen-Regression (interne Instrumente)	dynamisch (AR-Regression)	SYS-GMM
	Leahy (2001)	max. 19 Länder	max. 1970-1997 (Jahreswerte)	Zeitgleiche Regression	dynamisch (ARDL-Regression)	FE-LS, MG, PMG
	Spiegel (2001)	keine detail-lierte Angabe	max. 1965-1985 (Fünfjahres-durchschnitte)	Zeitgleiche Regression	statisch	DIFF-GMM

Tabelle 17 (Fortsetzung):

	Autor (Jahr)	Länder-sample	Zeitraum	Untersuchungsaufbau	Zeitliche Struktur	Schätzer
ZEITREIHEN-PANELUNTERSUCHUNGEN	Beck und Levine (2002a)	max. 40 Länder	max. 1976-1998 (Fünfjahres-durchschnitte)	Instrumentalvariablen-Regression (interne Instrumente)	dynamisch (AR-Regression)	SYS-GMM
	Drakos (2002)	max. 21 Länder	max. 1992-2000 (Jahreswerte)	Zeitgleiche Regression	dynamisch (AR-Regression)	DIFF-GLS
	Evans et al. (2002)	max. 82 Länder	max. 1972-1993 (Jahreswerte)	Zeitgleiche Regression	statisch	DIFF-GLS
	Hahn (2002a)	max. 23 Länder	max. 1970-2000 (Jahreswerte)	Zeitgleiche Regression	dynamisch (ARDL-Regression)	FS-LS, MG, PMG
	Hahn (2002c)	max. 23 Länder	max. 1970-2000 (Jahreswerte)	Zeitgleiche Regression	dynamisch (ARDL-Regression)	FS-LS, MG, PMG
	Koivu (2002)	max. 25 Länder	max. 1993-2000 (Jahreswerte)	Zeitgleiche Regression	dynamisch (DL-Regression)	FS-LS
	Loayza und Ranciere (2002)	max. 74 Länder	max. 1960-1997 (Jahreswerte und Fühfjahres-durchschnitte)	Zeitgleiche Regression und Instrumentalvariablen-Regression (interne Instrumente)	dynamisch (AR-Regression und ARDL-Regression)	SYS-GMM, MG, PMG, FE-MLE

(b) Die Spezifikation empirisch testbarer Gleichungen

Jeder in empirischen Arbeiten eingesetzte Spezifikationstyp ist mit Vor- und Nachteilen behaftet. Für welchen Typ man sich entscheidet, wird vom Erkenntnisziel der Forschungsfrage abhängen.

Die oft eingesetzten Ad-hoc Spezifikationen stellen aufgrund ihrer Einfachheit und Transparenz eine erste gute Annäherung an die Untersuchung des Gesamtwachstumseffektes des Finanzsektors dar. Es mangelt diesem Typus jedoch an der Verankerung in ökonomisch-theoretischen Modellen.

Bisher selten eingesetzte Growth-Accounting Spezifikationen leiten sich aus Produktionsfunktionen ab. Sie sind damit in allgemeiner ökonomischer Theorie verankert. Die Ableitung gestaltet sich einfach. Durch den Einschluss von Faktorakkumulationstermen sind Growth-Accounting Spezifikationen vor allem zur Untersuchung des Wirtschaftswachstums prädestiniert, das durch die produktivitätssteigernde Wirkung des Finanzsektors ausgelöst wird. Nachteilig scheint, dass zur Berechnung des Kapitalstocks Investitionsdaten für längere Zeiträume benötigt werden.

Die Spezifikation neoklassisch-wachstumstheoretischer Testgleichungen, die sich direkt auf wachstumstheoretische Modelle stützen, erfordert keine Kapitalstockdaten. Die gute theoretische Hinterlegung wird jedoch mit der relativ komplexen Ableitung der Testgleichungen bezahlt. Zudem werden modelltheoretisch abgeleitete Gleichgewichtszustände unterstellt, die sich der empirischen Überprüfbarkeit entziehen. Es kann lediglich überprüft werden, ob die beobachteten, meist ungleichgewichtigen Zustände dem theoretischen Gleichgewichtsmodell widersprechen bzw. eine Annäherung der beobachteten Werte an den theoretisch vorhergesagten Gleichgewichtszustand nicht ausgeschlossen werden kann. Die Geschwindigkeit der Annäherung der beobachteten Gleichgewichtszustände an das Gleichgewichtsniveau wird ebenfalls theoretisch vorausgesagt. Sie bestimmt sich durch die Outputelastizitäten der Produktionsfaktoren, das Bevölkerungswachstum und die Abschreibungsrate des Kapitalstocks. Da es wahrscheinlich ist, dass mindestens einer dieser Faktoren sowohl zwischen den Ländern als auch über die Zeit hinweg variiert, wird auch die Konvergenzgeschwindigkeit variieren. Die Berücksichtigung dieses Faktums ist in der ökonometrischen Schätzung mit erheblich höherer Komplexität verbunden und erfordert längere Zeitreihen.

Bisher im Rahmen endogener Wachstumstheorie formulierte Spezifikationen können nicht befriedigen. Endogen-wachstumstheoretische Modelle werden in der Regel nicht um den Finanzsektor erweitert. Unter der Annahme, dass der Finanzsektor über den Kapitalakkumulationskanal wirkt, werden Investitionsgleichungen geschätzt, die ebenso im Rahmen neoklassisch-wachstumstheoretischer Modelle ihre Berechtigung hätten.

(c) Operationalisierung der Eigenschaften des Finanzsektors

In empirischen Arbeiten wird eine Vielzahl von Indikatoren zur Operationalisierung der Eigenschaften des Finanzsektors eingesetzt. Viele dieser Indikatoren können aus theoretischer Sicht nicht befriedigen.

Erstens basiert die Auswahl der angewendeten Indikatoren nur eingeschränkt auf theoretischen Überlegungen. Viele Indikatoren messen die gewünschten Größen nur indirekt. Durch den oft uneindeutigen Zusammenhang zwischen gewünschter Größe und eingesetztem Indikator ist nicht genau zu sagen, was wirklich gemessen wird.

Zweitens scheint theoretisch problematisch, dass insbesondere Indikatoren der Größe des Finanzsektors als Prozentsatz des BIP ausgedrückt werden. Wenn man davon ausgeht, dass die durch den Finanzsektor alloziierten finanziellen Ressourcen (FIN_{it}) die Höhe des BIP positiv beeinflussen, kann man diesen Zusammenhang als Produktionsfunktion schreiben:

$$Y_{it} = A_i \cdot FIN_{it}^{\alpha} \qquad (G. 51)$$

Ein Anstieg des Verhältnisses der finanziellen Ressourcen zum BIP bedeutet, dass ceteris paribus die durchschnittliche Produktivität und somit auch der durchschnittliche, realwirtschaftliche Nutzen der eingesetzten finanziellen Ressourcen sinkt. Üblicherweise wird jedoch der Anstieg des Verhältnisses finanzieller Ressourcen zum BIP als Anzeichen für die Zunahme des Nutzens des Finanzsektors interpretiert. Auch aus ökonometrischer Sicht bereiten derartige Indikatoren Probleme: Wird das BIP auf das Verhältnis der finanziellen Ressourcen zum BIP regressiert, ist offensichtlich, dass die erklärende Variable mit dem Störterm korreliert. Als Konsequenz sind erhaltene Schätzer verzerrt.

Drittens und letztens konzentrieren sich gebräuchliche Indikatoren nahezu ausschließlich auf Bankintermediäre und den Aktienmarkt. Andere wichtige Segmente des Finanzsektors wie etwa Anleihenmärkte, Investmentfonds oder Lebensversicherer bleiben weitgehend unberücksichtigt.

(d) Ökonometrische Analyse

In der empirischen Forschung eingesetzte ökonometrische Methoden zeigen unterschiedliches Lösungspotential im Hinblick auf Probleme der Parameterheterogenität, unberücksichtigter Variablen, Simultanität, stochastischer Regressoren, serieller Korrelation und (Ko-)Integriertheit.

Querschnittsuntersuchungen können nur wenig befriedigen. Probleme der Parameterheterogenität, unberücksichtigter Variablen und Simultanität bleiben weitgehend ungelöst. Dynamisch-autoregressive Regressionen führen zu verzerrten und inkonsistenten Schätzern. Panel-Querschnittsregressionen vermögen diese Situation nur unmaßgeblich zu verbessern.

Panel-Zeitreihenregressionen erlauben, Parameterheterogenität und den Einfluss unberücksichtigter, über die Zeit hinweg konstanter Variablen, zu berücksichtigen. Das Simultanitätsproblem lässt sich mit Instrumentalvariablen-Regressionen unter Verwendung interner Instrumente in den Griff bekommen. Die Schätzung dynamisch-autoregressiver Spezifikationen führt zu konsistenten Ergebnissen, ist jedoch mit höherer ökonometrischer Komplexität verbunden. Werden Panele eingesetzt, die eine längere Zeitdimension einschließen, müssen jedoch potentielle (Ko-)Integriertheitsprobleme berücksichtigt werden.

3. *Modelltheoretischer Rahmen*

Aufbauend auf den bisherigen theoretischen Arbeiten des Forschungsfeldes umreißt dieser Abschnitt ein einfaches, theoretisches Modell, das die Grundlage für die eigene empirische Untersuchung bildet. Es stellt die Wichtigkeit des Finanzsektors im Kapitalakkumulationsprozess in den Mittelpunkt der Überlegung. Sowohl der makroökonomische Nutzen als auch die makroökonomischen Kosten des Finanzsektors werden in Betracht gezogen. Somit wird es möglich, Aussagen über die makroökonomisch effiziente Größe des Finanzsektors zu machen.

Um die Darstellung der modelltheoretischen Überlegungen zu vereinfachen, wurde in diesem Kapitel durchwegs auf die Indizierung der Variablen mit dem Zeit- und dem Länderindex verzichtet.

3.1. Modellannahmen

Es wird vereinfachend von einer geschlossenen Modellwirtschaft[37] ohne Staat[38] ausgegangen. Es lassen sich drei Sektoren unterscheiden:

(a) *Realwirtschaftlicher Sektor*

Realwirtschaftliche Unternehmen produzieren das gesamte Aufkommen an Waren und nichtfinanziellen Dienstleistungen (${}_{RWU}Y$) in Form eines Einheitsgutes, das keinerlei realwirtschaftlicher Vorleistungen bedarf. Zur Produktion benötigen Unternehmen Kapital (${}_{RWU}K$) und Arbeit (${}_{RWU}L$).

Die realwirtschaftliche Produktion setzt sich aus einzelnen Produktionsvorhaben zusammen, die identen Kapitalaufwand $\left({}_{RWU}\overset{Unt}{k}\right)$ und Arbeitsaufwand $\left({}_{RWU}\overset{Unt}{l}\right)$ aufweisen. Sie folgen einer Cobb-Douglas Produktionsfunktion:

$${}_{RWU}\overset{Unt}{y}_m = \exp\left({}_{RWU}\overset{Unt}{a}_m\right) \cdot {}_{RWU}\overset{Unt}{k}^{\alpha} \cdot {}_{RWU}\overset{Unt}{l}^{1-\alpha} \qquad (G.\ 52)$$

Kleinbuchstaben, die mit *Unt* überschrieben sind, bezeichnen hierbei Variablen auf Unternehmensebene. Der Index bezeichnet das *m*-te Produktionsvorhaben. Verschiedene Produktionsvorhaben unterscheiden sich lediglich durch das Produktivitätsniveau $\left({}_{RWU}\overset{Unt}{a}_m\right)$, das zufallsverteilt ist.

---

[37] Die Annahme der Geschlossenheit der Volkswirtschaft steht in der Tradition bisheriger theoretischer und empirischer Literatur des Themenbereichs. Im Brennpunkt des Interesses steht regelmäßig der Einfluss des heimischen Finanzsektors auf das Wirtschaftswachstum. Aufgrund der fortschreitenden Integriertheit der nationalen Finanzmärkte stellt die Erweiterung des Modells um den Auslandssektor bzw. den ausländischen Finanzsektor einen interessanten Bereich für die weitere Forschung dar.

[38] Die vereinfachende Annahme einer Volkswirtschaft ohne Staat ist gerechtfertigt, da die theoretische und empirische Literatur davon ausgeht, dass ein entwickelter Finanzsektor vor allem das Wachstum des Privatsektors fördert. Zudem spielt der Privatsektor die bei weitem wichtigste Rolle in der Aufbringung und Allokation finanzieller Ressourcen.

Fasst man die einzelnen, realisierten Produktionsvorhaben zusammen, gelangt man zur aggregierten, realwirtschaftlichen Produktion:

$$_{RWU}Y = \exp\left(_{RWU}A\right)_{RWU}K^{\alpha} \cdot {}_{RWU}L^{1-\alpha},$$

$$\text{wobei } _{RWU}A = \frac{\sum_{1}^{n} {}_{RWU}\overset{Unt}{a_n}}{n} \qquad (G.\ 53)$$

$$\text{und } _{RWU}K = n \cdot {}_{RWU}\overset{Unt}{k}, \quad _{RWU}L = n \cdot {}_{RWU}\overset{Unt}{l}$$

(b) *Haushaltssektor*

Haushalte verfügen über das gesamte Ausmaß an Kapital (*K*) und Arbeit (*L*). Sie stellen es gegen Entgelt für produktive Zwecke zur Verfügung. Über die Allokation von Arbeit und Kapital wird jede Periode neu entschieden.

(c) *Finanzwirtschaftlicher Sektor*

Der finanzwirtschaftliche Sektor bietet Dienstleistungen zur Vermittlung des Kapitals des Haushaltssektors an realwirtschaftliche Unternehmen an. Der Finanzsektor kann seine Dienstleistungen nur im Bezug auf die ihm übertragenen Kapitalressourcen (*FIN*) erbringen. Das Ausmaß der ihm zur Verfügung gestellten Ressourcen wird als exogen gegebener Anteil φ des Kapitalstocks (*K*) ausgedrückt:

$$FIN = F(\varphi, K)$$
$$FIN = \varphi \cdot K \qquad (G.\ 54)$$

Der Parameter φ wird nicht nur als Maß der Bedeutung des Finanzsektors im Kapitalallokationsprozess verstanden, sondern auch als Maß der relativen Größe des Finanzsektors. Dementsprechend werden die Begriffe *Bedeutung*, *Wichtigkeit*, *Entwicklung* und *Größe* des Finanzsektors in den weiteren Ausführungen synonym verwendet.

Die Bereitstellung finanzieller Dienstleistungen ist jedoch nicht kostenlos. Das Entgelt hierfür setzt sich aus Provisionen, Gebühren und aus der Differenz zwischen Einlage- und Kreditzins zusammen. Das Entgelt wird als Bruttowertschöpfung des Finanzsektors ($_{FWU}Y$) angesetzt. Entstehungsseitig ergibt sich somit:

$$_{FWU}Y = \delta \cdot FIN \qquad (G.\ 55)$$

Hierbei bezeichnet δ den prozentuellen Anteil des eingehobenen Entgelts an den Kapitalressourcen (*FIN*), die vom Finanzssektor verwaltet werden.

Die Einnahmen des Finanzsektors werden dazu verwendet, jene Produktionsfaktoren zu entlohnen, die zur Erstellung finanzieller Dienstleistungen benötigt werden. Vereinfachend wird angenommen, dass der Finanzsektor als Dienstleistungssektor lediglich Arbeit ($_{FWU}L$) einsetzt. Die Produktion folgt einer Funktion mit konstanten Skalenerträgen:[39]

[39] Empirische Ergebnisse hierzu legen etwa Amel et al. (2004) und Schure und Wagenvoort (1999) vor. Ein theoretisches Modell, das von der Annahme konstanter Skalenerträge des Finanzsektors abgeht, würde ein interessantes Aufgabengebiet für die zukünftige Forschung darstellen.

$$
\begin{aligned}
{}_{FWU}Y &= F\left({}_{FWU}A, {}_{FWU}L\right) \\
{}_{FWU}Y &= \exp\left({}_{FWU}A\right) \cdot {}_{FWU}L
\end{aligned}
\qquad (G.\ 56)
$$

3.2. Positive, über den Produktivitätskanal laufende Wachstumseffekte des Finanzsektors

Haushalte entscheiden jede Periode über die Allokation der von ihnen gehaltenen Produktionsfaktoren. Im Falle von Kapital haben sie die Möglichkeit:

(a) Kapital direkt in Produktionsvorhaben zu investieren oder
(b) Kapital dem Finanzsektor zur Allokation zu überlassen.

Investieren Haushalte das gesamte Kapital direkt in Produktionsvorhaben, so wird dies als Zufallszug aus der Grundgesamtheit verfügbarer Investitionsprojekte gesehen. Haushalte verfügen über keine systematische Information über die Produktivität und Gewinnträchtigkeit von Einzelprojekten.

Die realwirtschaftliche Produktivität ergibt sich daher aus dem Erwartungswert der Zufallsverteilung des Produktivitätsniveaus der realwirtschaftlichen Einzelprojekte:

$$
\exp\left({}_{RWU}A\right) = \exp\left({}_{RWU}\overline{A}\right) = E\left(\exp\left(\overset{Unt}{a}\right)\right) \qquad (G.\ 57)
$$

Für die realwirtschaftliche Bruttowertschöpfung ergibt sich:

$$
{}_{RWU}Y = \exp\left({}_{RWU}\overline{A}\right) \cdot {}_{RWU}K^{\alpha} \cdot {}_{RWU}L^{1-\alpha} \qquad (G.\ 58)
$$

Aus theoretisch makroökonomischer Sicht besitzt der Finanzsektor gegenüber Haushalten Vorteile in der Allokation von Kapital (vgl. Kapitel 1.1):

(a) Die Poolung von Kapital erlaubt die Nutzung optimaler Produktionsgrößen.
(b) Die systematische Informationssammlung und -auswertung ermöglicht die Verbesserung der Ressourcenallokation.
(c) Die Diversifikation von Liquiditätsrisiken ermöglicht die Finanzierung illiquider, rentierlicher Projekte.
(d) Die Diversifikation idiosynchratischer Risiken erlaubt die Finanzierung risikoreicher, produktivitätssteigernder Projekte.
(e) Die laufende Überwachung von Investitionsprojekten verringert das Risiko von Misswirtschaft.

Diese Vorteile führen dazu, dass über den Finanzsektor finanzierte Projekte einen Produktivitätsvorteil γ_1 gegenüber direktfinanzierten Investitionsvorhaben aufweisen, der jedoch möglicherweise mit zunehmender Bedeutung des Finanzsektors mit der Rate $\gamma_2 \cdot \varphi$ abnimmt. Für die realwirtschaftliche Bruttowertschöpfung bedeutet dies:

$$
{}_{RWU}Y = \exp\left[\underbrace{{}_{RWU}\overline{A} + \varphi \cdot (\gamma_1 - \varphi \cdot \gamma_2)}_{RWU A}\right] \cdot {}_{RWU}K^{\alpha} \cdot {}_{RWU}L^{1-\alpha} \qquad (G.\ 59)
$$

Die realwirtschaftliche Gesamtproduktivität $\exp({}_{RWU}A)$ bestimmt sich aus der durchschnittlichen Produktivität $\left({}_{RWU}\overline{A}\right)$, die sich bei Direktfinanzierung durch Haushalte ergibt, der Bedeutung des Finanzsektors (φ) im Kapitalakkumulationsprozess und dem Produktivitätsvorteil $(\gamma_1 - \varphi \cdot \gamma_2)$, der sich für über den Finanzsektor finanzierte Projekte ergibt.

Die Bruttowertschöpfung des Realsektors ist ceteris paribus um so höher, je höher die Vorteile des Finanzsektors in der Allokation von Ressourcen sind und je höher die Wichtigkeit des Finanzsektors im Kapitalallokationsprozess ist.

3.3. Negative, über den Faktorakkumulationskanal laufende Wachstumseffekte des Finanzsektors

Zur Allokation von Ressourcen benötigt der Finanzsektor Arbeit. Um zu sehen, wieviel Arbeit zur Allokation der finanziellen Ressourcen gebraucht wird, wird G. 54 mit G. 55 gleichgesetzt:

$$\delta \cdot FIN = \exp\left({}_{FWU}A\right){}_{FWU}L \tag{G. 60}$$

Nach Umformung ergibt sich:

$${}_{FWU}L = \underbrace{\frac{\delta}{\exp\left({}_{FWU}A\right)}}_{\phi} \cdot FIN = \phi \cdot \varphi \cdot K \tag{G. 61}$$

Der Bedarf an Arbeit ist eine Funktion des mikroökonomischen Effizienzparameters ϕ[40] und des Anteils des Kapitalstocks, der an den Finanzsektor zur Allokation überlassen wurde $(\varphi \cdot K)$.

Da gesamtwirtschaftlich ein exogen gegebenes Ausmaß an Arbeit (L) zur Verfügung steht, absorbiert der Finanzsektor einen Teil (${}_{FWU}L$) zur Erstellung seiner Dienstleistungen. Es verbleibt für die realwirtschaftliche Produktion ${}_{RWU}L$:

$${}_{RWU}L = L - {}_{FWU}L \tag{G. 62}$$

Dies hat zur Folge, dass ein Anstieg der Wichtigkeit des Finanzsektors im Allokationsprozess (φ steigt an) die Absorption von Arbeit durch den Finanzsektor nach sich zieht und so reale Intermediationskosten verursacht.

Ceteris paribus sinkt die Bruttowertschöpfung des Realsektors:

$${}_{RWU}Y = \exp\left({}_{RWU}A\right){}_{RWU}K^{\alpha} \cdot \left(L - \underbrace{\phi \cdot \varphi \cdot K}_{{}_{FWU}L}\right)^{1-\alpha} \tag{G. 63}$$

Wie in Kapitel 1.2 dargestellt, argumentiert Pagano (1993), dass eine Erhöhung der finanziellen Intermediationskosten (δ) auch die Kapitalakkumulation verringert, falls ein Teil des ein-

[40] Der Effizienzparameter gibt das Verhältnis ${}_{FWU}L\ /\ FIN$ wider. Dies wird bei entsprechender Umformung von G. 61 deutlich. Je niedriger der Parameter, desto effizienter arbeitet der Finanzsektor.

gehobenen Entgelts dem Staat oder anderen wirtschaftlichen Akteuren zufließt, die eine geringere Sparneigung als der Privatsektor aufweisen: Die gesamtstaatliche Sparneigung sinkt, Investitionen verringern sich und es kommt zu einer Verlangsamung des Kapitalbildungsprozesses. Diesem Effekt kommt jedoch meines Erachtens nur geringe Bedeutung zu, da der Großteil des Entgelts, das für die Erbringung finanzieller Dienstleistungen eingehoben wurde, in Form von Lohn und Kapitalzins an den Privatsektor zurückfließt. Es kommt zu keiner oder einer nur marginalen Veränderung der Sparneigung. Deshalb wird dieser Effekt in den weiteren Ausführungen nicht berücksichtigt.[41]

3.4. Makroökonomische Effizienz des Finanzsektors

Vereinigt man sowohl positive als auch negative Wachstumseffekte des Finanzsektors, ergibt sich:

$$_{RWU}Y = \exp\left[_{RWU}\overline{A} + \varphi \cdot (\gamma_1 - \varphi \cdot \gamma_2)\right]_{RWU}K^{\alpha} \cdot \left(\frac{\overbrace{L - \phi \cdot \varphi \cdot _{RWU}K}^{_{FWU}L}}{\underbrace{\quad}_{_{RWU}L}} \right)^{1-\alpha} \qquad (G.\ 64)$$

Der Finanzsektor erreicht bei jenem Grad der Bedeutung im Kapitalallokationsprozess ein makroökonomisch effizientes Niveau φ^*, bei dem die realwirtschaftliche Bruttowertschöpfung $_{RWU}Y$ ein Maximum erreicht. Dies ist der Fall, wenn der Grenznutzen des positiven, produktivitätsteigernden Wachstumseffektes gleich den Grenzkosten des negativen, arbeitsverzehrenden Wachstumseffektes ist. Sind Grenznutzen und Grenzkosten unterschiedlich groß wird das Wachstumspotential des Finanzsektors nicht voll genützt. Ist beispielsweise der Grenznutzen größer als die Grenzkosten, kann eine Ausweitung des Finanzsektors zusätzliches Wirtschaftswachstum generieren.

Mathematisch kann das makroökonomisch effiziente Niveau des Finanzsektors durch Berechnung der Extremwerte von Modellgleichung G. 64 ermittelt werden. Um der Einfachheit Willen wurden die weiteren Berechnungen an der logarithmischen Form der Modellgleichung vorgenommen:

$$\ln(_{RWU}Y) = _{RWU}\overline{A} + \varphi \cdot (\gamma_1 - \varphi \cdot \gamma_2) + \alpha \cdot \ln(_{RWU}K) + (1-\alpha) \cdot \ln(L - \phi \cdot \varphi \cdot _{RWU}K) \qquad (G.\ 65)$$

Die Extremwerte werden durch Bildung und Nullsetzung des ersten Differentials bezüglich φ ermittelt:

$$\frac{\partial \ln(_{RWU}Y)}{\partial \varphi} = \gamma_1 + 2\gamma_2 \cdot \varphi - \frac{(1-\alpha) \cdot \phi \cdot _{RWU}K}{L_{u} - \varphi \cdot \phi \cdot _{RWU}K} \qquad (G.\ 66)$$

[41] Eine Erhöhung der finanziellen Intermediationkosten δ könnte Effekte auf die Kapitalallokationsentscheidung haben: Wird die Erhöhung der Intermediationskosten auf die Haushalte abgewälzt, so ist es für Haushalte weniger attraktiv, Kapital dem Finanzsektor zur Allokation zu überlassen. Der Anteil φ des Kapitalstocks, der dem Finanzsektor zur Allokation überlassen wird, sinkt. Wird die Erhöhung der Intermediationskosten auf die Unternehmen abgewälzt, so werden sich einige Investitionsvorhaben bei Finanzierung über den Finanzsektor nicht mehr rentieren. Sie werden anderweitig finanziert. Der Anteil φ des Kapitalstocks, der durch den Finanzsektor alloziiert wird, sinkt. Da die Effekte der Änderung von δ über den Parameter φ laufen, der im Mittelpunkt des Interesses dieser Arbeit steht, wird diesem Effekt keine weitere Beachtung geschenkt. Eine getrennte Analyse stellt einen interessanten Aspekt für die zukünftige Forschung dar.

$$\ln\left({}_{RWU}Y\right) \rightarrow \frac{\min}{\max} x:\ 0 = \gamma_1 + 2\gamma_2 \cdot \varphi - \frac{(1-\alpha)\cdot \phi \cdot {}_{RWU}K}{L - \varphi \cdot \phi \cdot {}_{RWU}K} \qquad \text{(G. 67)}$$

Durch weitere Umformung ergibt sich:

$$\begin{gathered} 0 = \varphi^2 + a \cdot \varphi + b \\ a = -\left(\frac{L}{\phi \cdot {}_{RWU}K} + \frac{\gamma_1}{2\gamma_2}\right),\ b = \left(\frac{L \cdot \gamma_1}{\phi \cdot {}_{RWU}K \cdot 2\gamma_2} - \frac{1-\alpha}{2\gamma_2}\right) \end{gathered} \qquad \text{(G. 68)}$$

und:

$$0 = \left(\varphi + \frac{a}{2}\right)^2 - \frac{a^2 - 4b}{4} \qquad \text{(G. 69)}$$

Es kann gelöst und rücksubstituiert werden:

$$\begin{gathered} \ln\left({}_{RWU}Y\right) \rightarrow \frac{\min}{\max}:\ \varphi^* = \frac{\left(\frac{L}{\phi \cdot {}_{RWU}K} + \frac{\gamma_1}{2\gamma_2}\right)}{2} \pm \\ \pm \sqrt{\frac{\left(-\frac{L}{\phi \cdot {}_{RWU}K} - \frac{\gamma_1}{2\gamma_2}\right)^2 - 4 \cdot \left(\frac{L \cdot \gamma_1}{\phi \cdot {}_{RWU}K \cdot 2\gamma_2} - \frac{1-\alpha}{2\gamma_2}\right)}{4}} \end{gathered} \qquad \text{(G. 70)}$$

Zur Identifikation jener Lösung, die das Maximum kennzeichnet, muss die zweite Ableitung der Modellgleichung gebildet und jeweils die aus G. 70 erhaltenen Werte für φ^* eingesetzt werden:

$$\begin{gathered} \ln\left({}_{RWU}Y\right) \rightarrow \max:\ \frac{\partial \ln\left({}_{RWU}Y\right)}{\partial^2 \varphi} < 0 \\ \frac{\partial \ln\left({}_{RWU}Y\right)}{\partial^2 \varphi} = 2\gamma_2 - \frac{(1-\alpha)\cdot\left(\phi \cdot {}_{RWU}K\right)^2}{\left(L - \phi \cdot \varphi^* \cdot {}_{RWU}K\right)^2} \end{gathered} \qquad \text{(G. 71)}$$

Das makroökonomisch effiziente Niveau der Bedeutung des Finanzsektor ist daher gegeben bei:

$$\begin{gathered} \ln\left({}_{RWU}Y\right) \rightarrow \max:\ \varphi^* = \frac{\left(\frac{L}{\phi \cdot {}_{RWU}K} + \frac{\gamma_1}{2\gamma_2}\right)}{2} \pm \\ \pm \sqrt{\frac{\left(-\frac{L}{\phi \cdot {}_{RWU}K} - \frac{\gamma_1}{2\gamma_2}\right)^2 - 4 \cdot \left(\frac{L \cdot \gamma_1}{\phi \cdot {}_{RWU}K \cdot 2\gamma_2} - \frac{1-\alpha}{2\gamma_2}\right)}{4}} \\ 0 > 2\gamma_2 - \frac{(1-\alpha)\cdot\left(\phi \cdot {}_{RWU}K\right)^2}{\left(L - \phi \cdot \varphi^* \cdot {}_{RWU}K\right)^2} \end{gathered} \qquad \text{(G. 72)}$$

4. Daten

Dieses Kapitel beschreibt die in der empirischen Untersuchung eingesetzten Daten und Indikatoren. Anfangs wird auf den Umfang und die Zeitdimension der Stichprobe eingegangen. In den nächsten beiden Unterabschnitten werden die eingesetzten Indikatoren umrissen. Abschließend werden die eingesetzten Daten mittels deskriptiver Statistiken beschrieben.

4.1. Stichprobe

Die empirische Untersuchung wird anhand von Paneldaten durchgeführt. Das Panel umfasst Daten aus insgesamt 28 europäischen Volkswirtschaften (14 industrialisierte Marktwirtschaften und 14 Transformationsökonomien). Eine Auflistung der in der Stichprobe enthaltenen Länder und Jahre findet sich in Tabelle 18.

Tabelle 18: Umfang der Länderstichprobe

Land	Beobachtungszeitraum	Land	Beobachtungszeitraum
INDUSTRIALISIERTE MARKTWIRTSCHAFTEN		TRANSFORMATIONSÖKONOMIEN	
Belgien (BE)	1990 - 2002	Bulgarien (BG)	1991 - 2002
Dänemark (DK)	1990 - 2002	Estland (EE)	1991 - 2002
Deutschland (DE)	1990 - 2002	Kroatien (HR)	1993 - 2002
Finnland (FI)	1990 - 2002	Lettland (LV)	1993 - 2002
Frankreich (FR)	1990 - 2002	Litauen (LT)	1993 - 2002
Griechenland (GR)	1990 - 2002	Mazedonien (MK)	1993 - 2002
Großbritannien (UK)	1990 - 2002	Polen (PL)	1990 - 2002
Irland (IE)	1990 - 2002	Rumänien (RO)	1990 - 2002
Italien (IT)	1990 - 2002	Serbien & Montenegro (CS)	1997 - 2002
Niederlande (NL)	1990 - 2002	Slowakei (SK)	1993 - 2002
Österreich (AT)	1990 - 2002	Slowenien (SI)	1991 - 2002
Portugal (PT)	1990 - 2002	Tschechien (CZ)	1993 - 2002
Schweden (SE)	1990 - 2002	Ukraine (UA)	1992 - 2002
Spanien (ES)	1990 - 2002	Ungarn (HU)	1990 - 2002

ANMERKUNGEN: Länderabkürzungen gemäß ISO-Norm 3166 in Klammern neben Ländernamen. Lediglich für Großbritannien wurde abweichend die Abkürzung UK gewählt.

Die zeitliche Dimension des Panels ist relativ kurz. Es werden jährliche Daten für die Periode 1990 bis 2002 berücksichtigt. Die Datenlage in den Transformationsökonomien ist in der ersten Hälfte der 90er-Jahre teils unbefriedigend. Deshalb sind für diese Länder oft nur kürzere Datenreihen verfügbar.

4.2. Indikatoren des Finanzsektors

Zur Konstruktion der Indikatoren des Finanzsektors wurden nominelle Daten in lokaler Währung erhoben. Anschließend wurden diese – sofern nicht anders erwähnt – mit dem BIP-Deflator (DEF, Basisjahr = 2002) deflationiert und mit dem durchschnittlichen Kaufkraftparitäten-Wechselkurs des Jahres 2002 (EXR_PPP_{2002}) in Euro umgerechnet.[42] Eine detaillierte Beschreibung der Basisdaten, deren Quellen sowie allfälliger Datenkonstruktionen findet sich in Appendix I.

(a) Bedeutung des Finanzsektors (φ)

Zur Messung der Bedeutung des Finanzsektors (φ) werden zwei alternative Indikatoren herangezogen: Einerseits der direkt aus dem theoretischen Rahmenmodell folgende Indikator $_K\varphi$ – er spiegelt die Größe des Finanzsektors in Relation zum Kapitalstock wider; andererseits ein bisherigen Arbeiten nachempfundener Indikator $_Y\varphi$ – er spiegelt die Größe des Finanzsektors in Relation zum wirtschaftlichen Output wider. Beide Indikatoren basieren auf den gleichen Basisdaten, den finanziellen Aktiva von Bankintermediären, Aktienmärkten und Anleihenmärkten gegenüber dem inländischen Privatsektor:

(aa) Finanzielle Aktiva von Bankintermediären gegenüber dem inländischen Privatsektor (FIN^{bank})

Die finanziellen Aktiva von Bankintermediären berechnen sich aus den inländischen Forderungen des Banksektors gegenüber dem inländischen nichtfinanziellen Privatsektor (*DC_PRIV*):

$$FIN_{it}^{bank} = \left(DC\_PRIV_{it} / DEF_{it} * 100\right) * EXR\_PPP_{i,2002} \qquad (G. 73)$$

(bb) Finanzielle Aktiva von Aktienmärkte gegenüber dem inländischen Privatsektor (FIN^{stock})

Die finanziellen Aktiva von Aktienmärkten berechnen sich aus der inländischen Börsenkapitalisierung von Aktien inländischer Unternehmen (*SMC_PRIV*). Um die Verzerrung des Indikators durch die vorausschauende Natur von Aktienmärkten zu vermeiden, wird die Börsenkapitalisierung nicht mit dem BIP-Deflator, sondern mit dem Leitindex der jeweiligen Börse (*SMC_IDX*) deflationiert:

$$FIN_{it}^{stock} = \left(SMC\_PRIV_{it} / SMC\_IDX_{it} * 100\right) * EXR\_PPP_{i,2002} \qquad (G. 74)$$

(cc) Finanzielle Aktiva von Anleihenmärkte gegenüber dem inländischen Privatsektor (FIN^{bond})

Die finanziellen Aktiva von Anleihenmärkten berechnen sich aus der inländischen Börsenkapitalisierung von Anleihen inländischer Unternehmen (*BMC_PRIV*):

$$FIN_{it}^{bond} = \left(BMC\_PRIV_{it} / DEF_{it} * 100\right) * EXR\_PPP_{i,2002} \qquad (G. 75)$$

Der direkt aus dem theoretischen Rahmenmodell vorgeschlagende Indikator $_K\varphi$ berechnet sich aus der Summe der Finanzaktiva von Bankintermediären, Aktien- und Anleihenmärkten gebrochen durch den Kapitalstock des realwirtschaftlichen Sektors:

$$_K\varphi_{it} = \frac{FIN_{it}^{bank} + FIN_{it}^{stock} + FIN_{it}^{bond}}{_{RWU}K_{it}} \qquad (G. 76)$$

[42] Da für Serbien und Montenegro kein Kaufkraftparitäten-Wechselkurs verfügbar ist, wurden die Daten mit dem durchschnittlichen, nominellen Wechselkurs des Jahres 2002 (EXR_NOM_{2002}) in Euro umgerechnet.

Der bisherigen Arbeiten nachempfundene Indikator $_{Y}\varphi$ berechnet sich aus der Summe der Finanzaktiva von Bankintermediären, Aktien- und Anleihenmärkten gebrochen durch die Bruttowertschöpfung des realwirtschaftlichen Sektors:

$$_{Y}\varphi_{it} = \frac{FIN_{it}^{bank} + FIN_{it}^{stock} + FIN_{it}^{bond}}{_{RWU}Y_{it}} \qquad (G.\ 77)$$

Wie Fink et al. (2004a) hinweisen, können beide Indikatoren von Problemen der Doppelzählung betroffen sein. Hält eine Bank etwa börsennotierte Aktien oder Anleihen privatsektorieller Unternehmen, so wird dies einerseits als Finanzaktivum des Bankensektors als auch als Finanzaktivum der Wertpapiermärkte aufscheinen. Refinanzieren Banken Kredite über den Anleihenmarkt, so wird dies einerseits als Finanzaktivum des Bankensektors und andererseits als Finanzaktivum des Anleihenmarktes aufscheinen (eine Abspaltung der Wertpapiermarktkapitalisierung des Finanzsektors von der Wertpapiermarktkapitalisierung des Privatsektors konnte nicht vorgenommen werden). Diese kann vor allem beim vorgeschlagenen Indikator $_{K}\varphi$ auffallen: Massive Doppelzählungen bewirken, dass der theoretische Wertebereich des Indikators $(0\% \leq \varphi \leq 100\%)$ überschritten wird.

Da eine Bereinigung der Daten erstens mit großem Aufwand verbunden wäre, der den Umfang dieser Arbeit sprengen würde, und zweitens nur beschänkt möglich wäre, wurde hierauf verzichtet. Eine Verbesserung der Basisdaten würde jedoch einen interessanten Bereich für die zukünftige Forschung darstellen.

(a) Mikroökonomische Effizienz des Finanzsektors (ϕ)

Die mikroökonomische Effizienz des Finanzsektors (vgl. Kapitel 3.3) ergibt sich aus der Anzahl der Beschäftigten des Finanzsektors (*EMP_FIN*) gebrochen durch die Bruttowertschöpfung des Finanzsektors (*GVA_FIN*), die sich aus den vom Finanzsektor eingehobenen Kommissionen, Gebühren und dem Zinseinkommen (FISIM) zusammensetzt:

$$\phi_{it} = \frac{EMP\_FIN_{it} \cdot 1{,}000{,}000}{(GVA\_FIN_{it} / DEF_{it} * 100) * EXR\_PPP_{i,2002}} \qquad (G.\ 78)$$

Hierbei ist die Multiplikation der Beschäftigung des Finanzsektors mit einer Million erforderlich, da diese in Millionen Köpfen erhoben wurde.

4.3. Indikatoren des realwirtschaftlichen Sektors

Wie im Falle der Indikatoren des Finanzsektors wurden nominelle Daten in lokaler Währung erhoben. Anschließend wurden diese mit dem BIP-Deflator (DEF, Basisjahr = 2002) deflationiert und mit dem durchschnittlichen Kaufkraftparitäten-Wechselkurs des Jahres 2002 (EXR_PPP_{2002}) in Euro umgerechnet.[43] Eine detaillierte Beschreibung der Basisdaten, deren Quellen sowie allfälliger Datenkonstruktionen findet sich in Appendix I.

[43] Da für Serbien und Montenegro kein Kaufkraftparitäten-Wechselkurs verfügbar ist, wurden die Daten mit dem durchschnittlichen, nominellen Wechselkurs des Jahres 2002 (EXR_NOM_{2002}) in Euro umgerechnet.

Im Hinblick auf die zwischenstaatliche Vergleichbarkeit und die weitere Schätzung (vgl. Kapitel 5) wurde die Bruttowertschöpfung und der Kapitalstock des realwirtschaftlichen Sektors pro Beschäftigtem ausgedrückt.

(a) *Bruttowertschöpfung des realwirtschaftlichen Sektors pro Beschäftigtem* $\left({}_{RWU}y = {}_{RWU}Y / {}_{RWU}L\right)$

Die Bruttowertschöpfung des realwirtschaftlichen Sektors pro Beschäftigtem (*GVA_PRIV*) berechnet sich aus der Bruttowertschöpfung der gesamten Volkswirtschaft abzüglich der Bruttowertschöpfung des Staatssektors und Finanzsektors gebrochen durch die Anzahl der Beschäftigten im Realsektor:

$$ {}_{RWU}y_{it} = \frac{\left(GVA\_PRIV_{it} / DEF_{it} * 100\right) * EXR\_PPP_{i,2002}}{EMP\_PRIV_{it}} \quad (G.\ 79) $$

(b) *Kapitalstock des realwirtschaftlichen Sektors pro Beschäftigtem* $\left({}_{RWU}k = {}_{RWU}K / {}_{RWU}L\right)$

Der Kapitalstock des realwirtschaftlichen Sektors pro Beschäftigtem (*CS_PRIV*) berechnet sich aus dem Kapitalstock des realwirtschaftlichen Sektors gebrochen durch die Anzahl der Beschäftigten im Realsektor:

$$ {}_{RWU}k_{it} = \frac{CS\_PRIV_{it}}{EMP\_PRIV_{it}} \quad (G.\ 80) $$

Der Kapitalstock des realwirtschaftlichen Sektors (${}_{RWU}K = CS\_PRIV$) wird hierbei unter Verwendung der PIM-Methode („perpetual inventory"-Methode) berechnet. Die basale Idee ist, dass der Kapitalstock der zukünftigen Periode (${}_{RWU}K_{i,t+1}$) als Funktion des Kapitalstocks der laufenden Periode (${}_{RWU}K_{it}$), der Bruttoanlageinvestitionen der laufenden Periode (${}_{RWU}I_{it}$) und der Abschreibung der laufenden Periode (D_{it}) gesehen werden kann:

$$ {}_{RWU}K_{i,t+1} = {}_{RWU}K_{it} + {}_{RWU}I_{it} - D_{it} \quad (G.\ 81) $$

Die Bruttoanlageinvestitionen des Privatsektors berechnen sich hierbei aus den gesamtwirtschaftlichen Bruttoanlageinvestitionen abzüglich der Bruttoanlageinvestitionen des Staats- und Finanzsektors:

$$ {}_{RWU}I_{it} = \left(GFCF\_PRIV_{it} / DEF_{it} * 100\right) * EXR\_PPP_{i,2002} \quad (G.\ 82) $$

Wird eine über die Länder gleiche, geometrische Abschreibung angenommen, d.h. der Kapitalstock wird mit der konstanten Rate δ abgeschrieben, kann G. 81 umgeschrieben werden zu:

$$ {}_{RWU}K_{i,t+1} = (1-\delta)\,{}_{RWU}K_{it} + {}_{RWU}I_{it} \quad (G.\ 83) $$

Die folgenden Berechnungen gehen von einer Abschreibungsrate von 5% aus.

Bei der Verwendung der geometrischen Abschreibungsmethode nimmt die Nutzung von Kapitalgütern mit der Zeit ab, wird aber nie Null. Dies erkennt man leicht, wenn man wiederholt G. 83 in sich selbst einsetzt:

$$_{RWU}K_{i,t+1} = \sum_{j=0}^{\infty}(1-\delta)^j \cdot {}_{RWU}I_{i,t-j} \qquad (G. 84)$$

Der Kapitalstock in einem Zeitpunkt ist eine gewichtete Summe der vergangenen Investitionen, wobei die Gewichte mit der Zunahme der zeitlichen Entfernung des Investitionszeitpunktes abnehmen.

Da in der Praxis keine unendliche Zeitreihe von Investitionsflüssen zur Verfügung steht, wird G. 84 umgeschrieben, wobei $_{RWU}K_{i,t=1}$ den Kapitalstock im Anfangszeitpunkt bezeichnet:

$$_{RWU}K_{i,t+1} = (1-\delta)^t \cdot {}_{RWU}K_{i,t=1} + \sum_{j=0}^{t-1}(1-\delta)^j \cdot {}_{RWU}I_{i,t-j} \qquad (G. 85)$$

Da auch keine offiziellen Informationen zur Höhe des anfänglichen Kapitalstocks $_{RWU}K_{i,t=1}$ vorliegen, wird er mit Hilfe des „steady state" Ansatzes ermittelt. Durch Umformung von G. 85 folgt, dass die Wachstumsrate des Kapitalstocks ausgedrückt werden kann als:

$$\frac{_{RWU}K_{i,t=2} - {}_{RWU}K_{i,t=1}}{_{RWU}K_{i,t=1}} = {}_{RWU}g^K_{i,t=1} = -\delta + \frac{_{RWU}I_{i,t=1}}{_{RWU}K_{i,t=1}} \qquad (G. 86)$$

Formt man weiter um, wird ersichtlich, dass der Kapitalstock zu Beginn der Periode t berechnet werden kann als:

$$_{RWU}K_{i,t=1} = \frac{_{RWU}I_{i,t=1}}{\delta + {}_{RWU}g^K_{i,t=1}} \qquad (G. 87)$$

Die Wachstumsrate des Kapitalstocks $_{RWU}g^K_{i,t=1}$ ist jedoch a priori unbekannt. Basierend auf der Annahme, dass die Wachstumsrate der Bruttoanlageinvestitionen $\left({}_{RWU}g^I_{i,t=1}\right)$ ein guter Näherungswert für die Wachstumsrate des Kapitalstocks ist $\left({}_{RWU}g^I_{i,t=1} \cong {}_{RWU}g^K_{i,t=1}\right)$ (z.B.: de la Fuente und Domenech 2002 und 2000, Griliches 1980), gilt:

$$_{RWU}K_{i,t=1} = \frac{_{RWU}I_{i,t=1}}{\delta + {}_{RWU}g^K_{i,t=1}} \cong \frac{_{RWU}I_{i,t=1}}{\delta + {}_{RWU}g^I_{i,t=1}} \qquad (G. 88)$$

Die Schätzungen des anfänglichen Kapitalstocks stellen eine nur grobe Annäherung des tatsächlichen anfänglichen Kapitalstocks dar, können jedoch gute Dienste leisten. Je länger die zur Verfügung stehende Bruttoinvestitionszeitreihe ist, desto akkurater ist die Schätzung des aktuellen Kapitalstocks, da die Bedeutung des anfänglichen Kapitalstocks für den laufenden Kapitalstock abnimmt.

Für den Großteil der betrachteten Länder liegen lange Zeitreihen der gesamtwirtschaftlichen Bruttoanlageninvestitionen vor. Sie reichen meist bis 1950 zurück. Zeitreihen, die eine Trennung nach Sektoren erlauben, sind jedoch nur für viel kürzere Zeiträume verfügbar. Um trotzdem eine verläßliche Schätzung des Kapitalstocks des realwirtschaftlichen Sektors zu gewährleisten, wurde folgende Vorgehensweise gewählt:

In einem ersten Schritt wurde der gesamtwirtschaftliche Kapitalstock geschätzt:

$$K_{i,t+1} = (1-\delta)^t \cdot K_{i,t=1} + \sum_{j=0}^{t-1} (1-\delta)^j \cdot I_{i,t-j} \qquad \text{(G. 89)}$$

$$K_{i,t=1} = \frac{I_{i,t=1}}{\delta + g_{i,t=1}^{I}} \qquad \text{(G. 90)}$$

Für $I_{i,t=1}$ wird üblicherweise der Wert der Bruttoanlageinvestitionen des ersten verfügbaren Jahres herangezogen; für ${}_{RWU}g_{i,t=1}^{I}$ die mittlere Wachstumsrate der Bruttoanlageinvestitionen über den gesamten Beobachtungszeitraum (z.B. Griliches 1980). Diese Vorgehensweise scheint jedoch problematisch. Erstens kann das Investitionsniveau transitorischen Schocks unterworfen sein, die es bedenklich machen, auf die Beobachtung eines einzelnen Jahres zu vertrauen. Zweitens werden die Investitionsrate und die Geschwindigkeit der Faktorakkumulation über die Zeit hinweg variieren, wenn sich Länder dem „Steady State" annähern. De la Fuente und Domenech (2000) schlagen deshalb vor, die Wachstumsrate der Investitionen einer kürzeren Periode zu verwenden und starke Schwankungen der Investitionen durch statistische Filtertechniken (z.B. Hodrick-Prescott Filter) zu glätten. Diesem Ansatz folgend wurde der Anfangskapitalstock nach folgender Formel ermittelt:

$$K_{i,t=1} = \frac{I_{i,t=6}^{HP}}{\delta + g_{1-11}^{I^{HP}}} \qquad \text{(G. 91)}$$

Hierbei bezeichnet $I_{i,t=6}^{HP}$ die Hodrick-Prescott-gefilterte Höhe (Zeitraum: $t=1$ bis $t=11$; Glättungsparameter: 10) der Bruttoanlageinvestitionen im sechsten Beobachtungszeitpunkt. $g_{1-11}^{I^{HP}}$ ist die durchschnittliche Wachstumsrate der Hodrick-Prescott-gefilterten Bruttoanlageinvestitionen der ersten elf Beobachtungen.

In einem zweiten Schritt wird – sobald nach Sektoren getrennte Investitionsdaten vorliegen – der gesamtwirtschaftliche Kapitalstock in den realwirtschaftlichen und staatlichen Kapitalstock geteilt. Hierzu wird im Einklang mit dem theoretischen Modell in Kapitel 3.1 angenommen, dass die gesamtwirtschaftliche Produktion einer Cobb-Douglas Produktionsfunktion mit konstanten Skalenerträgen und den Parametern (A, α) folgen:

$$Y_{it} = \exp(A_{it}) \cdot L_{it}^{1-\alpha} \cdot K_{it}^{\alpha} \qquad \text{(G. 92)}$$

Da das Verhältnis des Kapitalstocks des realwirtschaftlichen Sektors zum gesamtwirtschaftlichen Kapitalstock interessiert, wird die Produktionsfunktion des realwirtschaftlichen Sektors mit jener der Gesamtwirtschaft in Verbindung gesetzt:

$$\frac{{}_{RWU}Y_{it}}{Y_{it}} = \frac{\exp(A_{it})}{\exp(A_{it})} \cdot \left(\frac{{}_{RWU}L_{it}}{L_{it}}\right)^{1-\alpha} \cdot \left(\frac{{}_{RWU}K_{it}}{K_{it}}\right)^{\alpha} \qquad \text{(G. 93)}$$

Durch Kürzung und Umformung bezüglich K ergibt sich:

$$\frac{_{RWU}Y_{it}}{Y_{it}}=\left(\frac{K_{it}}{L_{it}}\cdot\frac{_{RWU}L_{it}}{_{RWU}K_{it}}\right)^{1-\alpha}\cdot\frac{_{RWU}K_{it}}{K_{it}} \qquad (G.\ 94)$$

Wird das Kapital-Arbeits-Verhältnis für Realwirtschaft und öffentlichen Sektor als homogen angesehen, ergibt sich:

$$\frac{_{RWU}Y_{it}}{Y_{it}}=\frac{_{RWU}K_{it}}{K_{it}} \qquad (G.\ 95)$$

Das Verhältnis des Kapitalstocks der Realwirtschaft zur Gesamtwirtschaft gleicht dem Verhältnis der Bruttowertschöpfung der Realwirtschaft zur Gesamtwirtschaft.

Die Annahme der Gleichheit des Kapital-Arbeits-Verhältnisses kann nicht direkt mittels G. 94 überprüft werden, da ja der Kapitalstock des Realsektors ex-ante nicht bekannt ist. Zum Nachweis der Gültigkeit der Annahme muss G. 93 alternativ bezüglich L umgeformt und gekürzt werden zu:

$$\frac{_{RWU}Y_{it}}{Y_{it}}=\left(\frac{L_{it}}{K_{it}}\cdot\frac{_{RWU}K_{it}}{_{RWU}L_{it}}\right)^{\alpha}\cdot\frac{_{RWU}L_{it}}{L_{it}} \qquad (G.\ 96)$$

Ist der erste Term der rechten Gleichungsseite gleich Eins, d.h. das Kapital-Arbeits-Verhältnis ist in Realwirtschaft und Gesamtwirtschaft gleich, so ergibt sich:

$$\frac{\dfrac{_{RWU}Y_{it}}{Y_{it}}}{\dfrac{_{RWU}L_{it}}{L_{it}}}=1 \qquad (G.\ 97)$$

Der Anteil der Bruttowertschöpfung des Realsektors an der Gesamtwertschöpfung ist gleich dem Anteil der Beschäftigung des Realsektors an der Gesamtbeschäftigung. Tabelle 19 (siehe folgende Seite) gibt einen Überblick über die Verhältniszahlen der einzelnen Länder und des Länderdurchschnittes.

Wie aus Tabelle 19 ersehen werden kann, liegt der Länderdurchschnitt der interessierenden Kennzahl mit einem Wert von 0.98 nahe Eins.

Die Hypothese, dass der Länderdurchschnitt gleich Eins ist, kann nicht auf dem 5%-Niveau verworfen werden.[44]

Der Kapitalstock des Realsektors wird für die Jahre nach der Spaltung unter Verwendung von G. 85 weiterberechnet.

---

[44] Die Schätzung wurde basierend auf der Basisgleichung

$$\frac{_{RWU}Y_i/Y_i}{_{RWU}L_i/L_i}=\mu+\varepsilon_i$$

mit einen Wald-Test auf Parameterrestriktion durchgeführt (χ^2-Statistik: 3,5245, df=1). Die Schätzung wurde mit Eviews 5.0 unter Verwendung heteroskedastizitätskonsistenter Standardfehler (White) durchgeführt.

Tabelle 19: Durchschnittliches Verhältnis zwischen dem Anteil der Bruttowertschöpfung des Realsektors an der Gesamtwertschöpfung und dem Anteil der Beschäftigung des Realsektors an der Gesamtbeschäftigung (Beobachtungszeitraum=1990 bis 2002)[45]

Land	$\frac{_{RWU}Y / Y}{_{RWU}L / L}$	Land	$\frac{_{RWU}Y / Y}{_{RWU}L / L}$
INDUSTRIALISIERTE MARKTWIRTSCHAFTEN		TRANSFORMATIONS-ÖKONOMIEN	
Belgien (BE)	0.95	Bulgarien (BG)	0.99
Dänemark (DK)	0.91	Estland (EE)	0.95
Deutschland (DE)	0.95	Kroatien (HR)	1.14
Finnland (FI)	0.91	Lettland (LV)	1.06
Frankreich (FR)	0.93	Litauen (LT)	0.96
Griechenland (GR)	1.02	Mazedonien (MK)	1.01
Großbritannien (UK)	0.92	Polen (PL)	1.00
Irland (IE)	0.95	Rumänien (RO)	1.02
Italien (IT)	0.99	Serbien & Montenegro (CS)	1.01
Niederlande (NL)	0.98	Slowakei (SK)	0.93
Österreich (AT)	1.03	Slowenien (SI)	1.03
Portugal (PT)	1.06	Tschechien (CZ)	0.95
Schweden (SE)	0.87	Ukraine (UA)	0.95
Spanien (ES)	1.00	Ungarn (HU)	0.97
DURCHSCHNITT	0.96	DURCHSCHNITT	1.00
DURCHSCHNITT ÜBER ALLE LÄNDER	0.98		

ANMERKUNGEN: Länderabkürzungen gemäß ISO-Norm 3166 in Klammern neben Ländernamen. Lediglich für Großbritannien wurde abweichend die Abkürzung UK gewählt.

Die Schätzung des Kapitalstocks für Transformationsökonomien hält zusätzliche Herausforderungen bereit. Einerseits liegen für die nach dem Fall des „Eisernen Vorhanges" neu entstanden Staaten erst Daten ab frühestens 1989 vor.[46]

Für die Nachfolgestaaten der Tschechoslowakei und Jugoslawiens wurde der Anfangskapitalstock geschätzt, indem der gesamtwirtschaftliche Kapitalstock des Vorgängerstaates berechnet wurde. Sobald Investitionszeitreihen für die Nachfolgestaaten vorliegen, wird der Kapitalstock des Vorgängerstaates analog zu G. 93 bis G. 95 nach dem Verhältnis der Bruttowertschöpfung der einzelnen Nachfolgestaaten gespalten:

$$\frac{Y_{SK}}{Y_{CR}} = \frac{K_{SK}}{K_{CR}} \qquad (G.\ 98)$$

[45] Das Verhältnis berechnet sich für jedes Land als

$$\frac{\sum_{t=1}^{T} \frac{_{RWU}Y_t / Y_t}{_{RWU}L_t / L_t}}{t}.$$

Der Durchschnitt wird ungewichtet gebildet.

[46] Für Bulgarien, Polen, Rumänien und Ungarn sind die vorliegenden Investitionszeitreihen lange genug, so dass der Kapitalstock mit der anfangs geschilderten Methode geschätzt werden kann.

Beispielsweise ergibt sich der Kapitalstock der Slowakei (SK) entsprechend dem Anteil der Bruttowertschöpfung der Slowakei an der Bruttowertschöpfung der Tschechoslowakei. Anschließend wird der Kapitalstock gemäß G. 85 für die Nachfolgestaaten weiterberechnet.

Für die in der Stichprobe enthaltenen Nachfolgestaaten der Sowjetunion (Estland, Lettland, Litauen und die Ukraine) musste eine andere Vorgehensweise gewählt werden, da die zur Aufspaltung des Kapitalstocks benötigten Daten nicht verfügbar sind. Der anfängliche Kapitalstock wurde mittels des mittleren Kapital-Bruttowertschöpfungsverhältnisses aller Länder im Jahr 1990 (2.72) berechnet (vgl. Tabelle 20).

Tabelle 20: Verhältnis des Kapitalstocks zur Bruttowertschöpfung im Jahr 1990

Land	K / Y	Land	K / Y
INDUSTRIALISIERTE MARKTWIRTSCHAFTEN		TRANSFORMATIONS-ÖKONOMIEN	
Belgien (BE)	2.51	Bulgarien (BG)	3.27
Dänemark (DK)	2.95	Estland (EE)	--
Deutschland (DE)	3.15	Kroatien (HR)	2.68
Finnland (FI)	3.17	Lettland (LV)	--
Frankreich (FR)	2.71	Litauen (LT)	--
Griechenland (GR)	2.63	Mazedonien (MK)	1.85
Großbritannien (UK)	2.49	Polen (PL)	1.68
Irland (IE)	2.46	Rumänien (RO)	3.26
Italien (IT)	2.76	Serbien & Montenegro (CS)	1.39
Niederlande (NL)	2.88	Slowakei (SK)	2.67
Österreich (AT)	3.07	Slowenien (SI)	3.72
Portugal (PT)	2.94	Tschechien (CZ)	2.67
Schweden (SE)	2.72	Ukraine (UA)	--
Spanien (ES)	2.56	Ungarn (HU)	3.13
DURCHSCHNITT ÜBER ALLE LÄNDER	2.72		

ANMERKUNGEN: Länderabkürzungen gemäß ISO-Norm 3166 in Klammern neben Ländernamen. Lediglich für Großbritannien wurde abweichend die Abkürzung UK gewählt.

Anschließend wird der Kapitalstock des Realsektors abgespalten und gemäß G. 85 weiterberechnet.

Eine weitere Herausforderung des Kapitalstockschätzung für Transformationsökonomien, der in der klassischen „Kapitalstock"-Literatur nicht eingehend diskutiert wird, ist die außerordentliche Abschreibung des Kapitalstocks nach dem Zerfall des Ostblocks. Ein Teil des Kapitalstocks, der zur Produktion der weniger qualitätsvollen, innerhalb des COMECON gehandelten Produkte eingesetzt wurde, musste ausgeschieden werden, da er zur Produktion von hochqualitativen Produkten, die dem Standard westlicher Marktwirtschaften entsprachen, nicht geeignet war.

Der gebräuchliche Weg, um das Ausmaß dieser außerordentlichen Abschreibung des Kapitalstocks zu messen (z.B. Pula 2003, IMF 1999) geht von einem „Growth-Accounting"-

Modell aus und trifft Annahmen bezüglich der Outputelastizitäten und des Produktivitätswachstums.

Zur Schätzung wird ein logarithmiertes Cobb-Douglas-„Growth-Accounting"-Modell in ersten Differenzen für die Jahre 1990-1992 eingesetzt:

$$\Delta \ln Y_{it} = \Delta A_{it} + \alpha \cdot \Delta \ln K_{it} + (1-\alpha) \cdot \Delta \ln L_{it}, \quad \text{wobei } \Delta A_{it} = 0,\ \alpha = 0.3,\ (1-\alpha) = 0.7 \qquad \text{(G. 99)}$$

Das Produktivitätswachstum wird gleich Null gesetzt. Die Werte der Outputelastizitäten von Kapital bzw. Arbeit werden mit 0.3 bzw. 0.7 festgelegt. Für die einzelnen Länder ergeben sich für die Jahre 1990 bis 1992 folgende „außerordentliche" Abschreibungsraten (vgl. Tabelle 21):

Tabelle 21: Außerordentliche Abschreibungsraten der Transformationsökonomien in den Jahren 1990-1992

Land	1990	1991	1992
TRANSFORMATIONSÖKONOMIEN			
Bulgarien (BG)	23.1%	15.1%	10.7%
Estland (EE)	5.0%	28.2%	68.9%
Kroatien (HR)	44.1%	48.5%	18.4%
Lettland (LV)	5.0%	8.6%	73.1%
Litauen (LT)	5.0%	31.8%	62.5%
Mazedonien (MK)	68.8%	23.2%	22.0%
Polen (PL)	51.4%	21.8%	5.0%
Rumänien (RO)	23.8%	42.2%	26.9%
Serbien & Montenegro (CS)	80.0%	29.5%	72.9%
Slowakei (SK)	11.9%	50.5%	5.0%
Slowenien (SI)	10.1%	19.9%	12.0%
Tschechien (CZ)	11.9%	50.5%	5.0%
Ukraine (UA)	5.0%	30.9%	33.4%
Ungarn (HU)	11.6%	5.0%	5.0%

ANMERKUNGEN: Länderabkürzungen gemäß ISO-Norm 3166 in Klammern neben Ländernamen. Lediglich für Großbritannien wurde abweichend die Abkürzung UK gewählt.

Zur Ex-Post-Überprüfung der für die Outputelastizität der Produktionsfaktoren getroffenen Annahme wurde eine Cobb-Douglas Produktionsfunktion in logarithmierter, intensiver Form in ersten Differenzen für den Zeitraum 1990-2002 geschätzt (vgl. Tabelle 22 auf nächster Seite).

$$\Delta \ln \frac{Y_{it}}{L_{it}} = \Delta A_{it} + \alpha \cdot \Delta \ln \frac{K_{it}}{L_{it}} + \varepsilon_{it} \qquad \text{(G. 100)}$$

Die erhaltenen Koeffizienten für die Outputelastizität des Kapitals und damit auch der Arbeit liegen durchwegs sehr nahe bei den unterstellten Werten von 0.3 bzw. 0.7. Damit kann die getroffene Annahme als legitim angesehen werden.

Tabelle 22: Ex-Post-Überprüfung der für die Outputelastizität der Produktionsfaktoren getroffenen Annahme

	Abhängige Variable: Δ ln (Y/L)							
Unabhängige Variable	*(a)* LS		*(b)* WLS		*(c)* FE-LS		*(d)* FE-WLS	
Konstante	0.012	***	0.011	***	--		--	
	(0.002)		*(0.000)*					
Δ ln(K/L)	0.304	***	0.313	***	0.293	***	0.304	***
	(0.018)		*(0.011)*		*(0.022)*		*(0.012)*	
Anzahl der eingeschlossenen Länder	28		28		28		28	
Anzahl der eingeschlossenen Beobachtungen	332		332		332		332	
R^2	0.385		0.473		0.443		0.609	
F-Statistik	207.018	***	295.999	***	8.594	***	16.821	***
Durbin-Watson Statistik	1.723		1.667		1.873		1.933	

*ANMERKUNGEN: Signifikanzniveaus: *** = 0.01; ** = 0.05; *=0.1. Heteroskedastizitätsrobuste Standardfehler in Klammern. Y/L = Bruttoinlandsprodukt pro Beschäftigtem; K/L = Kapitalstock pro Beschäftigtem. LS = "Least Squares"-Schätzung ; WLS= "Weighted Least Squares"-Schätzung ; FE-LS= "Least Squares"-Schätzung der um die Mittelwerte zentrierten Zeitreihen; FE-WLS= "Weighted Least Squares"-Schätzung der um die Mittelwerte zentrierten Zeitreihen; Alle Schätzungen wurden mit EViews 5.0 durchgeführt.*

4.4. Deskriptive Statistik

Tabelle 23 und Tabelle 24 (siehe auf den folgenden Seiten) zeigen deskriptive Statistiken der in der Schätzung eingesetzten Variablen auf Ebene der einzelnen Länder, auf Ebene von Marktwirtschaften und auf Ebene von Transformationsökonomien.

Die realwirtschaftlichen Variablen sind in Marktwirtschaften durchschnittlich höher ausgeprägt als in Transformationsökonomien. Die Bruttowertschöpfung des Privatsektors pro Beschäftigtem ($_{RWU}y$) ist durchschnittlich um 172% höher, der Kapitalstock pro Beschäftigtem um 226%. Im Bereich der Bedeutung des Finanzsektors zeigt sich ein ähnliches Bild. In Marktwirtschaften erreicht $_{Y}\varphi$ (inländische Finanzaktiva des Finanzsektors gegenüber dem Privatsektor ausgedrückt in Prozent der Bruttowertschöpfung des Privatsektors) einen durchschnittlichen Wert von 237%. In Transformationsökonomien sind es nur 55%. Entsprechend ist auch der über den Finanzsektor finanzierte Teil des Kapitalstocks ($_{K}\varphi$) in Transformationsökonomien deutlich geringer. Während es in Marktwirtschaften nahezu 75% sind,[47] sind es nur etwas über 21% in Transformationsökonomien. Die mikroökonomische Effizienz des Fi-

[47] Einige Länder (Dänemark, Großbritannien, Niederlande, Schweden) weisen teils Werte von φ von über 100% aus. Wie in Abschnitt 4.2 hingewiesen wurde, wird dies durch die Kreuzverflechtung der Einzelsegmente des Finanzsektors und daraus resultierenden Doppelzählungen verursacht.

nanzsektors (ϕ) ist in Marktwirtschaften deutlich höher. Durchschnittlich werden 0.45 Beschäftigte pro einer Million Euro inländische Finanzaktiva gegenüber dem Privatsektor benötigt, in Transformationsökonomien sind es 3.51 Beschäftigte.

Tabelle 23: Deskriptive Statistik – Marktwirtschaften

Land		$_{RWU}y$ (in €)	$_{RWU}k$ (in €)	$_{Y}\varphi$ (in %)	$_{K}\varphi$ (in %)	ϕ (in Köpfen)
MARKTWIRTSCHAFTEN						
Belgien (BE)	Maximum	63,445	198,654	208.5%	73.3%	0.63
	Mittelwert	56,788	168,362	192.7%	65.0%	0.49
	Minimum	52,432	140,996	156.3%	56.6%	0.41
	Standardabw.	4,331	17,623	17.4%	4.8%	0.07
Dänemark (DK)	Maximum	50,514	180,213	512.2%	156.3%	0.26
	Mittelwert	46,467	158,566	442.5%	129.8%	0.22
	Minimum	41,734	136,794	391.4%	115.5%	0.17
	Standardabw.	2,818	11,959	34.1%	10.2%	0.03
Deutschland (DE)	Maximum	50,845	188,123	290.1%	80.2%	0.47
	Mittelwert	47,215	168,107	251.1%	70.5%	0.38
	Minimum	43,027	141,229	211.9%	63.9%	0.31
	Standardabw.	2,643	15,428	29.3%	6.1%	0.06
Finnland (FI)	Maximum	53,548	212,620	259.8%	65.0%	0.40
	Mittelwert	47,113	193,384	242.3%	58.9%	0.28
	Minimum	37,865	155,014	228.8%	53.0%	0.20
	Standardabw.	5,646	15,168	10.6%	4.7%	0.08
Frankreich (FR)	Maximum	60,997	193,394	235.3%	75.7%	0.43
	Mittelwert	58,399	184,146	214.7%	68.2%	0.38
	Minimum	54,901	159,106	205.5%	62.7%	0.32
	Standardabw.	1,957	11,069	11.2%	4.4%	0.04
Griechenland (GR)	Maximum	41,911	128,181	161.7%	52.9%	1.18
	Mittelwert	36,285	110,258	99.8%	32.7%	0.86
	Minimum	33,312	94,630	65.9%	21.6%	0.43
	Standardabw.	2,586	9,278	37.0%	11.8%	0.29
Großbritannien (UK)	Maximum	52,145	143,815	400.2%	145.1%	0.49
	Mittelwert	46,724	134,153	353.1%	123.1%	0.38
	Minimum	40,895	116,877	321.2%	108.2%	0.28
	Standardabw.	3,801	6,680	24.6%	13.2%	0.07
Irland (IE)	Maximum	63,565	139,002	221.2%	103.9%	0.77
	Mittelwert	50,523	123,990	180.0%	74.6%	0.59
	Minimum	43,219	115,669	144.7%	51.2%	0.39
	Standardabw.	6,812	6,061	29.1%	20.8%	0.16
Italien (IT)	Maximum	54,455	179,539	165.6%	49.6%	0.64
	Mittelwert	52,033	171,514	132.0%	40.0%	0.54
	Minimum	47,880	154,149	109.0%	34.3%	0.38
	Standardabw.	2,487	9,602	21.3%	6.2%	0.10

Tabelle 23 (Fortsetzung):

Land		$_{RWU}y$ (in €)	$_{RWU}k$ (in €)	$_{Y}\varphi$ (in %)	$_{K}\varphi$ (in %)	ϕ (in Köpfen)
MARKTWIRTSCHAFTEN						
Niederlande (NL)	Maximum	49,453	160,848	386.3%	118.8%	0.43
	Mittelwert	47,068	150,879	311.0%	97.2%	0.34
	Minimum	44,639	143,730	248.7%	76.8%	0.27
	Standardabw.	1,685	4,536	51.7%	17.1%	0.06
Österreich (AT)	Maximum	49,909	189,289	197.9%	53.2%	0.57
	Mittelwert	44,146	163,546	182.4%	49.3%	0.48
	Minimum	39,131	137,079	172.9%	47.8%	0.42
	Standardabw.	3,695	16,817	6.8%	1.4%	0.05
Portugal (PT)	Maximum	29,900	111,506	283.6%	79.4%	1.38
	Mittelwert	27,643	93,351	180.7%	52.9%	0.76
	Minimum	24,679	74,758	97.9%	32.5%	0.35
	Standardabw.	1,763	10,748	69.9%	18.1%	0.36
Schweden (SE)	Maximum	54,034	155,699	367.0%	124.6%	0.22
	Mittelwert	48,557	145,340	347.8%	115.8%	0.19
	Minimum	39,060	118,363	326.0%	109.5%	0.17
	Standardabw.	5,509	11,583	13.7%	4.7%	0.02
Spanien (ES)	Maximum	49,715	142,982	238.6%	80.4%	0.44
	Mittelwert	47,523	134,922	185.4%	65.3%	0.37
	Minimum	44,920	113,414	164.3%	56.4%	0.24
	Standardabw.	1,209	9,480	23.7%	7.1%	0.07
MARKTWIRTSCHAFTEN (DURCHSCHNITT)						
	Maximum	63,565	212,620	512.2%	156.3%	1.38
	Mittelwert	46,892	159,037	236.8%	74.5%	0.45
	Minimum	24,679	74,758	65.9%	21.6%	0.17
	Standardabw.	8,233	29,596	97.0%	31.4%	0.23

ANMERKUNGEN: $_{RWU}y$ = Bruttowertschöpfung des nichtfinanziellen Privatsektors pro Beschäftigtem; $_{RWU}k$ = Kapitalstock des nichtfinanziellen Privatsektors pro Beschäftigtem; $_{Y}\varphi$ = inländische Finanzaktiva des Banksektor, des Aktien- und des Anleihenmarktes gegenüber dem nichtfinanziellen Privatsektor als Prozentsatz der Bruttowertschöpfung des nichtfinanziellen Privatsektors; $_{K}\varphi$ = inländische Finanzaktiva des Banksektor, des Aktien- und des Anleihenmarktes gegenüber dem nichtfinanziellen Privatsektor als Prozentsatz des Kapitalstocks des nichtfinanziellen Privatsektors ; f = Beschäftigte des Finanzsektors pro Million inländischer Finansaktiva des Finanzsektors gegenüber dem Privatsektor ; Alle Werte wurde mit dem durchschnittlichen KKP-Wechselkurs des Jahres 2002 von nationalen Währungen in Euro umgerechnet. Die Berechnung erfolgte mit EViews 5.0.

Tabelle 24: Deskriptive Statistik – Transformationsökonomien

Land		RWU^y (in €)	RWU^k (in €)	$\gamma\varphi$ (in %)	$\kappa\varphi$ (in %)	ϕ (in Köpfen)
TRANSFORMATIONSÖKONOMIEN						
Bulgarien (BG)	Maximum	6,296	22,671	92.9%	29.2%	24.66
	Mittelwert	5,694	20,928	48.1%	13.2%	9.14
	Minimum	5,165	19,044	11.8%	2.9%	2.69
	Standardabw.	385	943	32.7%	9.5%	6.92
Estland (EE)	Maximum	21,970	52,953	111.7%	46.7%	6.11
	Mittelwert	16,141	36,189	59.2%	26.3%	2.58
	Minimum	11,913	16,624	15.6%	9.5%	0.76
	Standardabw.	3,243	11,634	38.7%	15.2%	2.15
Kroatien (HR)	Maximum	25,679	61,455	106.7%	46.0%	2.91
	Mittelwert	19,627	43,791	82.6%	37.4%	1.69
	Minimum	14,040	31,502	51.9%	23.2%	1.06
	Standardabw.	3,794	11,523	18.3%	7.9%	0.61
Lettland (LV)	Maximum	16,970	46,860	57.3%	26.8%	12.89
	Mittelwert	13,636	29,165	30.3%	15.1%	5.81
	Minimum	10,503	15,243	11.9%	5.9%	1.98
	Standardabw.	2,090	9,846	15.8%	7.2%	3.92
Litauen (LT)	Maximum	22,402	57,342	61.4%	22.7%	4.91
	Mittelwert	16,764	39,184	42.4%	17.3%	2.51
	Minimum	13,361	21,709	21.7%	11.6%	1.32
	Standardabw.	2,961	10,292	13.4%	4.2%	1.46
Mazedonien (MK)	Maximum	19,189	52,466	84.4%	37.9%	3.53
	Mittelwert	16,758	41,444	43.6%	17.3%	2.59
	Minimum	14,465	28,159	29.9%	11.5%	1.51
	Standardabw.	1,656	8,576	17.2%	8.5%	0.57
Polen (PL)	Maximum	22,947	49,519	59.4%	28.3%	4.21
	Mittelwert	18,165	35,014	39.8%	20.6%	3.17
	Minimum	14,308	24,686	26.0%	14.8%	1.83
	Standardabw.	2,925	7,747	13.4%	5.9%	0.95
Rumänien (RO)	Maximum	15,091	43,010	125.6%	36.3%	5.47
	Mittelwert	12,679	31,758	34.6%	13.3%	2.75
	Minimum	10,949	23,001	13.7%	5.0%	0.25
	Standardabw.	1,303	6,031	31.3%	9.4%	1.52
Serbien & Montenegro (CS)	Maximum	12,233	17,964	70.2%	41.2%	13.67
	Mittelwert	8,451	11,754	41.1%	26.2%	10.13
	Minimum	6,352	6,245	21.7%	11.8%	5.82
	Standardabw.	1,763	3,562	15.9%	10.2%	2.80
Slowakei (SK)	Maximum	27,111	85,984	111.1%	40.1%	1.30
	Mittelwert	22,259	63,121	88.8%	32.3%	0.99
	Minimum	17,062	42,668	65.7%	21.8%	0.80
	Standardabw.	3,593	15,568	17.5%	6.4%	0.18

Tabelle 24 (Fortsetzung):

Land		$_{RWU}y$ (in €)	$_{RWU}k$ (in €)	$_{Y}\varphi$ (in %)	$_{K}\varphi$ (in %)	ϕ (in Köpfen)
TRANSFORMATIONSÖKONOMIEN						
Slowenien (SI)	Maximum	33,146	97,108	95.7%	35.4%	3.11
	Mittelwert	27,245	87,089	63.2%	21.1%	1.83
	Minimum	22,072	82,420	33.3%	8.7%	0.95
	Standardabw.	4,092	3,758	24.2%	10.5%	0.85
Tschechien (CZ)	Maximum	31,363	108,391	131.8%	50.1%	1.22
	Mittelwert	27,068	80,848	105.3%	36.7%	0.85
	Minimum	22,983	55,956	66.8%	19.3%	0.69
	Standardabw.	3,029	18,719	20.1%	10.3%	0.18
Ukraine (UA)	Maximum	18,857	50,399	62.8%	35.4%	11.57
	Mittelwert	11,146	36,326	29.4%	9.7%	6.02
	Minimum	7,356	29,830	15.8%	3.2%	1.27
	Standardabw.	4,297	4,788	13.5%	9.4%	3.18
Ungarn (HU)	Maximum	29,877	105,758	81.4%	23.0%	2.39
	Mittelwert	25,321	95,024	63.4%	17.1%	1.75
	Minimum	19,638	66,797	47.3%	11.3%	1.05
	Standardabw.	3,520	11,946	12.5%	4.3%	0.47
TRANSFORMATIONSÖKONOMIEN (DURCHSCHNITT)						
	Maximum	33,146	108,391	131.8%	50.1%	24.66
	Mittelwert	17,211	45,974	54.8%	21.2%	3.51
	Minimum	5,165	6,245	11.8%	2.9%	0.25
	Standardabw.	7,046	26,084	30.7%	12.0%	3.62

ANMERKUNGEN: $_{RWU}y$ = Bruttowertschöpfung des nichtfinanziellen Privatsektors pro Beschäftigtem; $_{RWU}k$ = Kapitalstock des nichtfinanziellen Privatsektors pro Beschäftigtem; $_{Y}\varphi$ = inländische Finanzaktiva des Banksektor, des Aktien- und des Anleihenmarktes gegenüber dem nichtfinanziellen Privatsektor als Prozentsatz der Bruttowertschöpfung des nichtfinanziellen Privatsektors, $_{K}\varphi$ = inländische Finanzaktiva des Banksektor, des Aktien- und des Anleihenmarktes gegenüber dem nichtfinanziellen Privatsektor als Prozentsatz des Kapitalstocks des nichtfinanziellen Privatsektors ; f = Beschäftigte des Finanzsektors pro Million inländischer Finansaktiva des Finanzsektors gegenüber dem Privatsektor ; Alle Werte wurde mit dem durchschnittlichen KKP-Wechsolkurs des Jahres 2002 von nationalen Währungen in Euro umgerechnet. Die Berechnung erfolgte mit EViews 5.0.

5. *Empirische Untersuchung*

Aufbauend auf dem in Kapitel 1 präsentierten, theoretischen Rahmenmodell und den im vorhergehenden Kapital präsentierten Daten, widmet sich dieses Kapitel der empirischen Untersuchung. Es werden vier Hypothesen zum positiven, über den Produktivitätskanal laufenden Wachstumseffekt des Finanzsektors formuliert und empirisch untersucht. Darauf aufbauend ermittelt ein Simulationsteil das makroökonomisch effiziente Niveau der Bedeutung des Finanzsektors für die einzelnen Länder.

5.1. Basischätzgleichung

Ausgangspunkt für die empirische Untersuchung bildet Modellgleichung G. 65 in logarithmischer Form:

$$\ln({}_{RWU}Y_{it}) = {}_{RWU}\overline{A}_{it} + \varphi_{it} \cdot (\gamma_1 - \varphi_{it} \cdot \gamma_2) + \alpha \cdot \ln({}_{RWU}K_{it}) + (1-\alpha) \cdot \ln({}_{RWU}L_{it}) \qquad (G.\ 101)$$

Die Variablen wurden hierbei um den Länderindex *i* und den Zeitindex *t* ergänzt. Wird unterstellt, dass das durchschnittliche Produktivitätsniveau von über den Haushaltssektor direktfinanzierten Projekten $({}_{RWU}\overline{A}_{it})$ eine Funktion eines länderspezifischen Anfangsproduktivitätsniveaus (μ_i), eines länderspezifischen Zeittrends ($\beta_i t$) und eines Störterms (ε_{it}) ist:

$$_{RWU}\overline{A}_{it} = \mu_i + \beta_i t + \varepsilon_{it}, \qquad (G.\ 102)$$

ergibt sich durch Umformung von G. 101 die Basisschätzgleichung in intensiver Form:

$$\ln({}_{RWU}y_{it}) = \gamma_1 \cdot \varphi_{it} - \gamma_2 \cdot \varphi_{it}^2 + \alpha \cdot \ln({}_{RWU}k_{it}) + \mu_i + \beta_i t + \varepsilon_{it}$$
$$\text{wobei } {}_{RWU}y_{it} = \frac{{}_{RWU}Y_{it}}{{}_{RWU}L_{it}} \text{ und } {}_{RWU}k_{it} = \frac{{}_{RWU}K_{it}}{{}_{RWU}L_{it}} \qquad (G.\ 103)$$

5.2. „Unit root“-Tests

Um valide, unverzerrte Schätzergebnisse zu erlangen, ist es erforderlich, die in die Schätzung eingehenden Variablen auf Integriertheit bzw. Kointegriertheit zu untersuchen (vgl. Kapitel 2.5.1) und die Schätzstrategie entsprechend den Ergebnissen anzupassen (siehe Tabelle 25 auf folgender Seite):

Die Stationärität bzw. Integriertheit der in die Schätzung eingehenden Variablen wird mit dem „Unit root“-Test von Harris und Tzavalis (1999) untersucht, der die Nullhypothese der Integriertheit der Daten gegenüber der Alternativhypothese der Stationärität der Daten testet. Im Gegensatz zu anderen „Panel unit root“-Tests (z.B. Levine und Lin 1993, Im et al. 1997 oder Breitung 2000) leitet er asymptotische Testverteilungen unter der Annahme einer kurzen, konstanten Zeitdimension $(\overline{T})$ und einer gegen unendlich gehenden Anzahl an Querschnittseinheiten des Panels $(N \to \infty)$ ab. Unter Berücksichtigung der Dimension des zu untersuchenden Panels (relativ kurze Zeitdimension, relativ große Querschnittsdimension) scheint dieser Test deshalb am geeignetsten. Die Ergebnisse der „Unit root“-Tests werden in Tabelle 26 (siehe folgende Seite) präsentiert.

Tabelle 25: Stationärität, Integriertheit, Kointegriertheit und Schätzstrategie

Abhängige Variable	Unabhängige Variablen	Kointegriertheit	Schätzstrategie
stationär	stationär	--	Schätzung in Niveaus
stationär	integriert	--	Gemischte Schätzung (Niveaus / Differenzen)
integriert	stationär	--	Gemischte Schätzung (Differenzen / Niveaus)
integriert	integriert	nein	Schätzung in Differenzen
integriert	integriert	ja	Schätzung in Niveaus mit modifizierten Schätzern: "Fully modified"-Schätzer oder "Dynamic least squares"-Schätzer nach Chen et al. (1999)

Tabelle 26: „Unit root"-Test nach Harris und Tzavalis (1999)

Variable	Länder	Zeitraum	Länderspezifischer Interzept, kein Zeittrend		Länderspezifischer Interzept, länderspezifischer Zeittrend	
Harris und Tzavalis (1999) Teststatistik: HT-t			P-Wert		P-Wert	
$ln({}_{RWU}y)$	alle Länder	1990-2002	0.0439	**	0.0000	***
$ln({}_{RWU}k)$	alle Länder	1990-2002	0.0001	***	0.0000	***
${}_{Y}\varphi$	exkl. CS	1993-2002	0.0045	***	0.0000	***
${}_{K}\varphi$	exkl. CS	1993-2002	0.0111	**	0.0000	***

*ANMERKUNGEN: Signifikanzniveaus: *** = 0.01; ** = 0.05; *=0.1; ${}_{RWU}y$ = Bruttowertschöpfung des Privatsektors pro Beschäftigtem des nichtfinanziellen Privatsektors; ${}_{RWU}k$ = Kapitalstock des nichtfinanziellen Privatsektors pro Beschäftigtem des Privatsektors; ${}_{Y}\varphi$ = inländische Finanzaktiva des Banksektors, des Aktien- und des Anleihenmarktes gegenüber dem nichtfinanziellen Privatsektor als Prozentsatz der Bruttowertschöpfung des nichtfinanziellen Privatsektors; ${}_{K}\varphi$ = inländische Finanzaktiva des Banksektors, des Aktien- und des Anleihenmarktes gegenüber dem nichtfinanziellen Privatsektor als Prozentsatz des Kapitalstocks des nichtfinanziellen Privatsektors; alle Werte wurde mit dem durchschnittlichen KKP-Wechselkurs des Jahres 2002 von nationalen Währungen in Euro umgerechnet. Die Schätzung erfolgte mit GAUSS 6.0 mit den Zusatzpaketen COINT 2.0 und NPT 1.3.*

Der „Harris und Tzavalis (1999)"-Test verwirft die Nullhypothese der Integriertheit für alle Variablen, dies sowohl mit und ohne Einschluss länderspezifischer Zeittrends. Um dieses Resultat abzusichern, wurden die Variablen ergänzend mit dem „Levin und Lin (1993)"-Test, dem „Im, Pesaran und Shin (1997)"-Test und dem „Breitung (2000)"-Test untersucht. Obwohl diese Tests weniger geeignet für die Dimension des untersuchten Panels sind, stützen sie die Schlussfolgerung des „Harris und Tzavalis (1999)"-Tests. Die Ergebnisse der ergänzenden Tests sind in Appendix II abgebildet.

Für die vorliegende Untersuchung bedeutet dies, dass alle weiteren Schätzungen in Niveaus durchgeführt werden können.

5.3. Prätest

In einem ersten Prätest wurde G. 103 unter Verwendung jeweils eines Indikators die Bedeutung des Finanzsektors (${}_K\varphi$ und ${}_Y\varphi$) getestet. Die Ergebnisse sind in Tabelle 27 abgebildet.

Tabelle 27: Ergebnisse des Prätests

	Abhängige Variable: $ln\ ({}_{RWU}y)$					
Unabhängige Variable	(a) WLSDV		(b) WLSDV		(c) WLSDV	
${}_Y\varphi$	--		0.063	***	--	
			(0.020)			
${}_Y\varphi^2$	--		-0.011	***	--	
			(0.003)			
${}_K\varphi$	--		--		0.402	***
					(0.054)	
${}_K\varphi^2$	--		--		-0.156	***
					(0.027)	
$ln({}_{RWU}k)$	0.278	***	0.263	***	0.312	***
	(0.026)		(0.025)		(0.027)	
Anzahl der eingeschlossenen Länder	28		28		28	
Anzahl der eingeschlossenen Beobachtungen	334		334		334	
F-Test aller erklärenden Variablen	2,480.195	***	2,706.583	***	2,979.691	***
	df=(56,277)		df=(58,275)		df=(58,275)	
F-Test länderspezifischer Interzepte (F-Statistik)	476.628	***	501.598	***	409.248	***
	df=(27,277)		df=(27,275)		df=(27,275)	
F-Test länderspezifischer Zeittrends (F-Statistik)	42.931	***	47.462	***	38.160	***
	df=(28,277)		df=(28,275)		df=(28,275)	

*ANMERKUNGEN: Signifikanzniveaus: *** = 0.01; ** = 0.05; *=0.1. Standardfehler in Klammern unter Schätzern. ${}_{RWU}y$ = Bruttowertschöpfung des nichtfinanziellen Privatsektors pro Beschäftigtem; ${}_{RWU}k$ = Kapitalstock des nichtfinanziellen Privatsektors pro Beschäftigtem; ${}_Y\varphi$ = inländische Finanzaktiva des Banksektors, des Aktien- und des Anleihenmarktes gegenüber dem nichtfinanziellen Privatsektor als Prozentsatz der Bruttowertschöpfung des nichtfinanziellen Privatsektors; ${}_K\varphi$ = inländische Finanzaktiva des Banksektors, des Aktien- und des Anleihenmarktes gegenüber dem nichtfinanziellen Privatsektor als Prozentsatz des Kapitalstocks des nichtfinanziellen Privatsektors ; WLSDV= "(Cross Section) Weighted Least Squares Dummy Variables"-Schätzung; Koeffiztienten und Standardfehler für länderspezifische Interzepte und Zeittrends werden nicht berichtet. Alle Schätzungen wurden mit EViews 5.1 durchgeführt.*

Wie theoretisch vorhergesagt, beeinflusst die Bedeutung des Finanzsektors die Bruttowertschöpfung positiv: sowohl der Indikator ${}_K\varphi$ als auch der Indikator ${}_Y\varphi$ sind signifikant unterschiedlich von Null. Wie ebenfalls theoretisch vorhergesagt, nimmt der positive Einfluss des Finanzsektors mit zunehmender Bedeutung im Kapitalallokationsprozess ab: die beiden quadrierten finanzsektoriellen Indikatoren (${}_K\varphi^2$ und ${}_Y\varphi^2$) sind signifikant negativ. Der Koeffizient des Kapitalstocks liegt in allen Fällen nahe 0.3. Signifikanztests der eingesetzten länderspezifischen Interzepte und Zeittrends weisen diese als wichtigen, erklärenden Bestandteil der Regressionsgleichung aus.

5.4. Hypothese 1

Hypothese 1: Der aus dem theoretischen Rahmenmodell abgeleitete Indikator $_K\varphi$, der die Aktiva des Finanzsektors mit dem Kapitalstock in Verbinung setzt, hat im Bezug auf das Wirtschaftswachstum höhere Erklärungskraft, als bisher gebräuchlichen Indikatoren ($_Y\varphi$), die die Aktiva des Finanzsektors mit der Wirtschaftsleistung in Verbindung setzten.

Wie in Kapitel 2.6 ausgeführt, weisen bisher gebräuchliche Indikatoren für die Bedeutung des Finanzsektors ($_Y\varphi$) beträchtliche Probleme auf:

(a) Erstens geben sie eher Aufschluss über die durchschnittliche Produktivität des Finanzsektors als über dessen Bedeutung im Kapitalallokationsprozess: Je höher der Prozentsatz der inländischen Forderungen des Finanzsektors an der Bruttowertschöpfung ist, desto niedriger ist die durchschnittliche Produktivität des Finanzsektors. Die Bedeutung im Faktorallokationsprozess läßt sich daraus nicht ersehen.

(b) Zweitens verursacht die Korrelation gebräuchlicher Indikatoren mit dem Störterm – die inländischen Finanzaktiva werde über die Bruttowertschöpfung normiert, die die abhängige Variable der Regression ist – erhebliche Probleme in der ökonometrischen Analyse.

Der aus dem theoretischen Rahmenmodell abgeleitete Indikator $_K\varphi$ verspricht Verbesserung in beiden Problembereichen. Durch die Normierung der inländischen Finanzaktiva über den Kapitalstock wird einerseits die Bedeutung des Finanzsektors im Kapitalallokationsprozess unmittelbar widergespiegelt. Andererseits wird die Korrelation bisheriger Indikatoren mit dem Störterm vermieden.

Zur Beurteilung der Vorteilhaftigkeit der beiden konkurrierenden Indikatoren muss die Nullhypothese (G. 104), dass $_K\varphi$ höhere Erklärungskraft aufweist, gegen die Alternativhypothese (G. 105) getestet werden, dass $_Y\varphi$ höhere Erklärungskraft besitzt:

$$\begin{aligned} H_0: \ln\left({}_{RWU}y_{it}\right) &= f_{it}\left({}_K\varphi_{it}, {}_K\varphi_{it}^2, \gamma_1, \gamma_2, \ldots\right) + \varepsilon_{H_0:it} = \\ &= \gamma_1 \cdot {}_K\varphi_{it} - \gamma_2 \cdot {}_K\varphi_{it}^2 + \ln\left({}_{RWU}k_{it}\right) + \mu_i + \beta_i t + \varepsilon_{H_0:it} \end{aligned} \qquad \text{(G. 104)}$$

$$\begin{aligned} H_A: \ln\left({}_{RWU}y_{it}\right) &= g_{it}\left({}_Y\varphi_{it}, {}_Y\varphi_{it}^2, \gamma_1, \gamma_2, \ldots\right) + \varepsilon_{H_A:it} = \\ &= \gamma_1 \cdot {}_Y\varphi_{it} - \gamma_2 \cdot {}_Y\varphi_{it}^2 + \ln\left({}_{RWU}k_{it}\right) + \mu_i + \beta_i t + \varepsilon_{H_A:it} \end{aligned} \qquad \text{(G. 105)}$$

Davidson und MacKinnon (1981) schlagen zum Test solcher nichtverschachtelter Modelle (H_0 ist kein Spezialfall von H_A und umgekehrt) zwei unterschiedliche Tests vor:[48]

[48] Ursprünglich schlagen Davidson und MacKinnon (1981) noch einer dritten Test, den P-Test vor. Da er jedoch lediglich eine Erweiterung des J-Tests für nichtlineare Basismodelle ist und im Falle linearer Basismodelle zu mit dem J-Test identen Ergebnissen führt, wird auf den P-Test nicht weiter eingegangen.

(a) C-Test

Die offensichtlichste und einfachste Lösung wäre, die beiden konkurrierenden Spezifikationen direkt in eine Schätzgleichung zu stellen:

$$\ln\left({}_{RWU}y_{it}\right)=(1-\lambda)\cdot f\left({}_{K}\varphi_{it},{}_{K}\varphi_{it}^{2},\gamma_{1},\gamma_{2},...\right)+\lambda\cdot f\left({}_{Y}\varphi_{it},{}_{Y}\varphi_{it}^{2},\gamma_{1},\gamma_{2},...\right)+v_{it} \qquad \text{(G. 106)}$$

wobei $v_{it}=(1-\lambda)\cdot\varepsilon_{H0:it}+\lambda\cdot\varepsilon_{H_A:it}$. Trifft die Nullhypothese zu, so ist der wahre Wert von λ gleich Null. Das Problem dieses Ansatzes ist jedoch, dass λ in diesem Modell nicht separat geschätzt werden kann: eine Schätzung würde auf eine überflüssige Skalierung der Regressionsparameter hinauslaufen. Davidson und MacKinnon (1981) schlagen deshalb vor, die angepassten Werte der beiden konkurrierenden Spezifikationen $\left(\hat{f}_{it},\hat{g}_{it}\right)$ auf die abhängige Variable $\left[\ln\left({}_{RWU}y_{it}\right)\right]$ zu regressieren:

$$\ln\left({}_{RWU}y_{it}\right)=(1-\lambda)\cdot\hat{f}_{it}+\lambda\cdot\hat{g}_{it}+v_{it} \qquad \text{(G. 107)}$$

Die geschätzten Standardfehler von $\hat{\lambda}$ werden jedoch asymptotisch überschätzt, da die angepassten Werte nur unvollkommene Annäherungen an die wahren Funktionswerte sind:

$$\begin{aligned}\hat{f}_{it}&=f_{it}\left({}_{K}\varphi_{it},{}_{K}\varphi_{it},\gamma_{1},\gamma_{2},...\right)-F_{it}b\\ \hat{g}_{it}&=f_{it}\left({}_{Y}\varphi_{it},{}_{Y}\varphi_{it},\gamma_{1},\gamma_{2},...\right)-G_{it}c\end{aligned} \qquad \text{(G. 108)}$$

Hierbei stellen F_{it} bzw. G_{it} eine Matrix der partiellen Ableitungen der Funktionen $f_{it}(...)$ bzw. $g_{it}(...)$ nach den Koeffizienten für jede Beobachtung dar. Ist die zu testende Nullhypothese eine lineare Funktion, so ist F_{it} bzw. G_{it} die Matrix der Regressoren. b bzw. c sind Vektoren der Abweichungen der geschätzten Koeffizienten von den wahren Koeffizienten $(b_1=\hat{\gamma}_1-\gamma_1, b_2=\hat{\gamma}_2-\gamma_2,...)$. Damit ergibt sich für G. 107:

$$\ln\left({}_{RWU}y_{it}\right)=(1-\lambda)\cdot\hat{f}_{it}+\lambda\cdot\hat{g}_{it}+\underbrace{(1-\lambda)\cdot\left(F_{it}b+\varepsilon_{H0:it}\right)+\lambda\cdot\left(G_{it}c+\varepsilon_{H_A:it}\right)}_{v_{it}} \qquad \text{(G. 109)}$$

Die Abweichung der geschätzten Koeffizienten von den wahren Koeffizienten inflationiert die Varianz des Störterms. Konventionelle t-Tests zum Test von λ=0 sind unzuverlässig. Sie können jedoch eine erste grobe Annäherung darstellen, da die (asymptotische) Wahrscheinlichkeit eines α-Fehlers[49] nicht größer als das Signifikanzniveau des Tests ist.

(b) J-Test

Eine zweite Möglichkeit ist, die Variablen der Nullhypothese um die angepassten Werte der Alternativhypothese zu ergänzen und auf die zu erklärende Variable zu regressieren:

$$\ln\left({}_{RWU}y_{it}\right)=(1-\lambda)\cdot f_{it}\left({}_{K}\varphi_{it},{}_{K}\varphi_{it}^{2},\gamma_{1},\gamma_{2},...\right)+\lambda\cdot\hat{g}_{it}+\underbrace{(1-\lambda)\cdot\varepsilon_{H0:it}+\lambda\cdot\left(G_{it}c+\varepsilon_{HA:it}\right)}_{v_{it}} \qquad \text{(G. 110)}$$

[49] Als Wahrscheinlichkeit eines α-Fehlers wird die Wahrscheinlichkeit bezeichnet die Nullhypothese abzulehen, obwohl sie zutrifft.

Trifft die Nullhypothese zu, sind die geschätzten Standardfehler von $\hat{\lambda}$ asymptotisch unverzerrt. Konventionelle t-Tests zum Test von λ=0 sind zuverlässig. Trifft die Nullhypothese nicht zu, so sind die geschätzten Standardfehler von $\hat{\lambda}$ wie im Falle des C-Tests verzerrt. Es empfiehlt sich daher, auch die Alternativhypothese gegen die Nullhypothese zu vertauschen.

In Tabelle 28 werden die Ergebnisse beider Tests für die Nullhypothese des Zutreffens von Modell $f_{it}(...)$ als auch für die Nullhypothese des Zutreffens von Modell $g_{it}(...)$ präsentiert.

Tabelle 28: Ergebnisse der C- und J-Tests

		Alternativhypothese (H_A)								
		$g({}_{\gamma}\varphi, {}_{\gamma}\varphi^2, \gamma_1, \gamma_2, ...)$					$f({}_{K}\varphi, {}_{K}\varphi^2, \gamma_1, \gamma_2, ...)$			
Nullhypothese (H_0)		(1-λ)		λ						
$f({}_{K}\varphi, {}_{K}\varphi^2, \gamma_1, \gamma_2, ...)$	C-Test	1.1846	***	-0.1846		C-Test	--		--	
		(0.1535)		*(0.1535)*						
	J-Test	13.5391	***	-12.5391	***	J-Test	--		--	
		(0.9570)		*(0.9570)*						
	SYS-J-Test	1.0362	***	-0.0362		SYS-J-Test	--		--	
		(0.0621)		*(0.0621)*						
							λ		(1-λ)	
$g({}_{\gamma}\varphi, {}_{\gamma}\varphi^2, \gamma_1, \gamma_2, ...)$	C-Test	--		--		C-Test	-0.1846		1.1846	***
							(0.1535)		*(0.1535)*	
	J-Test	--		--		J-Test	-5.5653	***	6.5653	***
							(0.2870)		*(0.2870)*	
	SYS-J-Test	--		--		SYS-J-Test	-0.0362		1.0362	***
							(0.0621)		*(0.0621)*	

*ANMERKUNGEN: Signifikanzniveaus: *** = 0.01; ** = 0.05; *=0.1. Standardfehler in Klammern unter Schätzern. ${}_{\gamma}\varphi$ = inländische Finanzaktiva des Banksektors, des Aktien- und des Anleihenmarktes gegenüber dem nichtfinanziellen Privatsektor als Prozentsatz der Bruttowertschöpfung des nichtfinanziellen Privatsektors; ${}_{K}\varphi$ = inländische Finanzaktiva des Banksektors, des Aktien- und des Anleihenmarktes gegenüber dem nichtfinanziellen Privatsektor als Prozentsatz des Kapitalstocks des nichtfinanziellen Privatsektors; Schätzung von C- und J-Test mit WLSDV= "(Cross Section) Weighted Least Squares Dummy Variable"-Schätzer; Schätzung von SYS-J-Test mit WGLSDV ="(Cross Section) Weighted Generalized Least Square Dummy Variable"-Schätzer. C- und J-Tests nach Davidson und MacKinnon (1981); alle Schätzungen wurden mit EViews 5.1 durchgeführt.*

Der C-Test identifiziert das Modell $f_{it}(...)$ als das zutreffende Modell und damit den Indikator ${}_{K}\varphi$ als jenen mit höherer Erklärungskraft. Die Ergebnisse des J-Tests sind nicht eindeutig. Wie Davidson und MacKinnon hinweisen, ist dies ein Problem der endlichen Stichprobe.

Schreibt man die beiden Einzelgleichungen des J-Tests (Nullhypothese gegen Alternativhypothese und Alternativhypothese gegen Nullhypothese) als Gleichungssystem:

$$\begin{bmatrix} \ln({}_{RWU}y_{it}) \\ \ln({}_{RWU}y_{it}) \end{bmatrix} = (1-\lambda)\cdot \begin{bmatrix} f_{it}({}_{K}\varphi_{it}, {}_{K}\varphi_{it}^2, \gamma_1, \gamma_2, \ldots) \\ \hat{f}_{it} \end{bmatrix} + \lambda \cdot \begin{bmatrix} \hat{g}_{it} \\ g_{it}({}_{Y}\varphi_{it}, {}_{Y}\varphi_{it}^2, \gamma_1, \gamma_2, \ldots) \end{bmatrix} + \\ + \begin{bmatrix} (1-\lambda)\cdot \varepsilon_{H_0:it} + \lambda \cdot (G_{it}c + \varepsilon_{H_A:it}) \\ (1-\lambda)\cdot (F_{it}b + \varepsilon_{H_0:it}) + \lambda \cdot \varepsilon_{H_A:it} \end{bmatrix} \qquad (G.\ 111)$$

erkennt man, dass die Störterme durch die Konstruktion des Modells hoch korrelieren. Um die Effizienz und die Konsistenz des herkömmlichen J-Tests zu erhöhen, wurde G. 111 unter Einsatz eines „Seemingly Unrelated Regression"-Schätzers untersucht. Die Ergebnisse werden in Tabelle 28 in der Zeile SYS-J-Test präsentiert. In Übereinstimmung mit den Ergebnissen des C-Tests wird Modell $f_{it}(\ldots)$ als das zutreffende Modell und damit der Indikator ${}_{K}\varphi$ als jener Indikator mit dem höheren Erklärungspotential identifiziert.

Es folgt daraus, dass der aus dem theoretischen Rahmenmodell abgeleitete Indikator ${}_{K}\varphi$, der die Aktiva des Finanzsektors mit dem Kapitalstock in Verbindung setzt, im Hinblick auf das Wirtschaftswachstum höheres Erklärungspotential aufweist als bisher gebräuchliche Indikatoren (${}_{Y}\varphi$), die die Aktiva des Finanzsektors mit der Wirtschaftsleistung in Verbindung setzen.

5.5. Hypothese 2

Hypothese 2: Die Wachstumsimpulse des Finanzsektors unterscheiden sich zwischen den Ländern.

Der Großteil bisheriger, empirischer Arbeiten stützt sich in der Untersuchung des Zusammenhanges zwischen dem Finanzsektor und dem Wirtschaftswachstum auf breite Stichproben, die Länder unterschiedlicher Entwicklungsstufen umfassen. Länderspezifische Rahmenbedingungen und deren Auswirkungen auf den Zusammenhang zwischen Finanzsektor und Wirtschaftswachstum werden in diesen Studien kaum Beachtung geschenkt. Erste Studien, die sich auf Ländergruppen unter weitgehend homogenen Rahmenbedingungen konzentrieren – (meist industrialisierte) Marktwirtschaften, Transformationsökonomien oder Entwicklungsländer –, geben Hinweise, dass der Finanzsektor in unterschiedlichen Ländern unterschiedliche Wachstumseffekte auslöst (vgl. Kapitel 2.2.3). Die Unterschiedlichkeit der Wachstumseffekte wird in diesen Studien jedoch nicht explizit überprüft.

Das in Kapitel 1 präsentierte, theoretische Rahmenmodell stützt die Vermutung, dass sich der durch den Finanzsektor ausgelöste Wachstumseffekt unter den Ländern unterscheidet.

Einerseits führen Faktoren im Bereich des Finanzsektors zu unterschiedlichen Wachstumseffekten: Je besser der Finanzssektor in der Lage ist seine potentiellen Vorteile in der Allokation von Kapital gegenüber Haushalten zu nützen – die Poolung von Kapital erlaubt die Nutzung optimaler Produktionsgrößen; die systematische Informationssammlung und -auswertung ermöglicht die Verbesserung der Ressourcenallokation; die Diversifikation von Liquiditätsrisiken ermöglicht die Finanzierung illiquider, rentierlicher Projekte; die Diversifikation idiosynchratischer Risiken erlaubt die Finanzierung risikoreicher, produktivitätssteigernder Projekte; die laufende Überwachung von Investitionsprojekten verringert das Risiko von Misswirtschaft – desto höher auch der Wachstumseffekt.

Andererseits gibt das theoretische Modell auch Hinweise, dass eine Reihe von außerhalb des Finanzsektors liegenden Rahmenbedingungen die Stärke des Wachstumseffektes beeinflusst.

Der Finanzsektor realisiert seine potentiellen Vorteile in der Allokation von Kapital, indem er Projekte aus einer Grundgesamtheit von Investitionsvorhaben auswählt, zu Portfolios bündelt und überwacht. Es wird unmittelbar klar, dass auch Charakteristika der Grundgesamtheit an Investitionsprojekten (Größe der Grundgesamtheit, Verteilungsform und Lage der Erträglichkeit der Investitionsprojekte) und dahinterliegende Faktoren, die die Charakteristika der Grundgesamtheit an Investitionsprojekten beeinflussen (Forschungs-, Innovations- und Bildungspolitik, Rahmenbedingungen für Unternehmenstätigkeit, etc.) für den Wachstumseffekt entscheidend sind. Auf eine detaillierte Diskussion des Zusammenhangs zwischen der Grundgesamtheit an Investitionsprojekten, dahinterliegenden Faktoren und der Stärke des Wachstumseffektes muss hier verzichtet werden. Sie würde den Rahmen der vorliegenden Arbeit bei weitem sprengen, doch bietet sie ein interessantes Aufgabengebiet für die zukünftige Forschung. Die vorliegende Arbeit muss sich auf den Nachweis beschränken, dass der Finanzsektor unterschiedliche Wachstumseffekte auslöst.

Die Annahme, dass der Zusammenhang zwischen Finanzsektor und Wirtschaftswachstum in unterschiedlichen Ländern gleich ist, wird in G. 112 widergespiegelt und stellt die Nullhypothese (H_0) der Untersuchung dar:

$$H_0 : \ln\left({}_{RWU}y_{it}\right) = \gamma_1 \cdot {}_K\varphi_{it} - \gamma_2 \cdot {}_K\varphi_{it}^2 + \alpha \cdot \ln\left({}_{RWU}k_{it}\right) + \mu_i + \beta_i t + \varepsilon_{it} \qquad (G.\ 112)$$

Als Alternativhypothese (H_A) wird angenommen, dass sich der Zusammenhang zwischen Finanzsektor und Wirtschaftswachstum zwischen den Ländern unterscheidet. Dies impliziert, dass γ_1 und γ_2 zwischen den Ländern schwanken können:

$$H_A : \ln\left({}_{RWU}y_{it}\right) = \gamma_{1:i} \cdot {}_K\varphi_{it} - \gamma_{2:i} \cdot {}_K\varphi_{it}^2 + \alpha \cdot \ln\left({}_{RWU}k_{it}\right) + \mu_i + \beta_i t + \varepsilon_{it} \qquad (G.\ 113)$$

Ob die Nullhypothese zutrifft, kann unter Verwendung einer erweiterten Version des Chow-Test (Chow 1960)[50] überprüft werden. Es wird getestet, ob die mittlere Summe der Abweichungsquadrate der Nullhypothese signifikant höher als die der Alternativhypothese ist.

Zur Vereinfachung der weiteren empirischen Untersuchung wurden die Daten und die Schätzgleichung in folgender Weise transformiert:

(1) *Zentrierung der Zeitreihen um den trendbedingten Mittelwert:*

Die Regression der Bruttowertschöpfung des Realsektors auf Indikatoren des Finanzsektors, den Kapitalstock, Länderdummies und Zeittrends (G. 114):

$$\ln\left({}_{RWU}y_{it}\right) = \gamma_1 \cdot {}_K\varphi_{it} - \gamma_2 \cdot {}_K\varphi_{it}^2 + \alpha \cdot \ln\left({}_{RWU}k_{it}\right) + \mu_i + \beta_i t + \varepsilon_{it} \qquad (G.\ 114)$$

führt zu gleichen Ergebnissen wie die Regression der Bruttowertschöpfung auf dieselben Variablen, die länderspezifisch um die trendbedingten Mittelwerte bereinigt wurden (G. 115):

[50] Wie Baltagi (2001: 53) hinweist, können die Ergebnisse normaler Chow-Tests durch das Vorhandensein von Querschnitts-Heteroskedastizität verzerrt sein. Durch den Einsatz von gewichteten Schätzern kann dieses Problem leicht behoben werden. Die Gewichte für die einzelnen Länder berechnen sich aus der länderspezifischen Varianz der Residuen des unrestringierten Modells

$$\ln\left({}_{RWU}\tilde{y}_{it}\right)=\gamma_1\cdot{}_K\tilde{\varphi}_{it}-\gamma_2\cdot{}_K\tilde{\varphi}_{it}^2+\alpha\cdot\ln\left({}_{RWU}\tilde{k}_{it}\right)+\varepsilon_{it}$$

wobei

$$\ln\left({}_{RWU}\tilde{y}_{it}\right)=\ln\left({}_{RWU}y_{it}\right)-\ln\left({}_{RWU}\bar{y}_{it}\right)=\ln\left({}_{RWU}y_{it}\right)-\left(\hat{\mu}_{y:i}+\hat{\beta}_{y:i}t\right) \quad (G.\ 115)$$

$$_K\tilde{\varphi}_{it}={}_K\varphi_{it}-{}_K\bar{\varphi}_{it}={}_K\varphi_{it}-\left(\hat{\mu}_{\varphi:i}+\hat{\beta}_{\varphi:i}t\right)$$

usw.

Hierbei bezeichnen mit Querbalken überschriebene Werte die angepassten Werte einer Regression der jeweiligen Variable auf länderspezifische Interzepte und Zeittrends.

Diese Datentransformation vermindert den Aufwand in der praktischen Schätzung erheblich.

(2) Restriktion des Koeffizienten des Kapitalstocks:

Da sich der Koeffizient des Kapitalstocks in keinem der Prätests (Tabelle 27) signifikant von 0.3 unterscheidet, wird in allen weiteren Modellen der Koeffizient des Kapitalstocks auf ebendiesen Wert restringiert:

$$\ln\left({}_{RWU}\tilde{y}_{it}\right)-0.3\cdot\ln\left({}_{RWU}\tilde{k}_{it}\right)=\gamma_1\cdot{}_K\tilde{\varphi}_{it}-\gamma_2\cdot{}_K\tilde{\varphi}_{it}^2+\varepsilon_{it} \quad (G.\ 116)$$

Wie schon durch die bisherige Literatur angedeutet, verwirft der Chow-Test die Nullhypothese eines einheitlichen Zusammenhangs zwischen Finanzsektor und Wirtschaftswachstum in allen Ländern (siehe Tabelle 29 Zeile *b*). Es folgt daraus, dass sich die Wachstumsimpulse des Finanzsektors zwischen den Ländern unterscheiden.

Tabelle 29: Chow-Tests auf Homogenität der Koeffizienten γ_1 und γ_2

Modell	Summe der Abweichungsquadrate	Chow-Test (F-Statistik)	P-Wert	Ergebnis
Alternativhypothese H_A:				
(a) Länderspezifische Koeffizienten $\gamma_{1:i}$ und $\gamma_{2:}$ (G. 113)$_i$	222.011	--	--	--
Nullhypothese H_0:				
(b) Homegene Koeffizienten γ_1 und γ_2 *(G. 112)*	475.704	4.70 df=(54, 222)	0.0000 ***	H_0 VERWERFEN
(c) Homogene Koeffizienten für Marktwirtschaften ($\gamma_{1:M}$ und $\gamma_{2:M}$) und Transformationsökonomien ($\gamma_{1:T}$ und $\gamma_{2:T}$) (G. 117)	467.731	4.39 df=(52, 222)	0.0000 ***	H_0 VERWERFEN

*ANMERKUNGEN: Signifikanzniveaus: *** = 0.01; ** = 0.05; *=0.1. Um Verzerrungen der Chow-Tests durch Querschnitts-Heteroskedastizität zu verweiden, wurde gewichtete Schätzer (DT-WLS) eingesetzt. Die Gewichte der einzelnen Querschnittseinheiten basieren auf den Standardfehlern des unrestringierten Modells G. 113 ; Die Stichprobe umfasst 28 Länder und 334 Beobachtungen. Alle Berechnungen wurden mit EViews 5.1 durchgeführt.*

Wenden wir uns deshalb einem weniger stark restringierten Modell als Nullhypothese zu. Die Annahme, dass sich der Zusammenhang zwischen Finanzsektor und Wirtschaftswachstum zwischen Marktwirtschaften und Transformationsökonomien unterscheidet, innerhalb dieser Ländergruppen jedoch gleich ist, wird in G. 117 widergespiegelt:

$$\begin{aligned} H_0: \ln\left({}_{RWU}\tilde{y}_{it}\right) - 0.3\cdot\ln\left({}_{RWU}\tilde{k}_{it}\right) = & \left(\gamma_{1:M}\cdot D_M\cdot{}_K\tilde{\varphi}_{it} - \gamma_{2:M}\cdot D_M\cdot{}_K\tilde{\varphi}_{it}^2\right) + \\ & + \left(\gamma_{1:T}\cdot D_T\cdot{}_K\tilde{\varphi}_{it} - \gamma_{2:T}\cdot D_T\cdot{}_K\tilde{\varphi}_{it}^2\right) + \varepsilon_{it} \end{aligned} \qquad \text{(G. 117)}$$

Hierbei stellt D_M eine Dummy-Variable für Marktwirtschaften dar, D_T eine für Transformationsökonomien. Im Vergleich zu G. 112 vermag die weniger strenge Restriktion die Summe der Abweichungsquadrate kaum zu verringern. Der Chow-Test verwirft die Nullhypothese auf allen Signifikanzniveaus (Tabelle 29 Zeile *c*).

Um herauszufinden, ob überhaupt Gruppen von Ländern existieren, die einen ähnlichen Zusammenhang zwischen Finanzsektor und Wirtschaftswachstum aufweisen, wurde in einem ersten, explorativen Schritt die Punktwolke der länderspezifischen Schätzer des Wachstumseffektes des Finanzsektors untersucht (Abbildung 2).

Abbildung 2: Punktwolke der länderspezifischen Schätzer von γ_1 und γ_2

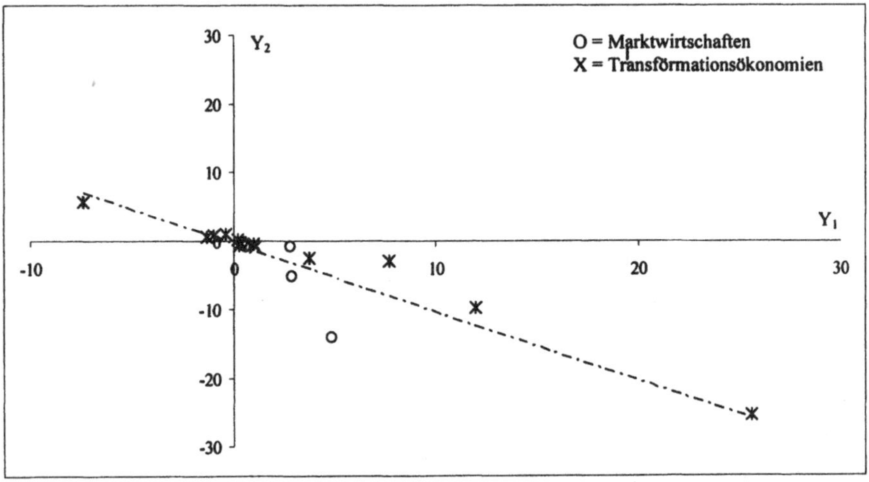

Auf der X-Achse wurden die länderspezifischen Schätzer für γ_1 aufgetragen, auf der Y-Achse jene für γ_2. Betrachtet man die sich ergebende Punktewolke, fallen zwei Dinge auf. Einerseits sind die Schätzer für Marktwirtschaften (gekennzeichnet durch Sterne) und Transformationsökonomien (gekennzeichnet durch Kreise) bunt durchmischt. Dies legt nahe, dass im Hinblick auf den Wachstumseffekt des Finanzsektors die Trennung zwischen Marktwirtschaften und Transformationsökonomien nicht sinnvoll ist. Andererseits sind die länderspezifischen Schätzer nahe um eine Gerade gestreut, wobei die meisten Werte nahe dem Nullpunkt liegen.

Tabelle 30: F-Tests über die Gleichheit der Koeffizienten γ_1 und γ_2 zwischen jeweils zwei Ländern

	Land	γ_1	γ_2	F-Tests über die Gleichheit der Koeffizienten γ_1 und γ_2 zwischen jeweils zwei Ländern																											
				GRUPPE 1	GRUPPE 2		GRUPPE 3	GRUPPE 4	GRUPPE 5		GRUPPE 6	GRUPPE 7												GRUPPE 8							
				AT	UA	SK	HU	UK	SI	RO	PT	NL	FR	FI	IE	GR	EE	CZ	HR	BG	SE	LV	PL	CS	DE	MK	IT	LT	ES	DK	BE
G1	Österreich (AT)	25.605	-25.539																												
G2	Ukraine (UA)	8.911	-14.170	3.676 **																											
	Slowakei (SK)	6.342	-10.154	5.320 ***	0.428																										
G3	Ungarn (HU)	4.883	-14.129	6.799 ***	26.599 ***	6.325 ***																									
G4	Großbritannien (UK)	2.842	-1.031	18.616 ***	5.300 ***	21.393 ***	21.639 ***																								
G5	Slowenien (SI)	2.895	-5.155	5.933 ***	11.559 ***	1.185	7.252 ***	15.849 ***																							
	Rumänien (RO)	2.255	-4.976	4.751 ***	15.511 ***	3.187 **	2.834 *	18.870 ***	1.267																						
G6	Portugal (PT)	1.126	-0.840	3.973 **	15.184 ***	6.678 ***	7.846 ***	35.558 ***	6.365 ***	5.717 ***																					
GRUPPE 7	Niederlande (NL)	1.040	-0.435	5.128 ***	11.378 ***	5.674 ***	6.004 ***	10.264 ***	7.803 ***	4.840 **	14.905 ***																				
	Frankreich (FR)	3.741	-2.572	4.606 **	3.652 **	4.980 ***	6.026 ***	17.716 ***	7.736 ***	4.480 **	7.836 ***	1.973																			
	Finnland (FI)	12.013	-9.813	5.271 ***	3.906 **	5.488 ***	6.548 ***	5.725 ***	8.215 ***	5.085 ***	1.948 '	1.269	0.973																		
	Irland (IE)	0.217	0.056	3.821 **	19.309 ***	4.019 **	4.980 ***	13.789 ***	9.119 ***	3.389 **	16.977 ***	1.312	1.585	1.670																	
	Griechenland (GR)	-0.364	1.000	5.976 ***	18.995 ***	4.959 ***	5.572 ***	14.529 ***	9.256 ***	4.173 **	2.881 *	1.741	2.478 *	1.808	1.3144																
	Estland (EE)	0.737	-0.652	2.347 *	15.194 ***	3.304 **	4.943 ***	11.473 ***	3.907 **	3.055 **	0.567	0.625	1.055	1.648	0.263	0.825															
	Tschechien (CZ)	0.478	-0.255	2.756 *	13.816 ***	4.188 **	4.913 ***	13.754 ***	5.245 ***	3.491 **	0.693	0.799	1.059	1.629	0.052	0.666	0.038														
	Kroatien (HR)	0.223	0.439	2.807 *	7.922 ***	5.644 ***	5.341 ***	9.975 ***	4.902 ***	4.537 **	0.191	0.232	0.879	1.398	0.5500	0.367	0.342	0.479													
	Bulgarien (BG)	0.156	2.183	2.917 *	12.895 ***	3.147 **	5.056 ***	6.664 ***	3.370 **	2.207 '	0.587	0.434	1.189	1.671	0.9946	1.475	0.595	0.643	0.450												
	Schweden (SE)	7.692	-2.980	2.733 *	4.876 ***	3.693 **	5.220 ***	0.696	8.996 ***	3.425 **	13.441 ***	3.324 **	1.810	1.546	0.898	0.658	0.428	0.259	0.118	0.383											
	Lettland (LV)	0.489	-0.218	2.342 *	18.579 ***	2.537 *	3.944 **	12.987 ***	4.552 **	1.270	1.415	0.598	1.002	1.418	0.164	0.658	0.048	0.001	0.028	0.583	0.123										
	Polen (PL)	0.610	-0.834	2.320 '	18.508 ***	2.205 '	4.074 **	15.562 ***	1.873	0.818	2.318 '	1.125	1.171	1.550	0.044	0.268	0.222	0.081	0.196	1.006	0.180	0.067									
GRUPPE 8	Serbien & Mont. (CS)	0.226	-0.224	2.298 '	1.547	0.604	3.147 **	3.557 **	0.157	0.452	0.267	0.364	1.015	1.515	0.019	0.019	0.060	0.045	0.113	0.606	0.124	0.039	0.003								
	Deutschland (DE)	0.393	-0.243	2.632 *	5.709 ***	3.361 **	4.802 ***	21.220 ***	6.857 ***	2.909 *	2.099 '	3.061 **	0.744	1.437	4.017 **	2.105 '	0.041	0.007	0.179	0.491	0.507	0.004	0.022	0.007							
	Mazedonien (MK)	-0.823	0.719	2.566 *	16.327 ***	3.789 **	3.428 **	19.641 ***	3.239 **	1.167	6.202 ***	3.928 **	1.937 '	1.828	1.7886	1.275	2.695 *	1.972 '	1.680	2.671 *	0.145	1.445	1.698	0.205	0.176						
	Italien (IT)	0.273	-0.689	2.663 *	2.924 *	2.474 *	4.188 **	25.396 ***	2.411 *	1.905	7.832 ***	5.172 ***	2.436 *	2.545 *	3.601 **	8.525 ***	0.695	2.464 *	2.520 *	0.940	0.223	0.134	0.025	0.018	0.276	0.044					
	Litauen (LT)	0.076	-3.711	2.781 *	13.416 ***	4.089 **	0.906	8.448 ***	3.466 **	1.839	2.978 *	2.718 *	2.353 *	2.032 '	1.469	0.977	1.957 '	1.575	1.126	2.751 *	0.195	1.842	1.599	0.265	0.484	0.253	0.211				
	Spanien (ES)	-0.934	0.694	2.574 *	9.986 ***	3.504 **	5.232 ***	22.605 ***	7.557 ***	3.091 **	1.153	3.568 **	5.087 ***	3.006 *	3.7695 **	3.391 **	0.662	0.645	1.206	1.339	0.153	0.588	0.475	0.178	0.179	0.011	0.069	0.119			
	Dänemark (DK)	-1.307	0.462	3.334 **	18.757 ***	4.493 **	7.124 ***	13.872 ***	11.531 ***	4.082 **	12.831 ***	3.866 **	3.860 **	4.436 **	4.8222 ***	4.498 **	2.608 *	2.421 *	3.363 **	3.564 **	6.235 ***	2.611 *	2.182 '	0.724	1.805	0.421	0.607	0.023	1.846		
	Belgien (BE)	-7.415	5.657	3.663 **	6.602 ***	4.525 **	6.138 ***	19.536 ***	7.565 ***	4.036 **	2.070 '	4.362 **	4.240 **	3.878 **	3.495 **	4.571 **	1.572	1.659	2.012 '	2.184	1.093	1.529	1.473	1.295	1.265	1.068	1.087	0.760	0.950	2.239	

*ANMERKUNGEN: Signifikanzniveaus: *** = 0.01; ** = 0.05; *=0.10; ' =0.15; F-Statistiken in kursiven Lettern; F-Statistiken testen die Nullhypothese der Gleichheit der Koeffizienten γ_1 und γ_2 zwischen jeweils zwei Ländern gegen die Alternativhypothese der Unterschiedlichkeit der beidern Koeffizienten. Zur Bestimmung der P-Werte weist die F-Verteilung jeweils folgende Freiheitsgrade auf: df=(2, 222). Alle Berechnungen wurden mit EViews 5.1 durchgeführt.*

This table can also be viewed here: https://www.peterlang.com/app/uploads/2024/07/9783631552414_Page_107.pdf

In einem zweiten Schritt wurden die Länder absteigend nach der ersten Hauptkomponente der länderspezifischen Schätzer γ_1 und γ_2 gereiht und F-Tests über die Gleichheit der Koeffizienten γ_1 und γ_2 zwischen jeweils zwei Ländern durchgeführt. Beispielsweise dargestellt anhand des Länderpaares Österreich (AT) und Slowakei (SK) bedeutet dies, dass die Nullhypothese $\gamma_{1:AT} = \gamma_{1:SK}$ und $\gamma_{2:AT} = \gamma_{2:SK}$ gegen die Alternativhypothese $\gamma_{1:AT} \neq \gamma_{1:SK}$ und $\gamma_{2:AT} \neq \gamma_{2:SK}$ getestet wurde.

Da die Reihung der Länder nach der ersten Hauptkomponente einen guten ersten Anhaltspunkt darstellte, jedoch zu keinem gänzlich befriedigenden Ergebnis zu Abgrenzung von Ländergruppen führte, wurde die Länderreihenfolge entsprechend den Ergebnissen der F-Test angepasst. Es ergeben sich acht Ländergruppen (siehe Tabelle30 auf vorhergehender Seite):

Gruppe 1: Österreich
Gruppe 2: Ukraine, Slowakei
Gruppe 3: Ungarn
Gruppe 4: Großbritannien
Gruppe 5: Slowenien, Rumänien
Gruppe 6: Portugal
Gruppe 7: Niederlande, Frankreich, Finnland, Irland, Griechenland, Estland, Tschechien, Kroatien, Bulgarien, Schweden, Lettland, Polen
Gruppe 8: Serbien und Montenegro, Deutschland, Mazedonien, Italien, Litauen, Spanien, Dänemark, Belgien

Durchbrochene schwarze Linien umrahmen jeweils jene Länderpaare, die keinen signifikanten Unterschied in den geschätzten Koeffizienten aufweisen. Durchgezogene schwarze Linien kennzeichnen jene Länderpaare, die im Falle einer eindeutigen Gruppenzuordnung insignifikante F-Statistiken aufweisen sollten. Die sich ergebende Ländergruppierung wird in der folgenden Spezifizierung der Nullhypothese (G. 118) widergespiegelt und gegen das unrestringierte Modell (G. 113) als Alternativhypothese getestet:

$$\begin{aligned}\ln\left({}_{RWU}\tilde{y}_{it}\right)-0.3\cdot\ln\left({}_{RWU}\tilde{k}_{it}\right)= &\left(\gamma_{1:G1}\cdot D_{G1}\cdot{}_K\tilde{\varphi}_{it}-\gamma_{2:G1}\cdot D_{G1}\cdot{}_K\tilde{\varphi}_{it}^2\right)+\\ &+\left(\gamma_{1:G2}\cdot D_{G2}\cdot{}_K\tilde{\varphi}_{it}-\gamma_{2:G2}\cdot D_{G2}\cdot{}_K\tilde{\varphi}_{it}^2\right)+\\ &+\left(\gamma_{1:G3}\cdot D_{G3}\cdot{}_K\tilde{\varphi}_{it}-\gamma_{2:G3}\cdot D_{G3}\cdot{}_K\tilde{\varphi}_{it}^2\right)+\\ &+\left(\gamma_{1:G4}\cdot D_{G4}\cdot{}_K\tilde{\varphi}_{it}-\gamma_{2:G4}\cdot D_{G4}\cdot{}_K\tilde{\varphi}_{it}^2\right)+\\ &+\left(\gamma_{1:G5}\cdot D_{G5}\cdot{}_K\tilde{\varphi}_{it}-\gamma_{2:G5}\cdot D_{G5}\cdot{}_K\tilde{\varphi}_{it}^2\right)+\\ &+\left(\gamma_{1:G6}\cdot D_{G6}\cdot{}_K\tilde{\varphi}_{it}-\gamma_{2:G6}\cdot D_{G6}\cdot{}_K\tilde{\varphi}_{it}^2\right)+\\ &+\left(\gamma_{1:G7}\cdot D_{G7}\cdot{}_K\tilde{\varphi}_{it}-\gamma_{2:G7}\cdot D_{G7}\cdot{}_K\tilde{\varphi}_{it}^2\right)+\\ &+\left(\gamma_{1:G8}\cdot D_{G8}\cdot{}_K\tilde{\varphi}_{it}-\gamma_{2:G8}\cdot D_{G8}\cdot{}_K\tilde{\varphi}_{it}^2\right)+\varepsilon_{it}\end{aligned} \qquad (G.\ 118)$$

Hierbei stellen D_{G1} bis D_{G8} Dummy-Variablen für die acht Ländergruppen dar. Die Nullhypothese wird durch den Chow-Test auf keinem Signifikanzniveau verworfen (siehe Tabelle 31 Spalte und Zeile *Grundmodell*).

Wie sich aus der Abweichung der durchbrochenen von der durchgezogenen schwarzen Linie in Tabelle 30 erkennen lässt, ist die Abgrenzung der Ländergruppen sechs, sieben und acht nicht eindeutig. Zur Überprüfung der getroffenen Ländereinteilung wurde deshalb die Länderzuteilung zwischen den Gruppen sechs, sieben und acht variiert und neuerliche Chow-Tests durchgeführt.

Die Ergebnisse sind in Tabelle 31 dargestellt. Es zeigt sich, dass die ursprünglich getroffene Ländereinteilung den geringste Chow-Testwert aufweist (Tabelle 31 Spalte und Zeile *Grundmodell*) und somit dem unrestringierten Modell (G. 113) am nächsten kommt.

Es folgt daraus, dass sich trotz der Unterschiedlichkeit der Wachstumsimpulse des Finanzsektors zwischen den Ländern 8 Ländergruppen bilden lassen, in denen der Finanzsektor ähnliche Wachstumseffekte auslöst. Dies bedeutet, dass die Koeffizienten des Wachstumseffektes des Finanzsektors innerhalb dieser Gruppen als homogen angenommen werden können. Man läuft nicht Gefahr durch unberücksichtigte Parameterheterögenität verzerrte Schätzergebnisse zu bekommen.

Tabelle 31: Sensitivitätsanalyse der getroffenen Ländereinteilung

	Gruppe 7 plus CS, DE	Gruppe 7 plus CS	GRUNDMODELL	Gruppe 8 plus PL	Gruppe 8 plus PL, LV
Gruppe 7 plus PT	*2.126* *** df=(42, 222)	*2.116* *** df=(42, 222)	*2.115* *** df=(42, 222)	*2.168* *** df=(42, 222)	*2.271* *** df=(42, 222)
GRUND-MODELL	*1.243* df=(40, 222)	*1.025* df=(40, 222)	***1.023*** **df=(40, 222)**	*1.076* df=(40, 222)	*1.184* df=(40, 222)
Gruppe 6 plus NL	*1.939* *** df=(42, 222)	*1.709* *** df=(42, 222)	*1.708* *** df=(42, 222)	*1.768* *** df=(42, 222)	*1.874* *** df=(42, 222)

*ANMERKUNGEN: Signifikanzniveaus: *** = 0.01; ** = 0.05; * = 0.1. Chow-Teststatistik (F-Statistik) in kursiven Lettern. Um Verzerrungen der Chow-Tests durch Querschnitts-Heteroskedastizität zu verweiden, wurde gewichtete Schätzer (DT-WLS) eingesetzt. Die Gewichte der einzelnen Querschnittseinheiten basieren auf den Standardfehlern des unrestringierten Modells G. 113; Die Stichprobe umfasst 28 Länder und 334 Beobachtungen. Alle Berechnungen wurden mit EViews 5.1 durchgeführt.*

5.6. Hypothese 3

Hypothese 3: Der Finanzsektor löst durchwegs positive Wachstumseffekte aus. Er reflektiert nicht nur Entwicklungen des Realsektors, sondern leistet einen eigenständigen Beitrag zum Wirtschaftswachstum.

Das in Kapitel 1 abgeleitete, theoretische Rahmenmodell schlägt vor, dass die über den Produktivitätskanal laufenden Wachstumseffekte des Finanzsektors positiv sind (positiver Koeffizient γ_1), jedoch mit zunehmender Bedeutung des Finanzsektors abnehmen (negativer Koeffizient γ_2). Diese Vorhersage wird empirisch anhand von G. 118 für jede Ländergruppe überprüft. Die Ergebnisse (siehe Tabelle 32 Spalte *a* auf den folgenden Seiten) stützen das theoretische Modell. In allen Ländergruppen bis auf Gruppe 8 hat die Bedeutung des Finanzsektors signifikant positiven Einfluss auf das Wirtschaftswachstum. Wie anhand der signifikant negativen Koeffizienten für $_K\varphi^2$ zu erkennen ist, nimmt der Wachstumseffekt jedoch mit steigender Bedeutung des Finanzsektors ab. Wieder ist der Koeffizient für Gruppe 8 insignifikant.

Zur Vermeidung von Fehlschlüssen aufgrund unberücksichtigter Variablen wurde eine Sensitivitätsanalyse durchgeführt. Es wurden abwechselnd drei zusätzliche Kontrollvariablen (Indikatoren für die Aussenhandelsverflechtung, die Staatsausgaben und Humankapital) in die Schätzung einbezogen.

Zur Konstruktion der Kontrollvariablen wurden – falls nicht anders erwähnt – nominelle Daten in lokaler Währung erhoben. Anschließend wurden diese mit dem BIP-Deflator (DEF, Basisjahr = 2002) deflationiert und mit dem durchschnittlichen Kaufkraftparitäten-Wechselkurs des Jahres 2002 (EXR_PPP_{2002}) in Euro umgerechnet.[51] Eine detaillierte Beschreibung der Basisdaten, deren Quellen sowie allfälliger Datenkonstruktionen findet sich in Appendix I.

(a) *Außenhandelsverflechtung (EXIM)* – Die Außenhandelsverflechtung berechnet sich aus den Exporten (*EXP*) zuzüglich der Importe (*IMP*) eines Landes:

$$EXIM_{it} = [(EXP_{it} + IMP_{it}) / DEF_{it} * 100] * EXR\_PPP_{i,2002} \qquad (G.\ 119)$$

(b) *Staatsausgaben (GOV)* – Die Staatsausgaben berechnen sich aus den Konsumausgaben des öffentlichen Sektors (*GOV*):

$$EXIM_{it} = GOV_{it} / DEF_{it} * 100 * EXR\_PPP_{i,2002} \qquad (G.\ 120)$$

(c) *Humankapital (HK)* – Die Berechnung des Humankapitals basiert auf dem Datensatz von Barro und Lee (2000) und der Methodik von Maddison (1996, 1987).

Die Ergebnisse der Basisschätzung (Tabelle 32 Spalte *a*) bleiben unter Einschluss der Kontrollvariablen weitgehend stabil. Lediglich die Koeffizienten der Gruppen 1 und 3 bewegen sich nach Einschluss der Außenhandelsverflechtung deutlich gegen Null, bleiben jedoch signifikant (siehe Tabelle 32 Spalte *b* und *e*).

Es folgt daraus, dass der Finanzsektor in der Mehrzahl der Länder positive, über den Produktivitätskanal laufende Wachstumseffekte auslöst, die sich jedoch zwischen den Ländergruppen in ihrer Stärke unterscheiden. Dieser positive Wachstumseffekt flacht mit steigender Bedeutung des Finanzsektors im Kapitalallokationsprozess ab. Lediglich in Gruppe 8 (Serbien & Montenegro, Deutschland, Mazedonien, Italien, Litauen, Spanien, Dänemark und Belgien) lässt sich kein signifikanter Zusammenhang nachweisen.

[51] Da für Serbien und Montenegro kein Kaufkraftparitäten-Wechselkurs verfügbar ist, wurden die Daten mit dem durchschnittlichen, nominellen Wechselkurs des Jahres 2002 (EXR_NOM_{2002}) in Euro umgerechnet.

Tabelle 32: Empirische Ergebnisse über den Beitrag der Bedeutung des Finanzsektors zum Wirtschaftswachstum – einfache Schätzung

		Abhängige Variable: *ln* ($_{RWU}y$)-0.3**ln*($_{RWU}k$)				
Unabhängige Variablen		*(a)* WDTLS	*(b)* WDTLS	*(c)* WDTLS	*(d)* WDTLS	*(e)* WDTLS
GRUPPE 1:	$\kappa\varphi$	25.606 **	18.168 *	25.047 **	24.968 **	18.288 *
		(11.070)	*(10.820)*	*(11.130)*	*(11.120)*	*(10.890)*
	$\kappa\varphi^2$	-25.539 **	-18.161 *	-24.987 **	-24.911 **	-18.276 *
		(10.970)	*(10.720)*	*(11.030)*	*(11.020)*	*(10.790)*
GRUPPE 2:	$\kappa\varphi$	8.441 ***	8.359 ***	8.482 ***	8.407 ***	8.414 ***
		(1.044)	*(1.009)*	*(1.048)*	*(1.046)*	*(1.016)*
	$\kappa\varphi^2$	-13.426 ***	-13.298 ***	-13.484 ***	-13.375 ***	-13.379 ***
		(1.728)	*(1.670)*	*(1.733)*	*(1.731)*	*(1.680)*
GRUPPE 3:	$\kappa\varphi$	4.883 ***	3.647 ***	4.722 ***	4.955 ***	3.427 **
		(1.400)	*(1.380)*	*(1.434)*	*(1.406)*	*(1.427)*
	$\kappa\varphi^2$	-14.129 ***	-10.854 **	-13.632 ***	-14.399 ***	-10.147 **
		(4.275)	*(4.194)*	*(4.380)*	*(4.298)*	*(4.348)*
GRUPPE 4:	$\kappa\varphi$	2.842 ***	2.263 ***	2.799 ***	2.867 ***	2.185 ***
		(0.389)	*(0.396)*	*(0.398)*	*(0.391)*	*(0.412)*
	$\kappa\varphi^2$	-1.031 ***	-0.820 ***	-1.014 ***	-1.042 ***	-0.788 ***
		(0.143)	*(0.146)*	*(0.147)*	*(0.144)*	*(0.153)*
GRUPPE 5:	$\kappa\varphi$	2.671 ***	2.569 ***	2.672 ***	2.663 ***	2.573 ***
		(0.480)	*(0.464)*	*(0.480)*	*(0.480)*	*(0.466)*
	$\kappa\varphi^2$	-5.251 ***	-5.209 ***	-5.242 ***	-5.218 ***	-5.241 ***
		(1.000)	*(0.966)*	*(1.001)*	*(1.002)*	*(0.970)*
GRUPPE 6:	$\kappa\varphi$	1.126 ***	1.028 ***	1.124 ***	1.130 ***	1.017 ***
		(0.224)	*(0.218)*	*(0.224)*	*(0.224)*	*(0.219)*
	$\kappa\varphi^2$	0.840 ***	-0.821 ***	-0.837 ***	-0.844 ***	-0.814 ***
		(0.160)	*(0.155)*	*(0.161)*	*(0.161)*	*(0.156)*
GRUPPE 7:	$\kappa\varphi$	0.426 ***	0.365 ***	0.419 ***	0.415 ***	0.372 ***
		(0.083)	*(0.083)*	*(0.086)*	*(0.087)*	*(0.085)*
	$\kappa\varphi^2$	-0.110 *	-0.103 *	-0.105 *	-0.105 *	-0.106 *
		(0.059)	*(0.057)*	*(0.060)*	*(0.059)*	*(0.058)*
GRUPPE 8:	$\kappa\varphi$	-0.061	-0.080	-0.062	-0.060	-0.082
		(0.081)	*(0.079)*	*(0.082)*	*(0.082)*	*(0.079)*
	$\kappa\varphi^2$	0.008	0.007	0.008	0.002	0.015
		(0.036)	*(0.035)*	*(0.036)*	*(0.038)*	*(0.037)*
ln (EXIM)		--	0.051 ***	--	--	0.054 ***
			(0.011)			*(0.012)*
ln (GOV)		--	--	-0.008	--	-0.004
				(0.014)		*(0.014)*
HK		--			*0.011*	-0.013
			--	--	*(0.016)*	*(0.017)*

Tabelle 32 (Fortsetzung):

	Abhängige Variable: $ln\ (_{RWU}y)$-0.3*$ln(_{RWU}k)$									
	(a)		*(b)*		*(c)*		*(d)*		*(e)*	
Unabhängige Variablen	WDTLS		WDTLS		WDTLS		WDTLS		WDTLS	
Beobachtungen	334		334		334		334		334	
Länder	28		28		28		28		28	
Wald-Test aller erklärenden Variablen (χ2-Statistik)	300.100 df=(16)	***	342.300 df=(17)	***	299.700 df=(17)	***	300.000 df=(17)	***	341.300 df=(19)	***

*ANMERKUNGEN: Signifikanzniveaus: *** = 0.01; ** = 0.05; *=0.1. Standardfehler in Klammern unter Schätzern. $_{RWU}y$ = Bruttowertschöpfung des nichtfinanziellen Privatsektors pro Beschäftigtem; $_{RWU}k$ = Kapitalstock des nichtfinanziellen Privatsektors pro Beschäftigtem; $_{K}\varphi$ = inländische Finanzaktiva des Banksektors, des Aktien- und des Anleihenmarktes gegenüber dem nichtfinanziellen Privatsektor als Prozentsatz des Kapitalstocks des nichtfinanziellen Privatsektors; EXIM = Außenhandel (Exporte plus Importe); GOV = Konsumausgaben des öffentlichen Sektors; HK = Humankapital; WDTLS = "(Cross Section) Weighted Detrended Least Squares"-Schätzung; alle Schätzungen wurden mit Ox 3.20 mit dem Zusatzpaket DPD 1.21 durchgeführt.*

LÄNDERGRUPPEN

Gruppe 1: Österreich
Gruppe 2: Ukraine, Slowakei
Gruppe 3: Ungarn
Gruppe 4 Großbritannien
Gruppe 5: Slowenien, Rumänien
Gruppe 6: Portugal
Gruppe 7: Niederlande, Frankreich, Finnland, Irland, Griechenland, Estland, Tschechien, Kroatien, Bulgarien, Schweden, Lettland, Polen
Gruppe 8: Serbien und Montenegro, Deutschland, Mazedonien, Italien, Litauen, Spanien, Dänemark, Belgien

Da die erhaltenen Schätzergebnisse durch Endogenitätsprobleme verzerrt sein können – dies ist insbesondere der Fall, wenn nicht nur das Wirtschaftswachstum eine Funktion des Finanzsektors, sondern auch die Ausprägung des Finanzsektors eine Funktion des Wirtschaftswachstums ist – werden Instrumentalvariablenschätzungen samt Sensitivitätsanalyse durchgeführt. Als Instrumente wurden jeweils zwei Lags der erklärenden Variablen eingesetzt. Dies erlaubt den exogenen, unverzerrten Wachstumsbeitrag der Bedeutung des Finanzsektors zu erhalten. Die Ergebnisse werden in Tabelle 33 (siehe auf den folgenden Seiten) abgebildet.

Der Sargan-Test verwirft für keine der Schätzungen die Nullhypothese der Exogenität der Instrumente. Im Vergleich zu den Ergebnissen der einfachen Schätzung (Tabelle 32) fallen zwei Dinge ins Auge. Erstens liegen die geschätzten Parameter für Gruppe 1 (Österreich) deutlich näher Null und verlieren ihre Signifikanz. Zweitens verliert in Gruppe 7 der Koeffizient für $_{K}\varphi^2$ seine Signifikanz, behält aber das richtige Vorzeichen bei.

Trotz dieser Änderungen können die Ergebnisse der einfachen Schätzung als weitgehend bestätigt angesehen werden. Der Finanzsektor leistet einen exogenen, positiven Beitrag zum Wirtschaftswachstum in der Mehrzahl der Länder.

Tabelle 33: Empirische Ergebnisse über den Beitrag der Bedeutung des Finanzsektors zum Wirtschaftswachstum – Instrumentalvariablenschätzung

		Abhängige Variable: $\ln({}_{RWÜ}y)-0.3*\ln({}_{RWÜ}k)$				
Unabhängige Variablen		*(a)* WDTIVLS	*(b)* WDTIVLS	*(c)* WDTIVLS	*(d)* WDTIVLS	*(e)* WDTIVLS
GRUPPE 1:	$\kappa\varphi$	1.747	2.020	2.214	7.849	5.077
		(24.370)	*(23.370)*	*(24.700)*	*(24.160)*	*(23.240)*
	$\kappa\varphi^2$	-1.418	-1.824	-1.852	-7.517	-4.871
		(24.320)	*(23.310)*	*(24.640)*	*(24.100)*	*(23.180)*
GRUPPE 2:	$\kappa\varphi$	8.721 ***	8.599 ***	8.625 ***	8.645 ***	8.879 ***
		(1.903)	*(1.824)*	*(1.946)*	*(1.901)*	*(1.837)*
	$\kappa\varphi^2$	-13.830 ***	-13.645 ***	-13.707 ***	-13.711 ***	-14.103 ***
		(3.096)	*(2.967)*	*(3.162)*	*(3.092)*	*(2.985)*
GRUPPE 3:	$\kappa\varphi$	7.577 ***	6.356 ***	8.273 ***	7.816 ***	6.061 ***
		(1.857)	*(1.958)*	*(2.024)*	*(1.868)*	*(2.139)*
	$\kappa\varphi^2$	-22.770 ***	-19.681 ***	-24.802 ***	-23.502 ***	-18.855 ***
		(5.616)	*(5.816)*	*(6.123)*	*(5.679)*	*(6.402)*
GRUPPE 4:	$\kappa\varphi$	2.972 ***	2.502 ***	3.213 ***	3.031 ***	2.486 ***
		(0.501)	*(0.556)*	*(0.536)*	*(0.512)*	*(0.614)*
	$\kappa\varphi^2$	-1.072 ***	-0.903 ***	-1.165 ***	-1.093 ***	-0.889 ***
		(0.179)	*(0.200)*	*(0.195)*	*(0.184)*	*(0.225)*
GRUPPE 5:	$\kappa\varphi$	3.897 ***	3.845 ***	3.926 ***	3.888 ***	3.897 ***
		(0.710)	*(0.682)*	*(0.719)*	*(0.709)*	*(0.680)*
	$\kappa\varphi^2$	-7.074 ***	-7.095 ***	-7.172 ***	-7.011 ***	-7.212 ***
		(1.345)	*(1.288)*	*(1.363)*	*(1.346)*	*(1.290)*
GRUPPE 6:	$\kappa\varphi$	1.119 ***	1.028 ***	1.153 ***	1.132 ***	1.024 ***
		(0.250)	*(0.245)*	*(0.253)*	*(0.250)*	*(0.245)*
	$\kappa\varphi^2$	-0.840 ***	-0.807 ***	-0.873 ***	-0.852 ***	-0.816 ***
		(0.180)	*(0.174)*	*(0.183)*	*(0.180)*	*(0.174)*
GRUPPE 7:	$\kappa\varphi$	0.404 **	0.342 **	0.481 ***	0.396 **	0.381 **
		(0.174)	*(0.166)*	*(0.158)*	*(0.174)*	*(0.154)*
	$\kappa\varphi^2$	-0.061	-0.039	-0.118	-0.055	-0.073
		(0.129)	*(0.121)*	*(0.110)*	*(0.128)*	*(0.103)*
GRUPPE 8:	$\kappa\varphi$	0.037	0.014	0.024	0.052	0.031
		(0.143)	*(0.136)*	*(0.145)*	*(0.144)*	*(0.138)*
	$\kappa\varphi^2$	-0.062	-0.059	-0.059	-0.075	-0.057
		(0.069)	*(0.065)*	*(0.069)*	*(0.077)*	*(0.073)*
ln (EXIM)		--	0.040 *	--	--	0.050 **
			(0.023)			*(0.024)*
ln (GOV)		--	--	0.037	--	0.018
				(0.029)		*(0.027)*
HK		--	--	--	*0.020*	-0.001
					(0.027)	*(0.027)*

Tabelle 33 (Fortsetzung):

	Abhängige Variable: *ln* $(_{RWU}y)$-0.3**ln*$(_{RWU}k)$									
Unabhängige Variablen	*(a)* WDTIVLS		*(b)* WDTIVLS		*(c)* WDTIVLS		*(d)* WDTIVLS		*(e)* WDTIVLS	
Beobachtungen	278		278		278		278		278	
Länder	28		28		28		28		28	
Wald-Test aller erklärenden Variablen ($\chi 2$-Statistik)	179.700	***	204.800	***	179.700	***	183.400	***	211.900	***
	df=(16)		df=(17)		df=(17)		df=(17)		df=(19)	
Sargan-Test (χ^2-Statistik)	9.190		13.130		11.820		14.300		26.480	
	df=(16)		df=(17)		df=(17)		df=(17)		df=(19)	

*ANMERKUNGEN: Signifikanzniveaus: *** = 0.01; ** = 0.05; *=0.1. Standardfehler in Klammern unter Schätzern.* $_{RWU}y$ *= Bruttowertschöpfung des nichtfinanziellen Privatsektors pro Beschäftigtem;* $_{RWU}k$ *= Kapitalstock des nichtfinanziellen Privatsektors pro Beschäftigtem;* $_{K}\varphi$ *= inländische Finanzaktiva des Banksektors, des Aktien- und des Anleihenmarktes gegenüber dem nichtfinanziellen Privatsektor als Prozentsatz des Kapitalstocks des nichtfinanziellen Privatsektors; EXIM = Außenhandel (Exporte plus Importe); GOV = Konsumausgaben des öffentlichen Sektors; HK = Humankapital; WDTIVLS = "(Cross Section) Weighted Detrended Instrumental Variable Least Squares"-Schätzung; als Instrumente wurden zwei Lags der unabhängigen Variablen eingeschlossen, alle Schätzungen wurden mit Ox 3.20 mit dem Zusatzpaket DPD 1.21 durchgeführt.*

LÄNDERGRUPPEN

Gruppe 1: Österreich
Gruppe 2: Ukraine, Slowakei
Gruppe 3: Ungarn
Gruppe 4: Großbritannien
Gruppe 5: Slowenien, Rumänien
Gruppe 6: Portugal
Gruppe 7: Niederlande, Frankreich, Finnland, Irland, Griechenland, Estland, Tschechien, Kroatien, Bulgarien, Schweden, Lettland, Polen
Gruppe 8: Serbien und Montenegro, Deutschland, Mazedonien, Italien, Litauen, Spanien, Dänemark, Belgien

5.7. Hypothese 4

Hypothese 4: Der Finanzsektor induziert langfristige Wachstumseffekte

Insbesondere aus wirtschaftspolitischer Sicht interessiert, ob Veränderungen der Bedeutung des Finanzsektors kurzfristige oder langfristige Wachstumseffekte auslösen.

Die Fristigkeit der induzierten Wachstumseffekte wird mit Hilfe einer Erweiterung von Schätzgleichung G. 118 zu einem „parial adjustment"-Modell (vgl. Kapitel 2.3) und Hinzufügung der Außenhandelsverflechtung als erklärende Variable überprüft (siehe folgende Seite):

$$\begin{aligned}\ln\left({}_{RWU}\tilde{y}_{it}\right)-0.3\cdot\ln\left({}_{RWU}\tilde{k}_{it}\right)&=\theta\cdot\left(\gamma_{1:G1}\cdot D_{G1}\cdot{}_K\tilde{\varphi}_{it}-\gamma_{2:G1}\cdot D_{G1}\cdot\tilde{\varphi}_{it}^2\right)+\\&+\theta\cdot\left(\gamma_{1:G2}\cdot D_{G2}\cdot{}_K\tilde{\varphi}_{it}-\gamma_{2:G2}\cdot D_{G2}\cdot{}_K\tilde{\varphi}_{it}^2\right)+\\&+\theta\cdot\left(\gamma_{1:G3}\cdot D_{G3}\cdot{}_K\tilde{\varphi}_{it}-\gamma_{2:G3}\cdot D_{G3}\cdot{}_K\tilde{\varphi}_{it}^2\right)+\\&+\theta\cdot\left(\gamma_{1:G4}\cdot D_{G4}\cdot{}_K\tilde{\varphi}_{it}-\gamma_{2:G4}\cdot D_{G4}\cdot{}_K\tilde{\varphi}_{it}^2\right)+\\&+\theta\cdot\left(\gamma_{1:G5}\cdot D_{G5}\cdot{}_K\tilde{\varphi}_{it}-\gamma_{2:G5}\cdot D_{G5}\cdot{}_K\tilde{\varphi}_{it}^2\right)+\\&+\theta\cdot\left(\gamma_{1:G6}\cdot D_{G6}\cdot{}_K\tilde{\varphi}_{it}-\gamma_{2:G6}\cdot D_{G6}\cdot{}_K\tilde{\varphi}_{it}^2\right)+\\&+\theta\cdot\left(\gamma_{1:G7}\cdot D_{G7}\cdot{}_K\tilde{\varphi}_{it}-\gamma_{2:G7}\cdot D_{G7}\cdot{}_K\tilde{\varphi}_{it}^2\right)+\\&+\theta\cdot\left(\gamma_{1:G8}\cdot D_{G8}\cdot{}_K\tilde{\varphi}_{it}-\gamma_{2:G8}\cdot D_{G8}\cdot{}_K\tilde{\varphi}_{it}^2\right)+\\&+\theta\cdot\omega\cdot EXIM_{it}+\\&+(1-\theta)\cdot\left[\ln\left({}_{RWU}\tilde{y}_{i,t-1}\right)-0.3\cdot\ln\left({}_{RWU}\tilde{k}_{i,t-1}\right)\right]\\&+\theta\cdot\varepsilon_{it}\end{aligned}\qquad (G.\ 121)$$

Hierbei stellt (1- θ) den Anpassungsparameter dar, der $0<(1-\theta)\leq 1$ sein sollte. Ein Wert von (1- θ) nahe Null bedeutet, dass bei Veränderung der erklärenden Variablen eine schnelle Anpassung an das Gleichgewichtsniveau erfolgt; es werden kurzfristige Wachstumseffekte ausgelöst. Ein Wert von (1- θ) nahe Eins bedeutet, dass bei Veränderung der erklärenden Variablen eine langsame Anpassung an das Gleichgewichtsniveau erfolgt; es werden langfristige Wachstumseffekte ausgelöst.

Wie in Kapitel 2.5 dargestellt, sind dynamische LSDV-Schätzer, FELS-Schätzer und DTLS-Schätzer[52] in Panelen mit relativ kurzer Zeitdimension und relativ vielen Querschnittseinheiten inkonsistent. Anderson und Hsiao (1981) schlagen vor, das Ausgangsmodell in ersten Differenzen zu schätzen. Die verzögerte abhängige Variable $\left[\Delta\ln\left({}_{RWU}\tilde{y}_{i,t-1}\right)-0.3\cdot\Delta\ln\left({}_{RWU}\tilde{k}_{i,t-1}\right)\right]$ wird mit verzögerten Niveaus instrumentiert $\left[\ln\left({}_{RWU}\tilde{y}_{i,t-2}\right)-0.3\cdot\ln\left({}_{RWU}\tilde{k}_{i,t-2}\right)\right]$. Die erhaltenen Ergebnisse des „Anderson und Hsiao (1981)“-Schätzers (AH-LEV) sind konsistent, solange der Störterm des Ausgangsmodells in Niveaus nicht autokorreliert ist. Ist diese Bedingung erfüllt, zeigen die Residuen des differenzierten Modells negative Autokorrelation erster Ordnung und sind frei von Autokorrelation zweiter Ordnung. Obwohl konsistent, sind die Ergebnisse des „Anderson und Hsiao (1981)“-Schätzers nicht notwendigerweise effizient.

Arellano und Bond (1991) schlagen deshalb einen GMM-Schätzer in ersten Differenzen (GMM-DIFF) vor, der einerseits erlaubt, weitere Lags der abhängigen Variablen als Instrumente einzusetzen und andererseits alle Momentbedingungen $\left(E\left\{\left[\ln\left({}_{RWU}\tilde{y}_{i,t-s}\right)-0.3\cdot\ln\left({}_{RWU}\tilde{k}_{i,t-s}\right)\right]\left(\varepsilon_{i,t}-\varepsilon_{i,t-s}\right)\right\}=0, s\geq 2\right)$ ausnützt. Wie im Fall des „Anderson und Hsiao (1981)“-Schätzers ist die Freiheit des Niveaustörterms von Autokorrelation Voraussetzung für die Konsistenz des Schätzers.

Wie Blundell und Bond (1998) anmerken, sind die verzögerten Niveaus der abhängigen Variablen oft schwache Instrumente, inbesondere wenn starke Autokorrelation bzw. Integriertheit der abhängigen Variablen vorliegt. Um die Konsistenz und Effizienz des Schätzers weiter zu steigern, schlagen Blundell und Bond (1998) einen GMM-System-Schätzer vor (GMM-SYS), der die Schätzung in Differenzen um eine Schätzung in Niveaus ergänzt, wobei die verzögerte

[52] LSDV = „Least Square Dummy Variable“-Schätzer; FELS = “Fixed Effects Least Square“-Schätzer; DTLS = “Detrended Least Squares“-Schätzer.

abhängige Variable mit verzögerten Differenzen instrumentiert wird. Dies basiert auf der Annahme, dass $E\{\mu_i \cdot \Delta[\ln({}_{RWU}\tilde{y}_{i,2}) - 0.3 \cdot \ln({}_{RWU}\tilde{k}_{i,2})]\} = 0$ für alle Querschnittseinheiten gilt. Zusammen mit den Basisannahmen des GMM-Difference-Schätzers ergibt dies die zusätzliche Momentbedingung $E\{(\mu_i + \varepsilon_{it}) \cdot \Delta[\ln({}_{RWU}\tilde{y}_{i,t-1}) - 0.3 \cdot \ln({}_{RWU}\tilde{k}_{i,t-1})]\} = 0$ für t = 3, 4, ..., T und alle Querschnittseinheiten.

Die dynamische Schätzgleichung G. 121 wurde mit allen vier Schätzern untersucht. Die unabhängigen Variablen wurden wiederum mit zwei Lags instrumentiert. Die Ergebnisse sind in Tabelle 34 (siehe folgende Seiten) abgebildet.

Der DYN-WDTIVLS-Schätzer (Tabelle 34 Spalte *a*) bestätigt die Ergebnisse über den Wachstumsbeitrag des Finanzsektors aus der Instrumentalvariablenschätzung (Tabelle 33). Der Einfluss der Außenhandelsverflechtung wird insignifikant. Der Koeffizient der verzögerten abhängigen Variablen ist nahe Null und insignifikant. Wie schon eingangs angemerkt, ergeben DYN-DTLS-Schätzer und damit auch der DYN-WDTIVLS-Schätzer verzerrte Ergebnisse.

Der „Anderson-Hsiao (1981)"-Schätzer (WAH-LEV, Tabelle 34 Spalte *b*) erfüllt die für die Gültigkeit der Instrumente notwendige Voraussetzung, dass die Residuen des Modells in Niveaus keine Autokorrelation aufweisen. Der Sargan-Test verwirft nicht die Validität der Instrumente. Wie im Fall des DYN-WDTIVLS-Schätzers ist der Koeffizient des verzögerten Abhängigen nahe Null und insignifikant. Obwohl potentiell unverzerrt, ist die relative Ineffizienz des Schätzers aus den im Vergleich zu den anderen Schätzern drastisch höheren Standardfehlern der Koeffizienten zu erkennen.

Der „Arellano und Bond (1991)"-Schätzer (WGMM-DIFF, Tabelle 34 Spalte *c*) und der „Blundell und Bond (1998)"-Schätzer (WGMM-SYS, Tabelle 34 Spalte *d*) verbessern die Effizienz der Schätzung deutlich. Die negative Autokorrelation 1. Ordnung der Residuen in Differenzen sowie die Abwesenheit von Autokorrelation 2. Ordnung weisen auf die Unkorreliertkeit der Residuen in Niveaus und damit auf die Konsistenz der Schätzer hin. Der Sargan-Test verwirft nicht die Validität der Instrumente. Im Unterschied zu den Ergebnissen in den Spalten *(a)* und *(b)* wird der Koeffizient der verzögerten abhängigen Variablen signifikant. Mit Werten von 0.164 (in der WGMM-DIFF-Schätzung) bzw. 0.181 (in der WGMM-SYS-Schätzung) bleibt der Koeffizient der verzögerten abhängigen Variablen nahe Null. Dies deutet darauf hin, dass der Finanzsektor kurzfristige Wachstumseffekte auslöst. Die Vorzeichen und die Signifikanzmuster der übrigen Koeffizienten stützen die statischen Schätzergebnisse. Lediglich die Koeffizienten von Gruppe 1 (Österreich) wechseln das Vorzeichen. Sie bleiben aber weiterhin insignifikant.

Daraus folgt, dass der Finanzsektor vornehmlich kurzfristige Wachstumseffekte induziert.

Tabelle 34: Empirische Ergebnisse über den Beitrag der Bedeutung des Finanzsektors zum Wirtschaftswachstum – „partial adjustment"-Modell

Unabhängige Variablen		Abhängige Variable: $ln\ ({}_{RWU}y)$-0.3*$ln({}_{RWU}k)$			
		(a) DYN-WDTIVLS	(b) WAH-LEV	(c) WGMM-DIFF	(d) WGMM-SYS
GRUPPE 1:	$\kappa\varphi$	3.006	7.578	-21.215	-33.452
		(22.790)	*(22.090)*	*(33.220)*	*(47.910)*
	$\kappa\varphi^2$	-2.863	-7.648	20.746	32.924
		(22.730)	*(21.880)*	*(33.010)*	*(47.480)*
GRUPPE 2:	$\kappa\varphi$	6.445 ***	13.660 *	7.901 ***	8.014 ***
		(1.543)	*(7.121)*	*(2.357)*	*(2.739)*
	$\kappa\varphi^2$	-10.147 ***	-22.759 *	-11.364 ***	-11.286 **
		(2.526)	*(11.880)*	*(3.943)*	*(4.960)*
GRUPPE 3:	$\kappa\varphi$	6.445 ***	13.660 *	7.901 ***	8.014 ***
		(1.543)	*(7.121)*	*(2.357)*	*(2.739)*
	$\kappa\varphi^2$	-20.039 ***	-45.019 **	-27.622 ***	-28.113 ***
		(4.524)	*(20.100)*	*(7.575)*	*(10.310)*
GRUPPE 4:	$\kappa\varphi$	2.351 ***	1.810 **	1.368 *	1.772 **
		(0.556)	*(0.889)*	*(0.744)*	*(0.734)*
	$\kappa\varphi^2$	-0.851 ***	-0.636 *	-0.541 **	-0.648 **
		(0.199)	*(0.333)*	*(0.269)*	*(0.268)*
GRUPPE 5:	$\kappa\varphi$	3.570 ***	6.579 ***	3.219 **	2.717 ***
		(0.715)	*(2.522)*	*(1.296)*	*(1.036)*
	$\kappa\varphi^2$	-6.756 ***	-11.761 ***	-6.249 **	-4.863 **
		(1.296)	*(3.905)*	*(2.632)*	*(2.318)*
GRUPPE 6:	$\kappa\varphi$	0.917 ***	0.747 *	0.445	0.736 *
		(0.261)	*(0.404)*	*(0.397)*	*(0.426)*
	$\kappa\varphi^2$	-0.730 ***	-0.635 **	-0.546 *	-0.686 **
		(0.184)	*(0.275)*	*(0.282)*	*(0.265)*
GRUPPE 7:	$\kappa\varphi$	0.334 **	0.471	0.568 **	0.705 **
		(0.162)	*(0.560)*	*(0.277)*	*(0.336)*
	$\kappa\varphi^2$	-0.058	-0.201	-0.283	-0.292
		(0.120)	*(0.320)*	*(0.190)*	*(0.206)*
GRUPPE 8:	$\kappa\varphi$	0.029	0.698	0.240	-0.027
		(0.132)	*(0.956)*	*(0.366)*	*(0.417)*
	$\kappa\varphi^2$	-0.063	-0.557	-0.213	-0.061
		(0.064)	*(0.565)*	*(0.188)*	*(0.198)*
ln (EXIM)		*0.035*	0.101 *	*0.107* ***	*0.062* **
		(0.023)	*(0.059)*	*(0.030)*	*(0.025)*
ln $({}_{RWU}y_{-1})$-0.3*$ln({}_{RWU}k_{-1})$		*0.109*	*0.093*	*0.164* *	*0.181* *
		(0.107)	*(0.206)*	*(0.087)*	*(0.107)*

Tabelle 34 (Fortsetzung):

Unabhängige Variablen	Abhängige Variable: $ln\ ({}_{RWU}y)-0.3*ln({}_{RWU}k)$							
	(a) DYN-WDTIVLS		*(b)* WAH-LEV		*(c)* WGMM-DIFF		*(d)* WGMM-SYS	
Beobachtungen	278		250		250		278	
Länder	28		28		28		28	
Wald-Test aller erklärenden Variablen ($\chi 2$-Statistik)	207.400 df=(17)	***	122.200 df=(17)	***	275.900 df=(17)	***	525.400 df=(17)	***
AR(1)-Test [N(0,1)]	1.184		-2.053	**	-3.955	***	-3.324	***
AR(2)-Test [N(0,1)]	-1.976	**	-0.429		-0.394		-0.267	
Sargan-Test (χ^2-Statistik)	10.750 df=(15)		4.330 df=(16)		44.070 df=(39)		59.710 df=(50)	

*ANMERKUNGEN: ANMERKUNGEN: Signifikanzniveaus: *** = 0.01; ** = 0.05; *=0.1. Standardfehler in Klammern unter Schätzern. $_{RWU}y$ = Bruttowertschöpfung des nichtfinanziellen Privatsektors pro Beschäftigtem; $_{RWU}k$ = Kapitalstock des nichtfinanziellen Privatsektors pro Beschäftigtem; $_{K}\varphi$ = inländische Finanzaktiva des Banksektors, des Aktien- und des Anleihenmarktes gegenüber dem nichtfinanziellen Privatsektor als Prozentsatz des Kapitalstocks des nichtfinanziellen Privatsektors; EXIM = Außenhandel (Exporte plus Importe); DYN-WDTIVLS = "Dynamic (Cross Section) Weighted Detrended Instrumental Variable Least Squares"-Schätzung; AH-LEV = "(Cross Section) Weighted Anderson und Hsiao (1981) Least Squares"-Schätzung in ersten Differenzen unter Einsatz von Niveauinstrumenten; WGMM-DIFF = "(Cross Section) Weighted Arellano und Bond (1991) GMM"-Schätzung in ersten Differenzen; WGMM-SYS = "(Cross Section) Weighted Blundell und Bond (1998) GMM"-Schätzung in ersten Differenzen und Niveaus; als Instrumente wurden zwei Lags der unabhängigen Variablen eingeschlossen, alle Schätzungen wurden mit Ox 3.20 mit dem Zusatzpaket DPD 1.21 durchgeführt.*

LÄNDERGRUPPEN

Gruppe 1: Österreich
Gruppe 2: Ukraine, Slowakei
Gruppe 3: Ungarn
Gruppe 4: Großbritannien
Gruppe 5: Slowenien, Rumänien
Gruppe 6: Portugal
Gruppe 7: Niederlande, Frankreich, Finnland, Irland, Griechenland, Estland, Tschechien, Kroatien, Bulgarien, Schweden, Lettland, Polen
Gruppe 8 Serbien und Montenegro, Deutschland, Mazedonien, Italien, Litauen, Spanien, Dänemark, Belgien

5.8. Simulation der Wachstumseffekte der Bedeutung des Finanzsektors im Kapitalallokationsprozess für das Jahr 2002

Aufbauend auf den Ergebnissen der bisherigen empirischen Untersuchung simuliert dieses Unterkapitel die länderspezifischen Wachstumseffekte des Finanzsektors für das Jahr 2002 und leitet das länderspezifische, makroökonomisch effiziente Niveau der Bedeutung des Finanzsektors ab. Dabei konzentrieren wir uns auf den Gesamtwachstumseffekt des Finanzsektors, der sowohl positive, über den Produktivitätskanal laufende als auch negative, über den Faktorakkumulationskanal laufende Wachstumsimpulse einschließt.

Ausgangspunkt für die Simulation ist die zur Analyse von Hypothese 3 eingesetzte dynamische Schätzgleichung G. 121. Nach Rückformung in die extensive Gleichgewichtsform ergibt sich für das Jahr 2002:

$$\begin{aligned}
\ln\left({}_{RWU}Y_{i,2002}\right) = {} & \ln\left({}_{RWU}\overline{Y}_{i,2002}\right) + \frac{\gamma_{1:G1}}{\theta}\cdot D_{G1}\cdot\left({}_{K}\varphi_{i,2002} - {}_{K}\overline{\varphi}_{i,2002}\right) - \frac{\gamma_{2:G1}}{\theta}\cdot D_{G1}\cdot\left({}_{K}\varphi^2_{i,2002} - {}_{K}\overline{\varphi}^2_{i,2002}\right) + \\
& + \frac{\gamma_{1:G2}}{\theta}\cdot D_{G2}\cdot\left({}_{K}\varphi_{i,2002} - {}_{K}\overline{\varphi}_{i,2002}\right) - \frac{\gamma_{2:G2}}{\theta}\cdot D_{G2}\cdot\left({}_{K}\varphi^2_{i,2002} - {}_{K}\overline{\varphi}^2_{i,2002}\right) + \\
& + \frac{\gamma_{1:G3}}{\theta}\cdot D_{G3}\cdot\left({}_{K}\varphi_{i,2002} - {}_{K}\overline{\varphi}_{i,2002}\right) - \frac{\gamma_{2:G3}}{\theta}\cdot D_{G3}\cdot\left({}_{K}\varphi^2_{i,2002} - {}_{K}\overline{\varphi}^2_{i,2002}\right) + \\
& + \frac{\gamma_{1:G4}}{\theta}\cdot D_{G4}\cdot\left({}_{K}\varphi_{i,2002} - {}_{K}\overline{\varphi}_{i,2002}\right) - \frac{\gamma_{2:G4}}{\theta}\cdot D_{G4}\cdot\left({}_{K}\varphi^2_{i,2002} - {}_{K}\overline{\varphi}^2_{i,2002}\right) + \\
& + \frac{\gamma_{1:G5}}{\theta}\cdot D_{G5}\cdot\left({}_{K}\varphi_{i,2002} - {}_{K}\overline{\varphi}_{i,2002}\right) - \frac{\gamma_{2:G5}}{\theta}\cdot D_{G5}\cdot\left({}_{K}\varphi^2_{i,2002} - {}_{K}\overline{\varphi}^2_{i,2002}\right) + \\
& + \frac{\gamma_{1:G6}}{\theta}\cdot D_{G6}\cdot\left({}_{K}\varphi_{i,2002} - {}_{K}\overline{\varphi}_{i,2002}\right) - \frac{\gamma_{2:G6}}{\theta}\cdot D_{G6}\cdot\left({}_{K}\varphi^2_{i,2002} - {}_{K}\overline{\varphi}^2_{i,2002}\right) + \\
& + \frac{\gamma_{1:G7}}{\theta}\cdot D_{G7}\cdot\left({}_{K}\varphi_{i,2002} - {}_{K}\overline{\varphi}_{i,2002}\right) - \frac{\gamma_{2:G7}}{\theta}\cdot D_{G7}\cdot\left({}_{K}\varphi^2_{i,2002} - {}_{K}\overline{\varphi}^2_{i,2002}\right) + \\
& + \frac{\gamma_{1:G8}}{\theta}\cdot D_{G8}\cdot\left({}_{K}\varphi_{i,2002} - {}_{K}\overline{\varphi}_{i,2002}\right) - \frac{\gamma_{2:G8}}{\theta}\cdot D_{G8}\cdot\left({}_{K}\varphi^2_{i,2002} - {}_{K}\overline{\varphi}^2_{i,2002}\right) + \\
& + 0.3\cdot\ln\left({}_{RWU}\widetilde{K}_{i,2002}\right) + 0.7\cdot\ln\left({}_{RWU}\widetilde{L}_{i,2002}\right) + \\
& + \frac{\omega}{\theta}\cdot\widetilde{EXIM}_{i,2002} + \varepsilon_{i,2002}
\end{aligned} \qquad (G.\ 122)$$

Hierbei ist $\ln\left({}_{RWU}\overline{Y}_{i,2002}\right) = \ln\left({}_{RWU}Y_{i,2002}\right) - \ln\left({}_{RWU}\widetilde{Y}_{i,2002}\right)$, ${}_{K}\overline{\varphi}_{i,2002} = {}_{K}\varphi_{i,2002} - {}_{K}\widetilde{\varphi}_{i,2002}$ und ${}_{K}\overline{\varphi}^2_{i,2002} = {}_{K}\varphi^2_{i,2002} - {}_{K}\widetilde{\varphi}^2_{i,2002}$ (vgl. Kapitel 5.5). Um gemäß dem theoretischen Rahmenmodell auch den negativen, über den Faktorakkumulationskanal zu berücksichtigen wird $\ln\left({}_{RWU}\widetilde{L}_{i,2002}\right)$ ersetzt durch:

$$\ln\left({}_{RUW}\widetilde{L}_{i,2002}\right) = \ln\left(L_{i,2002} - \varphi_{i,2002}\cdot\phi_{i,2002}\cdot{}_{RWU}K_{i,2002}\right) - \ln\left({}_{RWU}\overline{L}_{i,2002}\right) \qquad (G.\ 123)$$

Nach Einsetzen der Parameter der dynamischen WGMM-SYS-Schätzung (Tabelle 34 Spalte *d*) ergibt sich schließlich die Simulationsgleichung:

$$
{}_{RWU}\dot{Y}_{i,2002} = \exp\left\{\begin{array}{l}
\ln\left({}_{RWU}\overline{Y}_{i,2002}\right) - 40.868 \cdot D_{G1} \cdot \left({}_K\dot{\varphi}_i - {}_K\overline{\varphi}_{i,2002}\right) + 40.223 \cdot D_{G1} \cdot \left({}_K\dot{\varphi}_i^2 - {}_K\overline{\varphi}_{i,2002}^2\right) + \\
+ 9.790 \cdot D_{G2} \cdot \left({}_K\dot{\varphi}_i - {}_K\overline{\varphi}_{i,2002}\right) - 13.789 \cdot D_{G2} \cdot \left({}_K\dot{\varphi}_i^2 - {}_K\overline{\varphi}_{i,2002}^2\right) + \\
+ 9.790 \cdot D_{G3} \cdot \left({}_K\dot{\varphi}_i - {}_K\overline{\varphi}_{i,2002}\right) - 34.345 \cdot D_{G3} \cdot \left({}_K\dot{\varphi}_i^2 - {}_K\overline{\varphi}_{i,2002}^2\right) + \\
+ 2.165 \cdot D_{G4} \cdot \left({}_K\dot{\varphi}_i - {}_K\overline{\varphi}_{i,2002}\right) - 0.792 \cdot D_{G4} \cdot \left({}_K\dot{\varphi}_i^2 - {}_K\overline{\varphi}_{i,2002}^2\right) + \\
+ 3.319 \cdot D_{G5} \cdot \left({}_K\dot{\varphi}_i - {}_K\overline{\varphi}_{i,2002}\right) - 5.941 \cdot D_{G5} \cdot \left({}_K\dot{\varphi}_i^2 - {}_K\overline{\varphi}_{i,2002}^2\right) + \\
+ 0.899 \cdot D_{G6} \cdot \left({}_K\dot{\varphi}_i - {}_K\overline{\varphi}_{i,2002}\right) - 0.838 \cdot D_{G6} \cdot \left({}_K\dot{\varphi}_i^2 - {}_K\overline{\varphi}_{i,2002}^2\right) + \\
+ 0.861 \cdot D_{G7} \cdot \left({}_K\dot{\varphi}_i - {}_K\overline{\varphi}_{i,2002}\right) - 0.357 \cdot D_{G7} \cdot \left({}_K\dot{\varphi}_i^2 - {}_K\overline{\varphi}_{i,2002}^2\right) + \\
- 0.033 \cdot D_{G8} \cdot \left({}_K\dot{\varphi}_i - {}_K\overline{\varphi}_{i,2002}\right) - 0.075 \cdot D_{G8} \cdot \left({}_K\dot{\varphi}_i^2 - {}_K\overline{\varphi}_{i,2002}^2\right) + \\
+ 0.3 \cdot \ln\left({}_{RWU}\widetilde{K}_{i,2002}\right) + \\
+ 0.7 \cdot \left[\ln\left(L_{i,2002} - {}_K\dot{\varphi}_i \cdot \phi_{i,2002} \cdot {}_{RWU}K_{i,2002}\right) - \ln\left({}_{RWU}\overline{L}_{i,2002}\right)\right] + \\
+ 0.075 \cdot \widetilde{EXIM}_{i,2002}
\end{array}\right\} \quad (G.\ 124)
$$

Hierbei repräsentiert ${}_K\dot{\varphi}_i$ die zu Simulationszwecken angenommene Bedeutung des Finanzsektors, ${}_{RWU}\dot{Y}_{i,2002}$ die sich ergebende Bruttowertschöpfung des Realsektors für das Jahr 2002.

Um Aussagen über Wachstumseffekte machen zu können, die durch den Finanzsektor erzielt werden können, wurde für jedes Land:

(a) die Wachstumspotentialkurve des Finanzsektors abgeleitet: Es wurde ${}_{RWU}\dot{Y}_{i,2002}$ für alle Werte von ${}_K\dot{\varphi}_i$ zwischen 0% und 100% berechnet[53] und in einem zweidimensionalen Koordinatensystem abgetragen,

(b) die Bruttowertschöpfung des Realsektors $\left({}_{RWU}\dot{Y}_{i,2002}\right)$ zur tatsächlichen Bedeutung des Finanzsektors im Jahre 2002 $\left({}_K\dot{\varphi}_i = {}_K\varphi_{i,2002}\right)$ berechnet,

(c) die Bruttowertschöpfung des Realsektors $\left({}_{RWU}\dot{Y}^{*}_{i,2002}\right)$ zur optimalen Bedeutung des Finanzsektors $\left({}_K\dot{\varphi}_i = {}_K\varphi^{*}_{i,2002}\right)$ berechnet. Die optimale Bedeutung des Finanzsektors wurde hierbei mittels G. 72 (vgl. Kapitel 3.4) abgeleitet,

(d) die prozentuelle Lücke zwischen optimaler und tatsächlicher Bruttowertschöpfung des Realsektors sowie optimaler und tatsächlicher Bedeutung des Finanzsektors berechnet.

Um die Sensitivität der Ergebnisse bei Änderung der geschätzten Parameter zu untersuchen, wurden die Schritte *(a)* bis *(d)* unter Zugrundelegung der geschätzen Paramter +/- 0.75 Standardabweichungen wiederholt. Dies ergibt vier mögliche Alternativszenarien:

(a) γ_1 + 0.75 Standardabweichungen, γ_2 + 0.75 Standardabweichungen;

(b) γ_1 + 0.75 Standardabweichungen, γ_2 - 0.75 Standardabweichungen;

(c) γ_1 - 0.75 Standardabweichungen, γ_2 + 0.75 Standardabweichungen;

(d) γ_1 - 0.75 Standardabweichungen, γ_2 - 0.75 Standardabweichungen;

Da in den einzelnen Ländergruppen die Parameter γ_1 und γ_2 hoch negativ korrelieren (vgl. Tabelle 35 auf folgenden Seiten) beschränkt sich die Sensitivitätsanalyse auf die Szenarien *(b)* und *(c)* unter Zugrundelegung der Standardabweichung von γ_1.

[53] Lediglich für Dänemark, die Niederlande, Schweden und Großbritannien wurde der Wertebereich ausgedehnt, da diese Staaten 100% überschreitende Werte von ${}_K\varphi$ aufweisen (vgl. Kapitel 4.2)

Tabelle 36 und Tabelle 37 (siehe auf den folgenden Seiten) fassen die wichtigsten Ergebnisse der Simulation zusammen. Eine detaillierte Darstellung der Wachstumspotentialkurven und der Einzelergebnisse für jedes Land findet sich in Appendix III.

In der linken Spalte (Tatsächlicher Wert) wird die tatsächliche Bedeutung des Finanzsektors $\left({}_{K}\varphi_{i,2002}\right)$ im Kapitalallokationsprozess für die einzelnen Länder aufgelistet. Die nächste Spalte (Prognostizierter Wert) prognostiziert – basierend auf der Simulationsgleichung G. 124 und der tatsächlichen Bedeutung des Finanzsektors im Kapitalallokationsprozess – die Bruttowertschöpfung des Realsektors $\left({}_{RWU}\dot{Y}_{i,2002}\right)$. In der mittleren Spalte (Optimaler Bereich) werden einerseits die Ergebnisse der Berechnung der makroökonomisch optimalen Bedeutung des Finanzsektors $\left({}_{K}\varphi^{*}_{i,2002}\right)$ dargestellt; aufgrund der Berücksichtigung der Sensitivität der geschätzten Parameter ergeben sich hierbei Optimalitätsbereiche. Andererseits wird abgebildet welche Bruttowertschöpfung des Realsektors unter Annahme der optimalen Bedeutung des Finanzsektors erreichbar wäre. Die nächste Spalte berechnet die prozentuelle Lücke zwischen den tatsächlichen/prognostizierten Werten und optimalen Werten der vorhergehenden Spalten. Die letzte Spalte schließlich fasst die Ergebnisse der Simulation in drei basalen, wirtschaftspolitischen Empfehlungen zusammen:

(a) *AUSBAUEN* – Die tatsächliche Bedeutung des Finanzsektors im Kapitalallokationsprozess liegt unter der optimalen Bedeutung. Ein Ausbau des Finanzsektors lässt positive Wachstumsimpulse erhoffen.
(b) *HALTEN* – Die tatsächliche Bedeutung des Finanzsektors im Kapitalallokationsprozess liegt im optimalen Bereich. Ein Ausbau bzw. die Reduktion der Bedeutung des Finanzsektors lässt keine positiven Wachstumsimpulse erwarten.
(c) *REDUZIEREN* – Die tatsächliche Bedeutung des Finanzsektors im Kapitalallokationsprozess liegt über der optimalen Bedeutung. Eine Reduktion der Bedeutung des Finanzsektors lässt positive Wachstumseffekte erwarten.

Die Simulationsergebnisse lassen zwei interessante Tendenzen erkennen. Während erstens in den Marktwirtschaften das Gros der Länder im Optimalbereich der Bedeutung des Finanzsektors (5 Länder) bzw. darüber liegt (6 Länder), liegt die Mehrzahl der Transformationsökonomien unter der optimalen Ausprägung (9 Länder). Zweitens fällt der Wachstumseffekt, der bei Optimierung der Bedeutung des Finanzsektors zu erwarten ist, in den Marktwirtschaften mit durchschnittlich 3.4% bis 11.6% deutlich geringer aus als in den Transformationsökonomien (durchschnittlich 20.6% und darüber).[54]

Die Ergebnisse geben somit Anlass zur Vermutung, dass insbesondere in Transfomationsökonomien der Ausbau der Bedeutung des Finanzsektors im Kapitalallokationsprozess in der Lage ist, starke Wachstumsimpulse auszulösen und somit die realwirtschaftliche Konvergenz der Transformationsökonomien zu den Marktwirtschaften Europas (insbesondere zu den EU-15) zu unterstützen.

---

[54] Der durchschnittlich zu erwartende Wachstumseffekt wurde als ungewichteter Mittelwert berechnet. Hierbei wurde der zu erwartende Wachstumseffekt für Länder mit der wirtschaftspolitischen Empfehlung „Halten" gleich Null gesetzt.

Tabelle 35: Korrelation der geschätzten Koeffizienten

		Gruppe 1		Gruppe 2		Gruppe 3		Gruppe 4		Gruppe 5		Gruppe 6		Gruppe 7		Gruppe 8	
		γ_1	γ_2	γ_1	γ_2	γ_1	γ_2	Γ_1	γ_2	γ_1	γ_2	γ_1	γ_2	γ_1	γ_2	γ_1	γ_2
Gruppe 1	γ_1																
	γ_2	**-1.000**															
Gruppe 2	γ_1	0.006	-0.006														
	γ_2	-0.006	0.005	**-0.990**													
Gruppe 3	γ_1	0.061	-0.060	0.016	-0.015												
	γ_2	-0.054	0.053	-0.015	0.014	**-0.993**											
Gruppe 4	γ_1	0.083	-0.082	0.019	-0.019	0.213	-0.194										
	γ_2	-0.082	0.081	-0.019	0.019	-0.215	0.196	**-0.996**									
Gruppe 5	γ_1	0.011	-0.011	0.003	-0.003	0.032	-0.029	0.039	-0.039								
	γ_2	0.000	0.000	0.000	0.000	-0.002	0.002	-0.003	0.003	**-0.904**							
Gruppe 6	γ_1	0.030	-0.030	0.008	-0.008	0.088	-0.080	0.107	-0.108	0.017	-0.001						
	γ_2	-0.013	0.013	-0.004	0.004	-0.042	0.039	-0.053	0.053	-0.009	0.001	**-0.974**					
Gruppe 7	γ_1	0.013	-0.013	0.007	-0.007	0.078	-0.072	0.105	-0.104	0.018	-0.002	0.034	-0.012				
	γ_2	0.008	-0.008	-0.001	0.001	-0.015	0.015	-0.028	0.026	-0.007	0.001	-0.002	-0.004	**-0.951**			
Gruppe 8	γ_1	0.026	-0.026	0.002	-0.002	0.026	-0.024	0.021	-0.024	0.003	-0.001	0.016	-0.011	0.037	-0.029		
	γ_2	-0.009	0.009	0.002	-0.002	0.020	-0.018	0.033	-0.032	0.004	0.000	0.009	-0.002	-0.010	0.017	**-0.939**	

Tabelle 36: Zusammenfassung der Ergebnisse der Simulationen für das Jahr 2002 – Marktwirtschaften

Land	Tatsächlicher Wert	Prognostizierter Wert	Optimaler Bereich		Lücke		Empfehlung
	$K\varphi_I - K\varphi_{i,2002}$ (in Prozent)	$_{RWU}Y_{i,2002}$ (in Mill. €)	$K\varphi_I - K\varphi^*_{i,2002}$ (in Prozent)	$_{RWU}Y^*_{i,2002}$ (in Mill. €)	$K\varphi_{i,2002}$ (in Prozent)	$_{RWU}Y_{i,2002}$ (in Prozent)	
MARKTWIRTSCHAFTEN							
Österreich (AT)	49.1%	156,774	0,0% - 100,0%	--	--	--	**HALTEN**
Belgien (BE)	59.0%	181,713	0.0% - 28.4%	189,603 - 211,373	-30.6% - -59.0%	4.3% - 16.3%	**REDUZIEREN**
Deutschland (DE)	72.0%	1,494,783	0.0% - 30.6%	1,614,941 - 1,733,571	-41.2% - -72.0%	8.0% - 16.0%	**REDUZIEREN**
Dänemark (DK)	136.9%	93,179	0,0% - 33.4%	103,637 - 134,659	-103.9% - -136.9%	11.2% - 44.5%	**REDUZIEREN**
Spanien (ES)	80.4%	610,730	0.0% - 33.0%	656,730 - 712,257	-47.4% - -80.4%	7.5% - 16.6%	**REDUZIEREN**
Finnland (FI)	63.2%	92,162	89.2% - 100.0%	95,739 - 106,710	26.0% - 36.8%	3.9% - 15.8%	**AUSBAUEN**
Frankreich (FR)	73.8%	1,090,656	87.8% - 100.0%	1,100,202 - 1,208,432	14.0% - 26.2%	0.9% - 10.8%	**AUSBAUEN**
Griechenland (GR)	52.9%	128,719	88.2% - 100.0%	138,584 - 156,144	35.3% - 47.1%	7.7% - 21.3%	**AUSBAUEN**
Irland (IE)	96.6%	83,320	83.3% - 100.0%	83,515 - 84,529	--	--	**HALTEN**
Italien (IT)	49.5%	1,042,319	0.0% - 29.9%	1,057,950 - 1,194,409	-19.6% - -49.5%	1.5% - 14.6%	**REDUZIEREN**
Niederlande (NL)	116.5%	295,018	89.0% - 140.0% →	295,018 - 313,877 →	--	--	**HALTEN**
Portugal (PT)	76.0%	115,556	51.5% - 53.3%	118,999 - 123,581	-22.7% - -24.5%	3.0% - 6.9%	**REDUZIEREN**
Schweden (SE)	113.4%	161,581	89.8% - 140.0% →	161,699 - 174,625 →	--	--	**HALTEN**
Großbritannien (UK)	145.1%	1,105,877	100.1% - 160.0% →	1,115,005 - 1,401,920 →	--	--	**HALTEN**

Tabelle 37: Zusammenfassung der Ergebnisse der Simulationen für das Jahr 2002 – Transformationsökonomien

Land	Tatsächlicher Wert	Prognostizierter Wert	Optimaler Bereich		Lücke		Empfehlung
	$_{K}\varphi_{i}^{\sim}={}_{K}\varphi_{i,2002}$ (in Prozent)	$_{RWU}Y_{i,2002}$ (in Mill. €)	$_{K}\varphi_{i}={}_{K}\varphi^{*}_{i,2002}$ (in Prozent)	$_{RWU}Y^{*}_{i,2002}$ (in Mill. €)	$_{K}\varphi_{i,2002}$ (in Prozent)	$_{RWU}Y_{i,2002}$ (in Prozent)	
TRANSFORMATIONSÖKONOMIEN							
Bulgarien (BG)	7.6%	14,992	79.8% - 100.0%	20,630 - 21,055	72.2% - 92.4%	37.6% - 40.4%	**AUSBAUEN**
Serbien & Montenegro (CS)	11.8%	11,446	0.0% - 16.5%	11,407 - 12,354	--	--	**HALTEN**
Tschechien (CZ)	19.3%	116,349	83.1% - 100.0%	148,259 - 159,652	63.8% - 80.7%	27.4% - 37.2%	**AUSBAUEN**
Estland (EE)	43.0%	9,451	89.1% - 100.0%	10,657 - 12,113	46.1% - 57.0%	12.8% - 28.2%	**AUSBAUEN**
Kroatien (HR)	46.0%	27,901	87.7% - 100.0%	31,003 - 34,889	41.7% - 54.0%	11.1% - 25.0%	**AUSBAUEN**
Ungarn (HU)	23.0%	85,403	11.9% - 16.2%	102,191 - 124,979	-6.8% - -11.1%	19.7% - 46.3%	**REDUZIEREN**
Litauen (LT)	19.4%	23,833	0.0% - 28.9%	23,779 - 25,678	--	--	**HALTEN**
Lettland (LV)	26.8%	14,790	87.1% - 100.0%	18,563 - 20,077	60.3% - 73.2%	25.5% - 35.7%	**AUSBAUEN**
Mazedonien (MK)	12.9%	8,619	0.0% - 23.0%	8,722 - 8,777	--	--	**HALTEN**
Polen (PL)	27.5%	277,569	85.9% - 100.0%	341,362 - 374,355	58.4% - 72.5%	23.0% - 34.9%	**AUSBAUEN**
Rumänien (RO)	8.5%	118,530	23.8% - 29.9%	129,347 - 166,976	15.3% - 21.4%	9.1% - 40.9%	**AUSBAUEN**
Slowenien (SI)	34.9%	23,902	24.1% - 30.1%	24,018 - 25,658	-4.8% - -10.8%	0.5% - 7.3%	**REDUZIEREN**
Slowakei (SK)	21.8%	40,608	32.6% - 37.1%	49,516 - 55,629	10.8% - 15.3%	21.9% - 37.0%	**AUSBAUEN**
Ukraine (UA)	6.9%	189,760	32.5% - 37.0%	369,292 - 888,956	25.6% - 30.1%	94.6% - 368.5%	**AUSBAUEN**

6. Schlussfolgerungen

Bisherige empirische Arbeiten über den Zusammenhang zwischen Finanzsektor und Wirtschaftswachstum stellen fest, dass der Finanzsektor maßgeblichen Einfluss auf das Wirtschaftswachstum ausübt. Die empirische Forschung konzentriert sich jedoch schwerpunktmäßig auf den makroökonomischen Nutzen des Finanzsektors. Die makroökonomischen Kosten werden selten berücksichtigt. Kosten-Nutzen-Überlegungen im Sinne makroökonomischer Effizienz werden kaum angestellt.

Die vorliegende Arbeit formuliert ein theoretisches Modell, das positve, über den Produktivitätskanal laufende Wachstumseffekte und negative, über den Faktorakkumulationskanal laufende Wachstumseffekte berücksichtigt. Die positiven Wachstumseffekte ergeben sich aus den Vorteilen des Finanzsektors in der Allokation von Kapital: Mehr Kapital wird rentierlicheren Investitionsvorhaben zugeführt. Die negativen Wachstumseffekte ergeben sich aus dem Bedarf des Finanzsektors an Arbeitskräften zur Erbringung seiner Dienstleistungen: Je mehr Dienstleistungen der Finanzsektor erbringt, desto mehr Arbeitskräfte benötigt er und desto weniger Arbeit steht zur realwirtschaftlichen Produktion zur Verfügung. Hierauf aufbauend wird vorgeschlagen, dass der Finanzsektor makroökonomisch effizient ist, wenn der Grenznutzen des positiven, produktivitätsteigernden Wachstumseffektes gleich den Grenzkosten des negativen, arbeitsverzehrenden Wachstumseffektes ist.

Im Folgenden wird das theoretische Rahmenmodell in eine empirische Schätzgleichung übergeführt, die sich der Untersuchung des positiven, über den Produktivitätskanal laufenden Wachstumseffekts widmet. Es wird gezeigt, dass der aus dem theoretischen Modell abgeleitete Indikator für die Größe des Finanzsektors (Finanzaktiva des Finanzsektors gegenüber dem inländischen Privatsektor / Kapitalstock des Privatsektors) höhere Erklärungskraft als bisherige Indikatoren (Finanzaktiva des Finanzsektors gegenüber dem inländischen Privatsektor / Bruttowertschöpfung des Privatsektors) aufweist. Es wird gezeigt, dass sich die Wachstumseffekte des Finanzsektors zwischen den Ländern unterscheiden, sich jedoch Ländergruppen mit einem ähnlichen Zusammenhang zwischen Finanzsektor und Wirtschaftswachstum ergeben. Die emiprischen Ergebnisse stützen die Vermutung, dass die über den Produktivitätskanal laufenden Wachstumseffekte des Finanzsektors positiv sind, jedoch mit zunehmender Bedeutung des Finanzsektors abnehmen. Die induzierten Wachstumseffekte sind kurzfristiger Natur. Diese Ergebnisse sind weitgehend robust gegenüber dem Einschluss von Kontrollvariablen und dem Einsatz von Instrumentalvariablenschätzern.

Aufbauend auf den Ergebnissen der empirischen Untersuchung werden mit Simulationen die länderspezifischen Wachstumseffekte des Finanzsektors für das Jahr 2002 berechnet. Hierbei finden sowohl positive, über den Produktivitätskanal laufende als auch negative, über den Faktorakkumulationskanal laufende Wachstumsimpulse Berücksichtigung. Anschließend wird das makroökonomisch effiziente Niveau der Bedeutung des Finanzsektors für jedes Land abgeleitet. Die Ergebnisse zeigen, dass die Optimierung der Bedeutung des Finanzsektors im Kapitalallokationsprozess insbesondere in den Transformationsökonomien kräftige Wachstumsimpulse auslösen kann.

6.1. Wirtschaftspolitische Implikationen

Die Ergebnisse dieser Arbeit können als Richtungsweiser für wirtschaftspolitische Maßnahmen dienen: Da eine Methodik zur Beurteilung der makroökonomischen Effizienz des Finanzsektors geschaffen wurde, kann beurteilt werden, ob wirtschaftspolitisch Maßnahmen zur volkswirtschaftlichen Optimierung der Bedeutung des Finanzsektors getroffen werden sollen. Es muss jedoch auch vor Fehlinterpretationen gewarnt werden. Um richtige wirtschaftspolitische Maßnahmen zu setzen, müssen auch immer die Rahmenbedingungen (z.B. durch den Finanzsektor gegebene Rahmenbedingungen wie die Qualität und die gesamtwirtschaftlichen Kosten der bereitgestellten Dienstleistungen, aber auch außerhalb des Finanzsektors liegende Rahmenbedingungen wie die Technologie- und Innvovationspolitik zur Förderung von rentierlichen Investitionsvorhaben) und deren potentielle Beeinflussbarkeit im Auge behalten werden: In einigen Ländern folgt aus der Simulation die Empfehlung, die Bedeutung des Finanzsektors zu verringern. Daraufhin sofort wirtschaftspolitische Maßnahmen zur Minimierung der Rolle des Finanzsektors im Kapitalakkumulationsprozess zu setzen, wäre voreilig. Vielmehr muss auch geprüft werden, ob die Beeinflussung der Rahmenbedingungen, unter denen der Finanzsektor operiert, und damit eine Veränderung der Wachstumspotentialkurve des Finanzsektors zu besseren Ergebnissen führen kann.

6.2. Bereiche zukünftiger Forschung

Die vorliegende Arbeit liefert reichhaltige Ansatzpunkte für die weitere Forschung:

(a) Die Erweiterung des theoretischen Rahmenmodells um den Staatssektor und den Auslandssektor kann weitere Einblicke in den Zusammenhang zwischen Finanzsektor und Wirtschaftswachstum geben. Dies insbesondere, da grenzüberschreitende Finanzierungen immer mehr an Bedeutung gewinnen.

(b) Die Formalisierung und Einbeziehung der dem Finanzsektor zur Finanzierung zur Verfügung stehenden Grundgesamtheit an Investitionsprojekten und der dahinterliegenden Einflussfaktoren in das Rahmenmodell würde eine weitere interessante Weiterentwicklung darstellen.

(c) Zukünftige Forschungsbemühungen sollten sich auch auf die Verbesserung der Datenbasis zur Bildung der finanzsektoriellen Indikatoren bemühen. Erstens wäre von Interesse, auch andere Segmente des Finanzsektors, wie etwa den Versicherungssektor oder Investmentfonds zu berücksichtigen. Zur Vermeidung der „Doppelzählungsproblematik“ sollten die Grunddaten der Aktienmarktkapitalisierung und Anleihenmarktkapitalisierung um die Kapitalisierung finanzwirtschaftlicher Titel bereinigt werden. Ein anderer Ansatz hierzu könnte die Verwendung von Daten der volkswirtschaftlichen Finanzierungsrechnung sein.

(d) Schließlich stellt auch die empirische Erforschung jener Faktoren ein fruchtbares Forschungsfeld dar, die die Stärke des Zusammenhangs zwischen Finanzsektor und Wirtschaftswachstum bedingen. Diese Faktoren können Rahmenbedingungen sein, die durch den Finanzsektor gegeben sind als auch Rahmenbedingungen, die ausserhalb des Finanzsektors liegen.

Literaturverzeichnis

Allen, F. und Gale, D. (2001) *Comparative Financial Systems: A Survey*, Manuskript.

Al-Yousif, Y. (2002) 'Financial development and economic growth: another look at the evidence from developing countries', *Review of Financial Economics*, 11(2): 131–50.

Amel, D., Barnes, C., Panetta, F. und Salleo, C. (2004) , Consolidation and Efficiency in the Financial Sector: A Review of the International Evidence', *Journal of Banking and Finance*, 28:2493-519.

Anderson, T.W. und Hsiao, C. (1981) 'Estimation of Dynamic Models with Error Components'. *Journal of the American Statistical Association*, 76:598–606

Andres, J., Domenech, R. und Molinas, C. (1996) ,Macroeconomic Performance and Convergence in OECD Countries', *European Economic Review*, 40: 1683-704.

Andres, J., Hernando, I. und Lopez-Salido, J. (1999) 'The role of the financial system in the growth–inflation link', *Bank of Spain Working Papers*, 9920.

Arellano, M und Bover, O. (1995) 'Another Look at the Instrumental-Variable Estimation of Error-Components Models', *Journal of Econometrics*, 68: 29–52

Arellano, M. und Bond, S. (1991) 'Some Tests of Specification for Panel Data: Monte Carlo Evidence and an Application to Employment Equations', *Review of Economic Studies*, 58: 277–97

Arestis, P. and Demetriades, P. (1997) 'Financial development and economic growth: assessing the evidence', *The Economic Journal*, 107: 783–99.

Arrow, K. (1964) 'The role of securities in the optimal allocation of risk bearing', *Review of Economic Studies*, April 1964: 91–6.

Atje, R. und Jovanovic, B. (1993) 'Stock Market and Development', *European Economic Review*, 37: 632-40.

Aylward, A. and Glen, J. (2000) 'Some international evidence on the stock prices as leading indicators of economic activity', *Applied Financial Economics*, 10: 1–14.

Baltagi, B.H. (2002) *Econometric Analysis of Panel Data*, 2nd ed., Wiley & Sons, New York

Baltagi, B.H. und Kao, Ch. (2000) *Nonstationary Panels, Cointegartion in Panels and Dynamic Panles: A Survey*, manuscript.

Barro, R.J. (1991), 'Economic growth in a cross-section of countries', *Quarterly Journal of Economics*, 106(2), 407-43

Bassanini, A., Scarpetta, S. und Hemmings, P. (2001) 'Economic growth: the role of policies and institutions. Panel data evidence from OECD countries', *OECD Economic Department Working Paper*, 283.

Beck, T. and Levine, R. (2000) 'New firm formation and industry growth: does having a market- or bank-based system matter?', *World Bank Working Paper*, 2423.

Beck, T. und Levine, R. (2001) 'Stock markets, banks, and growth: correlation or causality?', *World Bank Working Paper*, 2670.

Beck, T. und Levine, R. (2002a) 'Stock markets, banks, and growth: panel evidence', *NBER Working Paper*, w9082.

Beck, T. und Levine, R. (2002b) 'Industry growth and capital allocation: does having a market- or bank-based system matter?', *Journal of Financial Economics*, 64(2): 147–80.

Beck, T., Demirguc-Kunt, A. and Levine, R. (2001a) 'Legal theories of financial development', *Oxford Review of Economic Policy*, 17: 483–501.

Beck, T., Demirguc-Kunt, A. und Levine, R. (2002a): 'Law and finance: why does legal origin matter? ', *NBER Working Paper*, 9379.

Beck, T., Demirguc-Kunt, A. und Maksimovic, V. (2002b) 'Financial and legal constraints to firm growth: does size matter?', *World Bank Working Paper*, 2784.

Beck, T., Demirguc-Kunt, A., Levine, R. und Maksimovic, V. (2000a) 'Financial structure and economic development: firm, industry, and country evidence', *World Bank Working Paper*, 2423.

Beck, T., Levine, R. and Loayza, N. (2000b) 'Finance and the sources of growth', *Journal of Financial Economics*, 58 (1–2): 261–300.

Beck, T., Lundberg, M. and Majnoni, G. (2001b) 'Financial intermediary development and growth volatility: do intermediaries dampen or magnify shocks?', *World Bank Working Paper*, 2707.

Bencivenga, V. und Smith, B. (1993) 'Some consequences of credit rationing in an endogenous growth model', *Journal of Economic Dynamic and Control*, 17(1–2): 97–122.

Bencivenga, V. und Smith, B. (1991) 'Financial intermediation and endogenous growth', *Review of Economic Studies*, 58(2): 195–209.

Bencivenga, V., Smith, B. und Starr, R. (1995) 'Transaction costs, technological choice, and endogenous growth', *Journal of Economic Theory*, 67(1): 153–77.

Benhabib, J. und Spiegel, M. (1994) 'The Role of Human Capital in Economic Development: Evidence from Aggregate Cross-Country Data', *Journal of Monetary Economics*, 34(2): 143-73

Benhabib, J. und Spiegel, M. (2000) 'The role of financial development in growth and investment', *Journal of Economic Growth*, 5: 341–60.

Binswanger, M. (2000) 'Stock returns and real activity: is there still a connection? ', *Applied Financial Economics*, 10: 379–87.

Black, S. and Strahan, Ph. (2002) 'Entrepreneurship and bank credit availability', *Journal of Finance*, 57(6): 2807–33.

Blum, D., Federmair, K., Fink, G. and Haiss, P. (2002) 'The financial–real sector nexus – theory and empirical evidence', *IEF Working Paper*, 43.

Blundell, R. und Bond, S. (1998) 'Initial Conditions and Moment Restrictions in Dynamic Panel Data Models', *Journal of Econometrics*, 87: 115–43

Breitung, J. (2000) 'The Local Power of Some Unit Root Tests for Panel Data', *Advances in Econometrics*, 15, 161-178.

Caballero, R. (1990) 'Consumption puzzles and precautionary savings', *Journal of Monetary Economics*, 25: 113–36.

Carlin, W. und Mayer, C. (1999) 'Finance, investment and growth', *CEPR Discussion Paper*, 2233.

Cetorelli, N. und Gambera, M. (2001) 'Banking market structure, financial dependence and growth: international evidence from industry data', *Journal of Finance*, 56(2): 617–48.

Chang, W. (2002) 'Examining the long-run effect of money on economic growth: an alternative view', *Journal of Macroeconomics*, 24: 81–102.

Choi, J.J., Hauser, S. and Kopecky, J.K. (1999) 'does the stock market predict real activity? Time series evidence from the G-7 countries', *Journal of Banking & Finance*, 23: 1777–92.

Chow, G. (1960) 'Tests of equality between sets of coefficients in two linear regressions', *Econometrica*, 28: 591-605

Claessens, S. and Laeven, L. (2002) 'Financial development, property rights and growth', *CEPR Discussion Paper*, 3295.

Cochrane, D. und Orcutt, G. (1949) ‚Application of Least Squares Reghression to Relationships Containing Autocorrelated Error Terms', *Journal of the American Statistical Association*, 44: 32-61.

Darrat, A.F. and Dickens, R.N. (1999) 'On the interrelationship among real, monetary, and financial variables', *Applied Financial Economics*, 9: 289–93.

Davidson, R. und MacKinnon, J. (1981) 'Several Tests for Model Specification in the Presence of Alternative Hypotheses', *Econometrica*, 49(3): 781-93.

De Gregorio, J. und Guidotti, P. (1995) ‚Financial Development and Economic Growth', *World Development*, 433-48.

De la Fuente, A. und Domenech, R. (2000) ‚Human Capital in Growth Regressions: How much difference Does Data Quality Make?', *CEPR Discussion Paper*, 2466.

Debreu, G. (1959) *Theory of Value*, New York: Wiley.

Deidda, L. (1999) 'Interaction between economic and financial development', *CRENOS Working Paper*, November 1999.

Deidda, L. und Fattouh, B. (2001) 'Non linearity between finance and growth', *CRENOS Working Paper*, March 2001.

Deidda, L. und Fattouh, B. (2002) 'Concentration in the banking industry and economic growth', *CRENOS Working Paper*, February 2002.

Demetriades, P. und Hussein, K. (1996) ‚Does Financial Development Cause Economic Growth? Time Series Evidence from 16 Countries', *Journal of Development Economics*, 51: 387-411.

Demirguc-Kunt, A. und Levine, R. (1999) 'Bank-based and market-based financial systems: cross-country comparisons', *World Bank Working Paper*, 2143.

Demirguc-Kunt, A. und Maksimovic, V. (1998) 'Law, finance, and firm growth', *Journal of Finance*, 53(6): 2107–37.

Demirguc-Kunt, A. und Maksimovic, V. (2000) 'Funding growth in bank-based and market-based financial systems: evidence from firm-level data', *World Bank Working Paper*, 2432.

Demirguc-Kunt, A. und Maksimovic, V. (2002) 'Funding growth in bank-based and market-based financial systems: evidence from firm-level data', *Journal of Financial Economics*, 65(3): 337–63.

Devereux, M and Smith, G. (1994) 'International risk sharing and economic growth', *International Economic Review*, 35(4): 535–50.

Diamond, D. und Dybvig, P. (1983) 'Bank runs, deposit insurance, and liquidity', *Journal of Political Economy*, 91(3): 401–19.

Drakos, K. (2002) 'Imperfect competition in banking and macroeconomic performance: evidence from transition countries', forthcoming.

Durham, B. (2002) 'The effects of stock market development on growth and private investment in lower income-countries', *Emerging Markets Review*, 3: 211–32.

Evans, A.D., Green, C.J. und Murinde, V. (2002) 'Human capital and financial development in economic growth: new evidence using the translog production function', *International Journal of Finance and Economics*, 7(2): 123–40.

Fama, E. (1990) 'Stock returns, expected returns, and real activity', *Journal of Finance*, 45: 1089–108.

Fink, G. und Haiss, P. (1999) 'Central European financial markets from an EU perspective: theoretical aspects and statistical analyses', *IEF Working Paper*, 34.

Fink, G., Haiss, P. and Mantler, H.C. (2004a) 'Financial sector macro efficiency – Concepts, measurement, theoretical and empirical evidence' in Balling, M., Lierman, F., and Mullineux. A. (eds.), *Financial Markets in Central and Eastern Europe: Stability and Efficiency*, Routledge, London und New York 2004.

Fink, G., Haiss, P. und Mantler, Ch. (2005) 'The Finance-Growth Nexus: Market Economies vs. Transition Countries', *IEF Working Paper*, 64.

Fisman, R. and Love, I. (2002) 'Patterns of industrial development revisited: the role of finance', *World Bank Working Paper*, 2877.

Fritz, R.G. (1984) ‚Time Series Evidence of the Causal Relationship Between Financial Deepening and Economic Development', *Journal of Economic Development*, 9, 91-111.

Gertler, M. and Rose, A. (1994) ‚Financial Structure and Economic Activity: An Overview', in Caprio, G., Atiyas, I. and Hanson, J.A. (eds) *Financial Reform. Theory and Evidence*, New York: Cambridge University Press, 13-48.

Ghani, E. (1992) ‚How Financial Markets Effect Long-run Growth: A Cross-country Study', *World Bank Policy Research Working Paper*.

Giannetti, M., Guiso, L., Jappelli, T., Padula, M. and Pagano, M. (2002) 'Financial market integration, corporate financing and economic growth', *European Commission Economic Paper*, 179.

Goldsmith, R. (1969) *Financial Structure and Development*, New Haven: Yale University Press.

Graff, M. (2000) *Finanzielle Entwicklung und reales Wirtschaftswachstum*, Tübingen: J.C.B. Mohr (Siebeck).

Greenwood, J. und Jovanovic, B. (1990) 'Financial development, growth, and the distribution of income', *Journal of Political Economy*, 98(5): 1076–107.

Greenwood, J. und Smith, B. (1997) 'Financial markets in development, and the development of financial markets', *Journal of Economic Dynamic and Control*, 21(1): 145–81.

Griliches, Z. (1980) ‚R&D and the Productivity Slowdown', *American Economic Review*, 70, 343- 48.

Grossman, S. and Stiglitz, J. (1980) 'On the impossibility of informationally efficient markets', *American Economic Review*, 70(3): 393–408.

Guiso, L., Sapienza, P. and Zingales, L. (2002) 'Does local financial development matter?', *CEPR Discussion Paper*, 3307.

Gupta, K.L. (1984) *Finance and Growth in Developing Countries*, London, Croom Helm

Hadri, K, (1999) ‚Testimhg the Null Hypothesis of Stationarity Agininst the Alternative of a Unit Root in Panel Data with Serially Correlated Errors', Manuskript, University of Liverpool UK

Hahn, F. (2002a) 'The finance–growth nexus revisited. New evidence from OECD countries', *WIFO Working Paper*, 176.

Hahn, F. (2002b) 'Financial development and output growth fluctuation. Evidence from OECD countries', *WIFO Working Papers*, 181.

Hahn, F. (2002c) 'Bedeutung von Aktienmärkten für Wachstum und Wachstumsschwankungen in den OECD-Ländern', *Materialien zu Wirtschaft und Gesellschaft*, 78.

Hannson, P. and Jonung, L. (1997) 'Finance and economic growth: the case of Sweden', *Research in Economics*, 51: 251–301.

Harberger, R. (1987) 'Comment' in Fischer, S. (ed.), *NBER Macroeconomics Annual*, London and Cambridge, MIT Press: 255-8.

Harris und Tzavalis (1999) 'Inference for unit roots in dynamic panels where the time dimension is fixed', *Journal of Econometrics*, 91, 201-26

Harris, R.D. (1997) 'Stock markets and development: a re-assessment', *European Economic Review*, 41(1): 139–46.

Hodgson, G.M. (1989) 'Institutional Rigidities and Economic Growth', *Cambridge Journal of Econometrics*, 13: 79-101

Holstrom, B. and Tirole, J. (1993) 'Market liquidity and performance monitoring', *Journal of Political Economy*, 101(4): 678–709.

Holzmann, R. (1997) 'Pension reform, financial market development and economic growth: preliminary evidence from Chile', *IMF Staff Papers*, 44(2): 149–78.

Hsiao, Ch. (2003) *Analysis of panel data*, 2nd ed., Cambridge: Cambridge University Press.

Im, K., Pesaran, H. und Shin, Y. (1997) 'Testing for Unit Roots in Heterogeneous Panels', *Manuskript*, University of Cambridge,

IMF (1999) *Hungary Selected Issues*, SM/99/28.

Jaffee, D. und Levonian, M. (2001) 'The structure of banking systems in developed and transition economies', *European Financial Management*, 7(2): 161–81.

Jalilian, H. und Kirkpatrick, C. (2002) 'Financial development and poverty reduction in developing countries', *International Journal of Finance and Economics*, 7(2): 97–108.

Judson, R. und Owen, A. (1999) ,Estimating Dynamic Panel Data Models: A Guide for Macroeconomists', *Economic Letters*, 65: 9-15.

Jung, W.S. (1986) ,Financial Development and Economic Growth: International Evidence', *Economic Development and Cultural Change*, 34, 333-46

Kahn, M. und Senhadji, A. (2000) 'Financial development and economic growth: an overview', *IMF Working Paper*, 00/209.

Kao, Ch. (1999) 'Spurious Regresison and Residual-Based Tests for Cointegration in Panel Data', *Journal of Econometrics*, 90:1-44.

Kao, Ch. und Chiang (2000) 'On the Estimation and Inference of a Cointegrated Regression in Panel Data', *Advances in Econometrics 15*, in Druck.

Kendrick, J.W. (1961) *Productivity Trends in the United States*, Princeton N.J., Princeton University Press

Kimball, M. (1990) 'Precautionary saving in the small and in the large', *Econometrica*, 58: 53–73.

King, R. und Levine, R. (1992) ,Financial Indicators and Growth in a Cross-section of Countries', *World Bank Policy Research Working Paper*, 819.

King, R. und Levine, R. (1993a) 'Finance and growth: Schumpeter might be right', *Quarterly Journal of Economics*, 108(3): 717–37.

King, R. und Levine, R. (1993b) 'Finance, entrepreneurship, and growth – theory and evidence', *Journal of Monetary Economics*, 32: 513–42.

Koivu, T. (2002) 'Do efficient banking sectors accelerate economic growth in transition countries?', *BOFIT Discussion Paper*, 14/2002.

La Porta, R., Lopez-de-Silanes, F. and Schleifer, A. (2002) 'Government ownership of banks', *Journal of Finance*, 57(1): 265–301.

Leahy, M., Schich, S., Wehinger,G., Pelgrin, F. und Thorgeirsson, Th. (2001) 'Contributions of financial systems to growth in OECD countries', *OECD Working Paper*, 280.

Leamer, E. (1983) ,Let's Take the Con Out of Econometrics', *American Economic Review*, 73(1): 31-43.

Leamer, E. (1985) ‚Sensitivity Analyses Would Help‘, *American Economic Review*, 75(3): 308-13.

Levhari, D. and Srinivasan, T. (1969) ‘Optimal savings under uncertainty’, *Review of Economic Studies*, 36(1): 153–63.

Levin, A. und Lin, C. (1992) ‚Unit Root Test in Panel Data: Asymtotic and Finite Sample Properties‘, *University of Califormia Discussion Paper*, 92-93, University of Californiam San Diego.

Levin, A. und Lin, C. (1993) ‘Unit Root Tests in Panel Data: New Results‘, *University of California Working Paper*.

Levine, R. (1997) ‘Financial development and economic growth – views and agenda’, *Journal of Economic Literature*, 35: 688–726.

Levine, R. (1991) ‘Stock markets, growth, and tax policy’, *Journal of Finance*, 46(6): 1445–65.

Levine, R. (1997) ‘Financial development and economic growth – views and agenda’, *Journal of Economic Literature*, 35: 688–726.

Levine, R. (1998) ‘The legal environment, banks, and long-run economic growth’, *Journal of Money, Credit, and Banking*, 30(2): 596–613.

Levine, R. (1999) ‘Law, finance, and economic growth’, *Journal of Financial Intermediation*, 8(1–2): 8–35.

Levine, R. (2002): ‘Bank-based or market-based financial systems: which is better?’, *Journal of Financial Intermediation*, 11: 398–428.

Levine, R. and Zervos S. (1998) ‘Stock markets, banks and economic growth’, *American Economic Review*, 88(3): 537–58.

Levine, R. und Renelt, D. (1992) ‚A Sensitivity Analysis of Cross Country Growth Regressions‘, *American Economic Review*, 82(4): 942-63.

Levine, R. und Zervos S. (1998) ‘Stock markets, banks and economic growth’, *American Economic Review*, 88(3): 537–58.

Levine, R., Loayza, N. und Beck, T. (2000) ‘Financial intermediation and growth: causality and causes’, *Journal of Monetary Economics*, 46(1): 31–77.

Loayza, N. und Rananciere, R. (2002) ‘Financial development, financial fragility and growth’, *Central Bank of Chile Working Paper*, 145.

Löflund, A. and Nummelin, K. (1997) ‘On stocks, bonds and business conditions’, *Applied Financial Economics*, 7: 137–46.

Luintel, K.B. and Kahn, M. (1999) ‘A quantitative reassessment of the finance–growth nexus: evidence from a multivariate VAR’, *Journal of Development Economics*, 60(2): 381–405.

Mauro, P. (2000) ‘Stock returns and output growth in emerging and advanced economies’, *IMF Working Paper*, 00/89.

Mayer, C. and Sussman, O. (2001) 'The assessment: finance, law, and growth', *Oxford Review of Economic Policy*, 17, 457–66.

McCoskey, S. und Kao, Ch. (1998), ‚A Residual-Based Test of the Null of Cointegration in Panel Data', *Econometric Reviews*, 17:57-84.

McKinnon, R. (1973) *Money and Capital in Economic Development*, Washington DC: Brookings Institution.

Merton, R. und Bodie, Z. (1995) 'A conceptual framework for analyzing the financial environment', in: Dwight, B. (Hrsg.) *The Global Financial System: a functional perspective*, Boston MA: Harvard Business School Press.

Neusser, K. and Kugler, M. (1998) 'Manufacturing growth and financial development: evidence from OECD countries', *Review of Economics and Statistics*, 638–46.

Newey, W. und West, K. (1987) ‚A Simple Positive Semi-Definite Heteroskedasticity and Autocorrelation Consistent Covariance Matriy', *Econometrica*, 55: 702-8.

Nickell, S. (1981) ‚Biases in dynamic models with fixed effects', *Econometrica*, 49: 1417–26.

Odedokun, M. (1996) ‚Financial Indicators and Economic Efficiency in Developing Countries', in Hermes, N. und Lensink, R. (eds) *Financial Development and Economic Growth*, London: Routledge, 115-37.

Pagano, M. (1993) 'Financial markets and growth: an overview', *European Economic Review*, 37: 613–22.

Pedroni, P. (1997) ‚Panel Cointegration: Asymptotic and Finite Sampel Properties of Pooled Time Series Tests with an Application to the PPP Hypothesis', *Department of Economics Working Paper*, Indiana University.

Peseran, M., Shin, Y. und Smith, R. (1999) ‚Pooled Mean Group Estimation of Dynamic Heterogenous Panels', *Journal of the American Statistical Association*, 94: 621-34.

Phillips, P. und Moon, H. (1999) , Linear Regression Limit Theory for Nonstationary Panel Data', *Econometrica*, 67:1057-111.

Platek, M. (2002) *Financial Sector Development and Economic Growth in Transition Countries*, Difo-Druck GmbH, Bamberg 2002.

Prais, S. und Winsten, C. (1954) ‚Trend Estimation and Serial Correlation', *Cowles Commission Discussion Paper*, 383.

Pula, G. (2003) ‚Capital Stock Estimation in Hungary: A Brief Description of Methodology and Results', *MNB Working Paper*, 2003/7.

Quah, D. (1993) ‚Galton's Fallacy and Tests of the Convergence Hypothesis', *Scandinavian Journal of Economics*, 94(4): 427-43.

Rajan, R.G. und Zingales, L. (1998) 'Financial dependence and growth', *American Economic Review*, 88(3): 559–86.

Rajan, R.G. und Zingales, L. (2001) 'Financial systems, industrial structure, and growth', *Oxford Review of Economic Policy*, 17: 467–82.

Ram, R. (1999) 'Financial development and economic growth: additional evidence', *Journal of Development Studies*, 35(4): 164–74.

Ramsey, J. (1969) ‚Tests for Specification Errors in Classical Linear Least-Square Analysis‘, *Journal of the Royal Statistical Association*, Series B, 71: 350-71.

Rebelo, S. (1991) 'Long-Run Policy Analysis and Long-Run Growth', *Journal of Political Economy*, 99(3): 500–21

Rousseau, P. (2002) 'Historical perspectives on financial development and economic growth', *NBER Working Paper*, 9333.

Rousseau, P. and Sylla, R. (1999) 'Emerging financial markets and early US growth', *NBER Working Paper*, 7448.

Rousseau, P. und Sylla, R. (2001) 'Financial systems, economic growth and stabilisation', *NBER Working Paper*, w8323.

Rousseau, P. und Wachtel, P. (1998) 'Financial intermediation and economic performance: historical evidence from five industrialized countries', *Journal of Money, Credit, and Banking*, 30(4): 658–78.

Rousseau, P. und Wachtel, P. (2000) 'Equity markets and growth: cross-country evidence on timing and outcomes, 1980–1995', *Journal of Banking & Finance*, 24(12): 1933–57.

Santomero, A. und Seater, J. (2000) 'Is there an optimal size for the financial sector?', *Journal of Banking & Finance*, 24: 945–65.

Schumpeter, J. (1911; 5· Ausg. 1952) *Theorie der wirtschaftlichen Entwicklung*, Berlin: Duncker und Humblot.

Schure, P. und Wagenvoort, R. (1999) ‚Economies of Scale and Efficiency in European Banking: New Evidence‘, *Economic Report of the European Investment Bank*, 1999/01.

Schwert, G.W. (1990) 'Stock returns and real activity: a century of evidence', *Journal of Finance*, 45: 1237–57.

Shan, J.Z., Morris, A.G. and Sun, F. (2001) 'Financial development and economic growth: an egg-and-chicken problem?', *Review of International Economics*, 9(3): 443–54.

Shaw, E. (1973) *Financial Deepening in Economic Development*, New York: Oxford University Press.

Singh, A., Singh, A. and Weisse (2000) 'Information technology, venture capital and the stock market', *University of Cambridge Accounting and Finance Discussion Papers*, 00/AF47.

Sirri, E. und Tufano, P. (1995) 'The economics of pooling', in: Dwight, B. (Hrsg.): *The Global Financial System: a functional perspective*, Boston MA: Harvard Business School Press.

Smith, A. (1776; nachgedruckt 1979): *An Inquiry into the Nature and Causes of the Wealth of Nations*, in: Campbell, R.H. and Skinner A.S. (eds) *The Glasgow Edition of the Works and Correspondence of Adman Smith*, Oxford: Clarendon Press.

Solow, R.M. (1956) 'A Contribution to the Theory of Economic Growth', *Quarterly Journal of Economics*, 70: 65-94

Solow, R.M. (1957) 'Technical Change and the Aggregate Production Function', *Review of Economic Studies*, 43(2): 217-35

Spiegel, M. (2001) 'Financial development and growth – are APEC nations unique?', *Federal Reserve Bank of San Francisco Pacific Working Papers*, PB01/04.

St. Hill, R. (1992) 'Stages of Banking and Economic Development', *Savings and Development*, 16: 5-20.

Stiglitz, J (1985) 'Credit markets and the control of capital', *Journal of Money, Credit, and Banking*, 17(2): 133–52.

Tadesse, S. (2002) 'Financial architecture and economic performance: international evidence', *Journal of Financial Intermediation*, 11(4): 429–54.

Temple, J. (1999) 'The new growth evidence', *Journal of Economic Literature*, 37: 112-56

Thiel, M. (2001) 'Finance and economic growth – a review of theory and the available evidence', *European Commission Economic Paper*, 158.

Thornton, J. (1994) ‚Financial Deepening and Economic Growth: Evidence from Asian Economies', *Savings and Development*, 18: 41-51.

Tobin, J. (1984) 'On the efficiency of the financial system', *Lloyds Bank Review*, 153: 1–15.

Tsuru, K. (2000) 'Finance and growth – some theoretical considerations, and a review of the empirical literature', *OECD Economic Department Working Paper*, 2000/1.

Wachtel, P. (2001) 'Growth and finance: what do we know and how do we know it?', *International Finance*, 4(3): 335–62.

Wallich, H.C. (1969) ‚Money and Growth', *Journal of Money, Credit, and Banking*, (1): 281-302.

Wood, A. (1993) ‚Financial Development and Economic Growth in Barbados: Causal Evidence', *Savings and Development*, 17: 379-90

Wooldridge, J. (2003) *Introductory Econometrics*, Thomson.

Wurgler, J. (2000) 'Financial markets and allocation of capital', *Journal of Financial Economics*, 58(1-2): 187–214.

Appendix I: Quellen und Konstruktion der Daten

Aufgrund des Umfanges von Appendix I wurde auf dessen Einschluss in diese Veröffentlichung verzichtet. Appendix I kann jedoch jederzeit kostenlos vom Autor in elektronischer Form unter der Email-Adresse *hmantler@gmx.at* angefordert werden.

Appendix II: Ergebnisse ergänzender Schätzungen

A. Ergebnisse ergänzender Schätzungen – „Unit root"-Tests

Tabelle A.1: Ergebnisse alternativer „Unit root"-Tests

Variable	Länder	Zeitraum	Länderspezifischer Interzept, kein Zeitrend	Länderspezifischer Interzept, länderspezifischer Zeitrend
$ln({}_{RWU}y)$	alle Länder	1990-2002	P-Wert	P-Wert
Levine und Lin (1993) Teststatistik: t_p*			0.0000 ***	0.0000 ***
Im, Pesaran und Shin (1997) Teststatistik: Z-bar			0.3123	0.0089 ***
Breitung (2000) Teststatistik: UB-t				0.0274 **
$ln({}_{RWU}k)$	alle Länder	1990-2002		
Levine und Lin (1993) Teststatistik: t_p*			0.0000 ***	0.0000 ***
Im, Pesaran und Shin (1997) Teststatistik: Z-bar			0.0238 **	0.0427 **
Breitung (2000) Teststatistik: UB-t				0.0001 ***
$y\varphi$	exkl. CS	1993-2002		
Levine und Lin (1993) Teststatistik: t_p*			0.0000 ***	0.0000 ***
Im, Pesaran und Shin (1997) Teststatistik: Z-bar			0.0121 **	0.0000 ***
Breitung (2000) Teststatistik: UB-t				0.1177
$\kappa\varphi$	exkl. CS	1993-2002		
Levine und Lin (1993) Teststatistik: t_p*			0.0000 ***	0.0000 ***
Im, Pesaran und Shin (1997) Teststatistik: Z-bar			0.2419	0.0063 ***
Breitung (2000) Teststatistik: UB-t				0.0953 *

*ANMERKUNGEN: Signifikanzniveaus: *** = 0.01; ** = 0.05; *=0.1; ${}_{RWU}y$ = Bruttowertschöpfung des Privatsektors pro Beschäftigtem des nichtfinanziellen Privatsektors; ${}_{RWU}k$ = Kapitalstock des nichtfinanziellen Privatsektors pro Beschäftigtem des Privatsektors; ω = inländische Finanzaktiva des Banksektors, des Aktien- und des Anleihenmarktes gegenüber dem nichtfinanziellen Privatsektor als Prozentsatz der Bruttowertschöpfung des nichtfinanziellen Privatsektors; φ = inländische Finanzaktiva des Banksektors, des Aktien- und des Anleihenmarktes gegenüber dem nichtfinanziellen Privatsektor als Prozentsatz des Kapitalstocks des nichtfinanziellen Privatsektors; alle Werte wurde mit dem durchschnittlichen KKP-Wechselkurs des Jahres 2002 von nationalen Währungen in Euro umgerechnet. Die Schätzung erfolgte mit GAUSS 6.0 mit den Zusatzpaketen COINT 2.0 und NPT 1.3.*

B. Ergebnisse Ergänzender Schätzungen – Hypothese 2

Tabelle B.1: Hilfsregressionen zur Zentrierung der Variablen um die trendbedingten Mittelwerte

	Abhängige Variable:						
	$\ln(_{RWU}y)$	φ	φ^2	$\ln(_{RWU}k)$	$\ln(EXIM)$	$\ln(GOV)$	HK
	(a)	*(b)*	*(c)*	*(d)*	*(e)*	*(f)*	*(g)*
Unabhängige Variablen	LSDV	LSDV	LSDV	LSDV	LSDV	LSDV	LSDV
D_{AT}	10.692***	0.493***	0.243***	12.000***	11.993***	10.520***	30.388***
	(0.017)	*(0.015)*	*(0.023)*	*(0.019)*	*(0.030)*	*(0.028)*	*(0.027)*
D_{BE}	10.944***	0.650***	0.425***	12.029***	12.682***	10.773***	28.193***
	(0.017)	*(0.015)*	*(0.023)*	*(0.019)*	*(0.030)*	*(0.028)*	*(0.027)*
D_{BG}	8.638***	0.132***	0.026	9.956***	9.853***	8.056***	29.091***
	(0.017)	*(0.016)*	*(0.024)*	*(0.020)*	*(0.031)*	*(0.029)*	*(0.028)*
D_{CS}	8.998***	0.262***	0.077**	9.463***	8.757***	8.418***	25.383***
	(0.024)	*(0.022)*	*(0.034)*	*(0.028)*	*(0.044)*	*(0.041)*	*(0.039)*
D_{CZ}	10.235***	0.367***	0.145***	11.310***	11.974***	10.229***	29.750***
	(0.019)	*(0.017)*	*(0.026)*	*(0.022)*	*(0.034)*	*(0.031)*	*(0.031)*
D_{DE}	10.761***	0.705***	0.500***	12.028***	13.813***	12.762***	30.188***
	(0.017)	*(0.015)*	*(0.023)*	*(0.019)*	*(0.030)*	*(0.028)*	*(0.027)*
D_{DK}	10.745***	1.298***	1.694***	11.971***	11.407***	10.401***	31.618***
	(0.017)	*(0.015)*	*(0.023)*	*(0.019)*	*(0.030)*	*(0.028)*	*(0.027)*
D_{EE}	9.669***	0.263***	0.090***	10.413***	9.597***	7.696***	29.308***
	(0.017)	*(0.016)*	*(0.024)*	*(0.020)*	*(0.031)*	*(0.029)*	*(0.028)*
D_{ES}	10.769***	0.653***	0.432***	11.810***	12.730***	11.707***	27.506***
	(0.017)	*(0.015)*	*(0.023)*	*(0.019)*	*(0.030)*	*(0.028)*	*(0.027)*
D_{FI}	10.753***	0.589***	0.349***	12.169***	11.102***	10.082***	31.599***
	(0.017)	*(0.015)*	*(0.023)*	*(0.019)*	*(0.030)*	*(0.028)*	*(0.027)*
D_{FR}	10.975***	0.682***	0.467***	12.122***	13.360***	12.677***	29.488***
	(0.017)	*(0.015)*	*(0.023)*	*(0.019)*	*(0.030)*	*(0.028)*	*(0.027)*

Tabelle B.1 (Fortsetzung):

	Abhängige Variable:						
	$\ln({}_{RWU}y)$	φ	φ^2	$\ln({}_{RWU}k)$	ln(*EXIM*)	ln(*GOV*)	*HK*
	(a)	*(b)*	*(c)*	*(d)*	*(e)*	*(f)*	*(g)*
Unabhängige Variablen	LSDV	LSDV	LSDV	LSDV	LSDV	LSDV	LSDV
D_{GR}	10.497***	0.327***	0.120***	11.607***	11.174***	10.045***	27.015***
	(0.017)	*(0.015)*	*(0.023)*	*(0.019)*	*(0.030)*	*(0.028)*	*(0.027)*
D_{HR}	9.862***	0.374***	0.146***	10.652***	10.407***	9.069***	25.820***
	(0.019)	*(0.017)*	*(0.026)*	*(0.022)*	*(0.034)*	*(0.031)*	*(0.031)*
D_{HU}	10.130***	0.171***	0.031	11.454***	11.516***	9.356***	27.790***
	(0.017)	*(0.015)*	*(0.023)*	*(0.019)*	*(0.030)*	*(0.028)*	*(0.027)*
D_{IE}	10.822***	0.745***	0.596***	11.727***	11.561***	9.271***	29.912***
	(0.017)	*(0.015)*	*(0.023)*	*(0.019)*	*(0.030)*	*(0.028)*	*(0.027)*
D_{IT}	10.859***	0.400***	0.164***	12.051***	13.267***	12.385***	25.371***
	(0.017)	*(0.015)*	*(0.023)*	*(0.019)*	*(0.030)*	*(0.028)*	*(0.027)*
D_{LT}	9.667***	0.173***	0.032	10.540***	10.320***	8.638***	28.577***
	(0.019)	*(0.017)*	*(0.026)*	*(0.022)*	*(0.034)*	*(0.031)*	*(0.031)*
D_{LV}	9.502***	0.151***	0.028	10.183***	9.651***	8.144***	29.713***
	(0.019)	*(0.017)*	*(0.026)*	*(0.022)*	*(0.034)*	*(0.031)*	*(0.031)*
D_{MK}	9.751***	0.173***	0.036	10.700***	9.273***	7.768***	25.346***
	(0.019)	*(0.017)*	*(0.026)*	*(0.022)*	*(0.034)*	*(0.031)*	*(0.031)*
D_{NL}	10.759***	0.972***	0.971***	11.924***	12.853***	10.985***	30.763***
	(0.017)	*(0.015)*	*(0.023)*	*(0.019)*	*(0.030)*	*(0.028)*	*(0.027)*
D_{PL}	9.795***	0.206***	0.046**	10.442***	11.956***	10.892***	29.001***
	(0.017)	*(0.015)*	*(0.023)*	*(0.019)*	*(0.030)*	*(0.028)*	*(0.027)*
D_{PT}	10.225***	0.529***	0.310***	11.438***	11.472***	10.264***	23.189***
	(0.017)	*(0.015)*	*(0.023)*	*(0.019)*	*(0.030)*	*(0.028)*	*(0.027)*
D_{RO}	9.443***	0.133***	0.026	10.349***	11.231***	9.793***	29.160***
	(0.017)	*(0.015)*	*(0.023)*	*(0.019)*	*(0.030)*	*(0.028)*	*(0.027)*

Tabelle B.1 (Fortsetzung):

	Abhängige Variable:						
	$\ln({}_{RWU}y)$	φ	φ^2	$\ln({}_{RWU}k)$	$\ln(EXIM)$	$\ln(GOV)$	HK
	(a)	*(b)*	*(c)*	*(d)*	*(e)*	*(f)*	*(g)*
Unabhängige Variablen	LSDV	LSDV	LSDV	LSDV	LSDV	LSDV	LSDV
D_{SE}	10.784***	1.158***	1.343***	11.884***	11.836***	10.906***	32.079***
	(0.017)	*(0.015)*	*(0.023)*	*(0.019)*	*(0.030)*	*(0.028)*	*(0.027)*
D_{SI}	10.213***	0.211***	0.055**	11.365***	10.330***	8.577***	28.675***
	(0.017)	*(0.016)*	*(0.024)*	*(0.020)*	*(0.031)*	*(0.029)*	*(0.028)*
D_{SK}	10.050***	0.323***	0.108***	11.061***	11.105***	9.295***	29.275***
	(0.019)	*(0.017)*	*(0.026)*	*(0.022)*	*(0.034)*	*(0.031)*	*(0.031)*
D_{UA}	9.156***	0.097***	0.017	10.455***	12.140***	10.092***	31.494***
	(0.018)	*(0.016)*	*(0.025)*	*(0.021)*	*(0.032)*	*(0.030)*	*(0.029)*
D_{UK}	10.749***	1.231***	1.532***	11.806***	13.470***	12.446***	29.460***
	(0.017)	*(0.015)*	*(0.023)*	*(0.019)*	*(0.030)*	*(0.028)*	*(0.027)*
$D_{AT} \cdot t$	0.021***	-0.001	-0.001	0.027***	0.050***	0.020***	0.110***
	(0.004)	*(0.004)*	*(0.006)*	*(0.005)*	*(0.008)*	*(0.007)*	*(0.007)*
$D_{BE} \cdot t$	0.018***	0.002	0.002	0.027***	0.048***	0.031***	0.034***
	(0.004)	*(0.004)*	*(0.006)*	*(0.005)*	*(0.008)*	*(0.007)*	*(0.007)*
$D_{BG} \cdot t$	-0.002	-0.023***	-0.007	0.008	0.025***	-0.010	0.129***
	(0.005)	*(0.005)*	*(0.007)*	*(0.006)*	*(0.009)*	*(0.008)*	*(0.008)*
$D_{CS} \cdot t$	0.000	-0.027**	-0.011	0.078***	-0.079***	-0.023	0.012
	(0.014)	*(0.013)*	*(0.020)*	*(0.017)*	*(0.026)*	*(0.024)*	*(0.023)*
$D_{CZ} \cdot t$	0.033***	-0.030***	-0.020**	0.071***	0.052***	0.030***	0.050***
	(0.007)	*(0.006)*	*(0.009)*	*(0.008)*	*(0.012)*	*(0.011)*	*(0.011)*
$D_{DE} \cdot t$	0.014***	0.013***	0.019***	0.023***	0.042***	0.018**	0.023***
	(0.004)	*(0.004)*	*(0.006)*	*(0.005)*	*(0.008)*	*(0.007)*	*(0.007)*
$D_{DK} \cdot t$	0.015***	-0.003	-0.011*	0.019***	0.044***	0.024***	0.032***
	(0.004)	*(0.004)*	*(0.006)*	*(0.005)*	*(0.008)*	*(0.007)*	*(0.007)*

Tabelle B.1 (Fortsetzung):

	Abhängige Variable:						
	$\ln({}_{RWU}y)$	φ	φ^2	$\ln({}_{RWU}k)$	$\ln(EXIM)$	$\ln(GOV)$	HK
	(a)	*(b)*	*(c)*	*(d)*	*(e)*	*(f)*	*(g)*
Unabhängige Variablen	LSDV	LSDV	LSDV	LSDV	LSDV	LSDV	LSDV
$D_{EE'}\ t$	0.052***	0.038***	0.021***	0.079***	0.081***	0.034***	0.048***
	(0.005)	*(0.005)*	*(0.007)*	*(0.006)*	*(0.009)*	*(0.008)*	*(0.008)*
$D_{ES'}\ t$	0.003	0.009**	0.013**	0.015***	0.075***	0.034***	0.202***
	(0.004)	*(0.004)*	*(0.006)*	*(0.005)*	*(0.008)*	*(0.007)*	*(0.007)*
$D_{FI'}\ t$	0.031***	0.010**	0.012*	0.006	0.066***	0.017**	0.155***
	(0.004)	*(0.004)*	*(0.006)*	*(0.005)*	*(0.008)*	*(0.007)*	*(0.007)*
$D_{FR'}\ t$	0.008*	0.004	0.006	0.013**	0.043***	0.021***	0.166***
	(0.004)	*(0.004)*	*(0.006)*	*(0.005)*	*(0.008)*	*(0.007)*	*(0.007)*
$D_{GR'}\ t$	0.016***	0.023***	0.020***	0.021***	0.046***	0.032***	0.180***
	(0.004)	*(0.004)*	*(0.006)*	*(0.005)*	*(0.008)*	*(0.007)*	*(0.007)*
$D_{HR'}\ t$	0.074***	0.018***	0.013	0.084***	0.044***	0.019*	0.042***
	(0.007)	*(0.006)*	*(0.009)*	*(0.008)*	*(0.012)*	*(0.011)*	*(0.011)*
$D_{HU'}\ t$	0.036***	0.008*	0.003	0.029***	0.113***	0.014*	0.086***
	(0.004)	*(0.004)*	*(0.006)*	*(0.005)*	*(0.008)*	*(0.007)*	*(0.007)*
$D_{IE'}\ t$	0.033***	0.050***	0.076***	0.004	0.120***	0.055***	0.093***
	(0.004)	*(0.004)*	*(0.006)*	*(0.005)*	*(0.008)*	*(0.007)*	*(0.007)*
$D_{IT'}\ t$	0.011**	0.014***	0.012*	0.013**	0.049***	0.006	0.198***
	(0.004)	*(0.004)*	*(0.006)*	*(0.005)*	*(0.008)*	*(0.007)*	*(0.007)*
$D_{LT'}\ t$	0.043***	0.011*	0.004	0.071***	-0.002	0.048***	0.081***
	(0.007)	*(0.006)*	*(0.009)*	*(0.008)*	*(0.012)*	*(0.011)*	*(0.011)*
$D_{LV'}\ t$	0.050***	0.018***	0.006	0.073***	0.029**	0.044***	0.084***
	(0.007)	*(0.006)*	*(0.009)*	*(0.008)*	*(0.012)*	*(0.011)*	*(0.011)*
$D_{MK'}\ t$	0.022***	-0.020***	-0.010	0.046***	0.037***	0.031***	0.019*
	(0.007)	*(0.006)*	*(0.009)*	*(0.008)*	*(0.012)*	*(0.011)*	*(0.011)*

Tabelle B.1 (Fortsetzung):

	Abhängige Variable:						
	$\ln({}_{RWU}y)$	φ	φ^2	$\ln({}_{RWU}k)$	ln(*EXIM*)	ln(*GOV*)	*HK*
Unabhängige Variablen	*(a)* LSDV	*(b)* LSDV	*(c)* LSDV	*(d)* LSDV	*(e)* LSDV	*(f)* LSDV	*(g)* LSDV
$D_{NL} \cdot t$	0.009*	0.042***	0.082***	0.007	0.056***	0.083***	0.137***
	(0.004)	*(0.004)*	*(0.006)*	*(0.005)*	*(0.008)*	*(0.007)*	*(0.007)*
$D_{PL} \cdot t$	0.041***	0.014***	0.006	0.055***	0.075***	0.035***	0.087***
	(0.004)	*(0.004)*	*(0.006)*	*(0.005)*	*(0.008)*	*(0.007)*	*(0.007)*
$D_{PT} \cdot t$	0.016***	0.044***	0.049***	0.029***	0.044***	0.045***	0.171***
	(0.004)	*(0.004)*	*(0.006)*	*(0.005)*	*(0.008)*	*(0.007)*	*(0.007)*
$D_{RO} \cdot t$	0.021***	-0.020***	-0.007	0.023***	0.043***	0.006	0.062***
	(0.004)	*(0.004)*	*(0.006)*	*(0.005)*	*(0.008)*	*(0.007)*	*(0.007)*
$D_{SE} \cdot t$	0.027***	0.000	0.000	0.018***	0.064***	0.022***	0.191***
	(0.004)	*(0.004)*	*(0.006)*	*(0.005)*	*(0.008)*	*(0.007)*	*(0.007)*
$D_{SI} \cdot t$	0.040***	0.028***	0.012*	0.001	0.028***	0.044***	0.010
	(0.005)	*(0.005)*	*(0.007)*	*(0.006)*	*(0.009)*	*(0.008)*	*(0.008)*
$D_{SK} \cdot t$	0.046***	-0.009	-0.005	0.075***	0.075***	0.025**	0.060***
	(0.007)	*(0.006)*	*(0.009)*	*(0.008)*	*(0.012)*	*(0.011)*	*(0.011)*
$D_{UA} \cdot t$	-0.052***	-0.020***	-0.007	0.016**	0.031***	-0.155***	0.070***
	(0.006)	*(0.005)*	*(0.008)*	*(0.007)*	*(0.010)*	*(0.009)*	*(0.009)*
$D_{UK} \cdot t$	0.021***	0.032***	0.080***	0.010**	0.040***	0.019**	0.123***
	(0.004)	*(0.004)*	*(0.006)*	*(0.005)*	*(0.008)*	*(0.007)*	*(0.007)*
Beobachtungen	334	334	334	334	334	334	334
Länder	28	28	28	28	28	28	28
Wald-Test aller erklärenden	37,594.770***	14,648.750***	11,550.490***	37,938.420***	47,719.370***	71,396.690***	167,696.900***
Variablen (χ2-Statistik)	df=(55)	df=(55)	df=(55)	df=(55)	df=(55)	df=(55)	df=(55)

*ANMERKUNGEN: Signifikanzniveaus: *** = 0.01; ** = 0.05; *=0.1. Standardfehler in Klammern unter Schätzern.* ${}_{RWU}y$ = *Bruttowertschöpfung des nichtfinanziellen Privatsektors pro Beschäftigtem;* ${}_{RWU}k$ = *Kapitalstock des nichtfinanziellen Privatsektors pro Beschäftigtem;* ${}_{K}\varphi$ = *inländische Finanzaktiva des Banksektors, des Aktien- und des Anleihenmarktes gegenüber dem nichtfinanziellen Privatsektor als Prozentsatz des Kapitalstocks des nichtfinanziellen Privatsektors; EXIM = Aussenhandelsverflechtung (Exporte plus Importe); GOV = Konsumausgaben des öffentlichen Sektors; HK = Humankapital;* D_{LAND} = *länderspezifischer Interzept;* $D_{LAND} \cdot t$ = *länderspezifischer Interzept; alle Schätzungen wurden mit EViews 5.1 durchgeführt.*

Tabelle B.2: Ergebnisse der unrestringierten Basisschätzgleichung

	Abhängige Variable: $ln\ ({}_{RWU}y)$-0.3*$ln({}_{RWU}k)$					
Unabhängige Variablen			(a) WDTLS			
Österreich (AT)	$D_{AT} \cdot \kappa\varphi$	25.605	**	$D_{AT} \cdot \kappa\varphi^2$	-25.539	**
		(10.386)			*(10.293)*	
Belgien (BE)	$D_{BE} \cdot \kappa\varphi$	-7.415	*	$D_{BE} \cdot \kappa\varphi^2$	5.657	*
		(4.090)			*(3.164)*	
Bulgarien (BG)	$D_{BG} \cdot \kappa\varphi$	0.156		$D_{BG} \cdot \kappa\varphi^2$	2.183	
		(0.784)			*(2.591)*	
Serbien & Montenegro (CS)	$D_{CS} \cdot \kappa\varphi$	0.226		$D_{CS} \cdot \kappa\varphi^2$	-0.224	
		(4.671)			*(8.122)*	
Tschechien (CZ)	$D_{CZ} \cdot \kappa\varphi$	0.478		$D_{CZ} \cdot \kappa\varphi^2$	-0.255	
		(0.662)			*(0.873)*	
Deutschland (DE)	$D_{DE} \cdot \kappa\varphi$	0.393		$D_{DE} \cdot \kappa\varphi^2$	-0.243	
		(1.632)			*(1.100)*	
Dänemark (DK)	$D_{DK} \cdot \kappa\varphi$	-1.307	*	$D_{DK} \cdot \kappa\varphi^2$	0.462	*
		(0.671)			*(0.248)*	
Estland (EE)	$D_{EE} \cdot \kappa\varphi$	0.737		$D_{EE} \cdot \kappa\varphi^2$	-0.652	
		(0.567)			*(0.944)*	
Spanien (ES)	$D_{ES} \cdot \kappa\varphi$	-0.934		$D_{ES} \cdot \kappa\varphi^2$	0.694	
		(1.198)			*(0.890)*	
Finnland (FI)	$D_{FI} \cdot \kappa\varphi$	12.013	*	$D_{FI} \cdot \kappa\varphi^2$	-9.813	*
		(6.173)			*(5.263)*	
Frankreich (FR)	$D_{FR} \cdot \kappa\varphi$	3.741	*	$D_{FR} \cdot \kappa\varphi^2$	-2.572	*
		(2.045)			*(1.494)*	
Griechenland (GR)	$D_{GR} \cdot \kappa\varphi$	-0.364		$D_{GR} \cdot \kappa\varphi^2$	1.000	
		(0.543)			*(0.669)*	
Kroatien (HR)	$D_{HR} \cdot \kappa\varphi$	0.223		$D_{HR} \cdot \kappa\varphi^2$	0.439	
		(1.298)			*(1.842)*	
Ungarn (HU)	$D_{HU} \cdot \kappa\varphi$	4.883	***	$D_{HU} \cdot \kappa\varphi^2$	-14.129	***
		(1.314)			*(4.012)*	
Irland (IE)	$D_{IE} \cdot \kappa\varphi$	0.217		$D_{IE} \cdot \kappa\varphi^2$	0.056	
		(0.296)			*(0.185)*	
Italien (IT)	$D_{IT} \cdot \kappa\varphi$	0.273		$D_{IT} \cdot \kappa\varphi^2$	-0.689	
		(2.907)			*(3.321)*	
Littauen (LT)	$D_{LT} \cdot \kappa\varphi$	0.076		$D_{LT} \cdot \kappa\varphi^2$	-3.711	
		(7.308)			*(20.289)*	
Lettland (LV)	$D_{LV} \cdot \kappa\varphi$	0.489		$D_{LV} \cdot \kappa\varphi^2$	-0.218	
		(0.587)			*(1.906)*	
Mazedonien (MK)	$D_{MK} \cdot \kappa\varphi$	-0.823		$D_{MK} \cdot \kappa\varphi^2$	0.719	
		(1.618)			*(3.141)*	
Niederlande (NL)	$D_{NL} \cdot \kappa\varphi$	1.040	**	$D_{NL} \cdot \kappa\varphi^2$	-0.435	**
		(0.418)			*(0.211)*	
Polen (PL)	$D_{PL} \cdot \kappa\varphi$	0.610		$D_{PL} \cdot \kappa\varphi^2$	-0.834	
		(1.169)			*(2.689)*	

Tabelle B.2 (Fortsetzung):

Unabhängige Variablen	Abhängige Variable: $ln\,({}_{RWU}y)$-0.3*$ln({}_{RWU}k)$ (a) WDTLS					
Portugal (PT)	$D_{PT}\cdot{}_K\varphi$	1.126	***	$D_{PT}\cdot{}_K\varphi^2$	-0.840	***
		(0.210)			*(0.151)*	
Rumänien (RO)	$D_{RO}\cdot{}_K\varphi$	2.255	**	$D_{RO}\cdot{}_K\varphi^2$	-4.976	***
		(0.898)			*(1.870)*	
Sweden (SE)	$D_{SE}\cdot{}_K\varphi$	7.692		$D_{SE}\cdot{}_K\varphi^2$	-2.980	
		(14.065)			*(6.022)*	
Slowenien (SI)	$D_{SI}\cdot{}_K\varphi$	2.895	***	$D_{SI}\cdot{}_K\varphi^2$	-5.155	***
		(0.523)			*(1.089)*	
Slowakei (SK)	$D_{SK}\cdot{}_K\varphi$	6.342	***	$D_{SK}\cdot{}_K\varphi^2$	-10.154	***
		(2.251)			*(3.552)*	
Ukraine (UA)	$D_{UA}\cdot{}_K\varphi$	8.911	***	$D_{UA}\cdot{}_K\varphi^2$	-14.170	***
		(1.627)			*(3.733)*	
Großbritannien (UK)	$D_{UK}\cdot{}_K\varphi$	2.842	***	$D_{UK}\cdot{}_K\varphi^2$	-1.031	***
		(0.365)			*(0.134)*	
Beobachtungen					334	
Länder					28	

*ANMERKUNGEN: Signifikanzniveaus: *** = 0.01; ** = 0.05; *=0.1. Standardfehler in Klammern unter Schätzern. ${}_{RWU}y$ = Bruttowertschöpfung des nichtfinanziellen Privatsektors pro Beschäftigtem; ${}_{RWU}k$ = Kapitalstock des nichtfinanziellen Privatsektors pro Beschäftigtem; ${}_K\varphi$ = inländische Finanzaktiva des Banksektors, des Aktien- und des Anleihenmarktes gegenüber dem nichtfinanziellen Privatsektor als Prozentsatz des Kapitalstocks des nichtfinanziellen Privatsektors; D_{LAND} = Dummyvariable für die einzelnen Länder; WDTLS = "(Cross Section) Weighted Detrended Least Squares"-Schätzung; alle Schätzungen wurden mit EViews 5.1 durchgeführt.*

Tabelle B.3: Ergebnisse der teilrestringierten Basisschätzgleichung – Marktwirtschaften vs. Transformationsökonomien

Unabhängige Variablen		Abhängige Variable: $ln\ ({}_{RWU}y)$-0.3*$ln({}_{RWU}k)$ *(a)* WDTLS	
MARKTWIRTSCHAFTEN	$D_M \cdot {}_K\varphi$	0.263	***
		0.059	
	$D_M \cdot {}_K\varphi^2$	-0.103	***
		0.028	
TRANSFORMATIONSÖKONOMIEN	$D_T \cdot {}_K\varphi$	0.737	***
		0.191	
	$D_T \cdot {}_K\varphi^2$	-0.856	**
		0.361	
Beobachtungen		334	
Länder		28	

*ANMERKUNGEN: Signifikanzniveaus: *** = 0.01; ** = 0.05; *=0.1. Standardfehler in Klammern unter Schätzern. ${}_{RWU}y$ = Bruttowertschöpfung des nichtfinanziellen Privatsektors pro Beschäftigtem; ${}_{RWU}k$ = Kapitalstock des nichtfinanziellen Privatsektors pro Beschäftigtem; ${}_K\varphi$ = inländische Finanzaktiva des Banksektors, des Aktien- und des Anleihenmarktes gegenüber dem nichtfinanziellen Privatsektor als Prozentsatz des Kapitalstocks des nichtfinanziellen Privatsektors; DM = Dummyvariable für Marktwirtschaften; DT = Dummyvariable für Transformationsökonomien; WDTLS = "(Cross Section) Weighted Detrended Least Squares"-Schätzung; alle Schätzungen wurden mit EViews 5.1 durchgeführt.*

MARKTWIRTSCHAFTEN: Österreich, Belgien, Deutschland, Dänemark, Spanien, Finnland, Frankreich, Griechenland, Irland, Italien, Niederlande, Portugal, Schweden, Großbritannien

TRANSFORMATIONSÖKONOMIEN: Bulgarien, Serbien & Montenegro, Tschechien, Estland, Kroatien, Ungarn, Littauen, Lettland, Mazedonien, Polen, Rumänien, Slowenien, Slowakei, Ukraine

Appendix III: Simulation des Wachstumseffektes des Finanzsektors für das Jahr 2002

A. Marktwirtschaften

A.1. Österreich (AT)

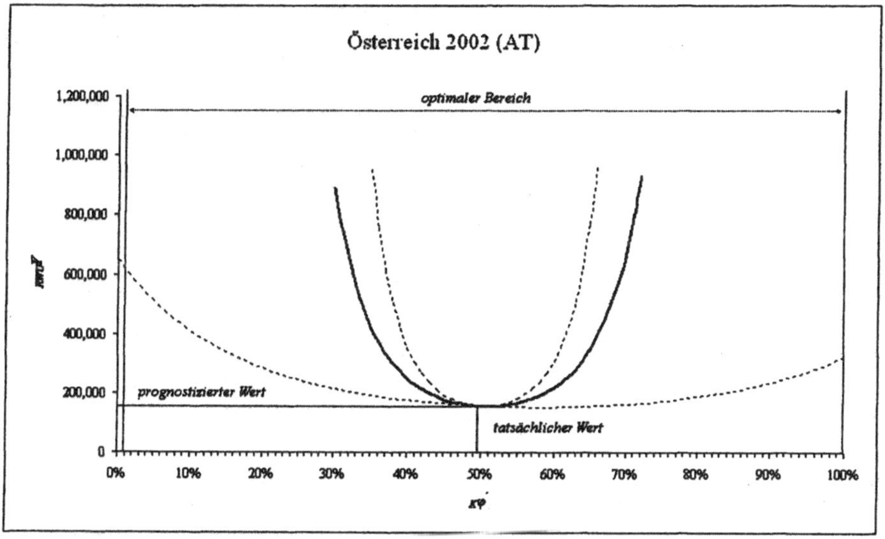

	Tatsächlicher Wert ($_{K}\dot{\varphi} = {}_{K}\varphi_{2002}$)	+0.75 Stabw. Optimaler Wert ($_{K}\dot{\varphi} = {}_{K}\varphi^{*}$)	Basisszenario Optimaler Wert ($_{K}\dot{\varphi} = {}_{K}\varphi^{*}$)	-0.75 Stabw. Optimaler Wert ($_{K}\dot{\varphi} = {}_{K}\varphi^{*}$)	Lücke
Bedeutung des Finanzsektors 2002 ($_{K}\varphi$) (in Prozent)	49.1%	0,0% - 100,0%	0,0% - 100,0%	0,0% - 100,0%	--
	Prognostizierter Wert	Optimaler Wert	Optimaler Wert	Optimaler Wert	Lücke
Bruttowertschöpfung des Realsektors 2002 ($_{RWU}Y$) (in Mill. €)	156,774	--	--	--	--
Parameter:					
γ_1	-40.868	-4.935	-40.868	-76.800	
γ_2	40.223	4.290	40.223	76.155	
L_{2002} (in Mill. Personen)	3.264	3.264	3.264	3.264	
α	0.3	0.3	0.3	0.3	
$_{RWU}K_{2002}$ (in Mill. €)	594,462	594,462	594,462	594,462	
ϕ_{2002} (in Personen pro Mill. inländische Finanzaktiva gegenüber dem Realsektor)	0.422	0.422	0.422	0.422	

A.2. Belgien (BE)

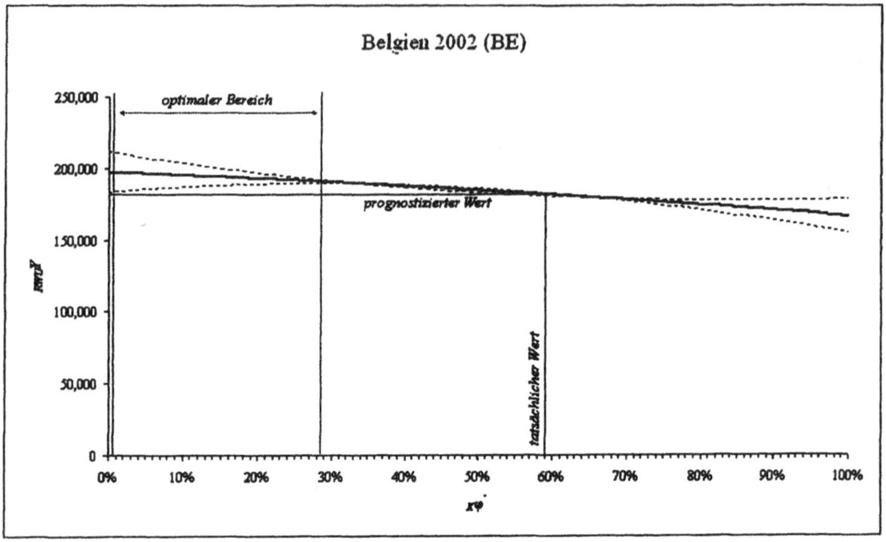

	Tatsächlicher Wert ($_{X}\dot{\varphi} = {}_{X}\varphi_{2002}$)	+0.75 Stabw. Optimaler Wert ($_{X}\dot{\varphi} = {}_{X}\varphi^{*}$)	Basisszenario Optimaler Wert ($_{X}\dot{\varphi} = {}_{X}\varphi^{*}$)	- 0.75 Stabw. Optimaler Wert ($_{X}\dot{\varphi} = {}_{X}\varphi^{*}$)	Lücke
Bedeutung des Finanzsektors 2002 ($_{X}\varphi$) (in Prozent)	59.0%	28.4%	0.0%	0.0%	-30.6% - -59.0%
	Prognostizierter Wert	Optimaler Wert	Optimaler Wert	Optimaler Wert	Lücke
Bruttowertschöpfung des Realsektors 2002 ($_{RWU}Y$) (in Mill. €)	181,713	189,603	197,070	211,373	4.3% - 16.3%
Parameter:					
γ_1	-0.033	0.279	-0.033	-0.346	
γ_2	-0.075	-0.388	-0.075	0.237	
L_{2002} (in Mill. Personen)	2.962	2.962	2.962	2.962	
a	0.3	0.3	0.3	0.3	
$_{RWU}K_{2002}$ (in Mill. €)	559,568	559,568	559,568	559,568	
ϕ_{2002} (in Personen pro Mill. inländische Finanzaktiva gegenüber dem Realsektor)	0.438	0.438	0.438	0.438	

A.3. Deutschland (DE)

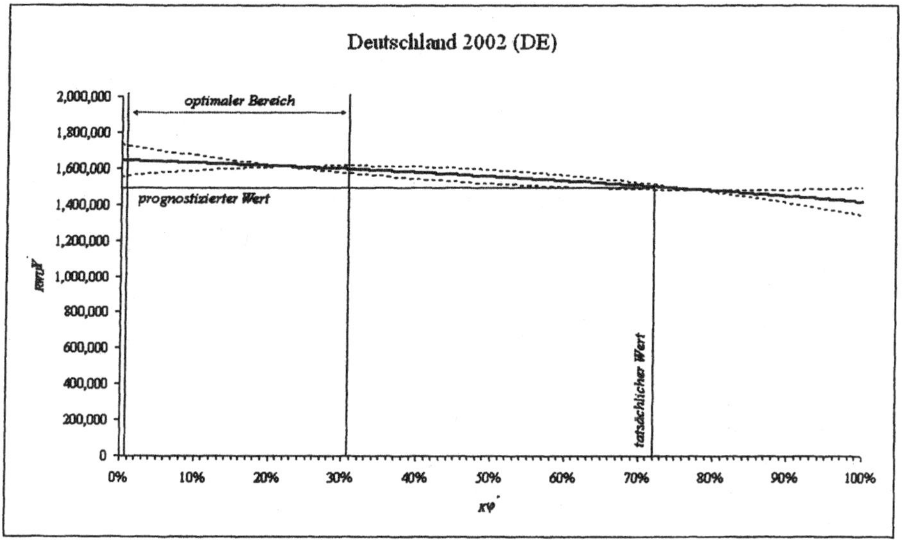

	Tatsächlicher Wert ($_K\dot{\varphi} = {_K\varphi_{2002}}$)	+0.75 Stabw. Optimaler Wert ($_K\dot{\varphi} = {_K\varphi^*}$)	Basisszenario Optimaler Wert ($_K\dot{\varphi} = {_K\varphi^*}$)	- 0.75 Stabw. Optimaler Wert ($_K\dot{\varphi} = {_K\varphi^*}$)	Lücke
Bedeutung des Finanzsektors 2002 ($_K\varphi$) (in Prozent)	72.0%	30.6%	0.0%	0.0%	-41.2% - -72.0%
	Prognostizierter Wert	Optimaler Wert	Optimaler Wert	Optimaler Wert	Lücke
Bruttowertschöpfung des Realsektors 2002 ($_{RWU}Y$) (in Mill. €)	1,494,783	1,614,941	1,643,049	1,733,571	8.0% - 16.0%
Parameter:					
γ_1	-0.033	0.279	-0.033	-0.346	
γ_2	-0.075	-0.388	-0.075	0.237	
L_{2002} (in Mill. Personen)	30.02	30.02	30.02	30.02	
α	0.3	0.3	0.3	0.3	
$_{RWU}K_{2002}$ (in Mill. €)	5,406,269	5,406,269	5,406,269	5,406,269	
ϕ_{2002} (in Personen pro Mill. inländische Finanzaktiva gegenüber dem Realsektor)	0.330	0.330	0.330	0.330	

A.4. Dänemark (DK)

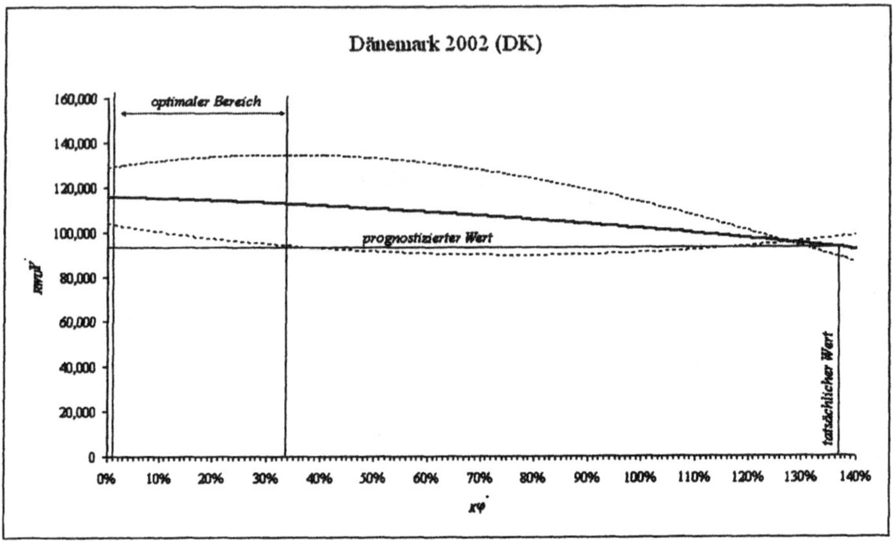

	Tatsächlicher Wert ($_{R}\dot{\varphi} = {}_{R}\varphi_{2002}$)	+0.75 Stabw. Optimaler Wert ($_{R}\dot{\varphi} = {}_{R}\varphi^*$)	Basisszenario Optimaler Wert ($_{R}\dot{\varphi} = {}_{R}\varphi^*$)	- 0.75 Stabw. Optimaler Wert ($_{R}\dot{\varphi} = {}_{R}\varphi^*$)	Lücke
Bedeutung des Finanzsektors 2002 ($_{R}\varphi$) (in Prozent)	136.9%	0.0%	0.0%	33.4%	-103.9% - -136.9%
	Prognostizierter Wert	Optimaler Wert	Optimaler Wert	Optimaler Wert	Lücke
Bruttowertschöpfung des Realsektors 2002 ($_{RWU}Y$) (in Mill. €)	93,179	103,637	115,610	134,659	11.2% - 44.5%
Parameter:					
γ_1	-0.033	-0.346	-0.033	0.279	
γ_2	-0.075	0.237	-0.075	-0.388	
L_{2002} (in Mill. Personen)	1.922	1.922	1.922	1.922	
α	0.3	0.3	0.3	0.3	
$_{RWU}K_{2002}$ (in Mill. €)	332,494	332,494	332,494	332,494	
ϕ_{2002} (in Personen pro Mill. inländische Finanzaktiva gegenüber dem Realsektor)	0.169	0.169	0.169	0.169	

A.5. Spanien (ES)

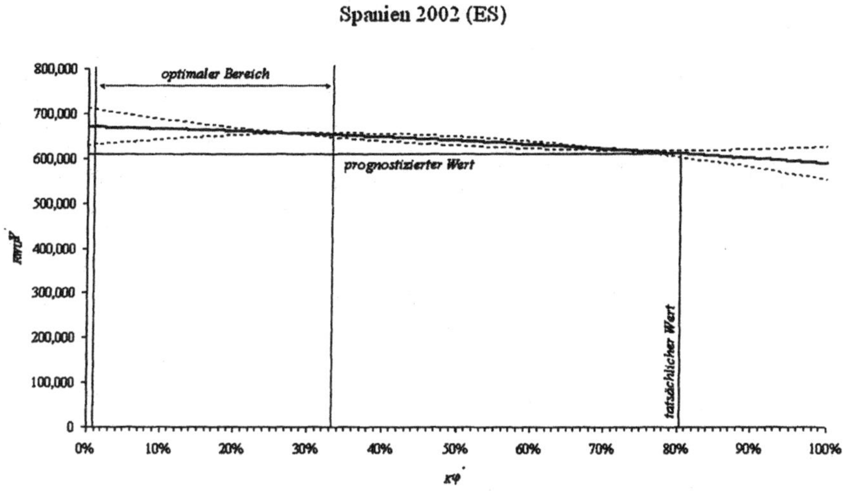

	Tatsächlicher Wert ($_{X}\dot{\varphi} = {}_{X}\varphi_{2002}$)	+0.75 Stabw. Optimaler Wert ($_{X}\dot{\varphi} = {}_{X}\varphi^{*}$)	Basisszenario Optimaler Wert ($_{X}\dot{\varphi} = {}_{X}\varphi^{*}$)	- 0.75 Stabw. Optimaler Wert ($_{X}\dot{\varphi} = {}_{X}\varphi^{*}$)	Lücke
Bedeutung des Finanzsektors 2002 ($_{X}\varphi$) (in Prozent)	80.4%	33.0%	0.0%	0.0%	-47.4% - -80.4%
	Prognostizierter Wert	Optimaler Wert	Optimaler Wert	Optimaler Wert	Lücke
Bruttowertschöpfung des Realsektors 2002 ($_{RWU}Y$) (in Mill. €)	610,730	656,235	669,423	712,257	7.5% - 16.6%
Parameter:					
γ_1	-0.033	0.279	-0.033	-0.346	
γ_2	-0.075	-0.388	-0.075	0.237	
L_{2002} (in Mill. Personen)	13.198	13.198	13.198	13.198	
α	0.3	0.3	0.3	0.3	
$_{RWU}K_{2002}$ (in Mill. €)	1,835,718	1,835,718	1,835,718	1,835,718	
ϕ_{2002} (in Personen pro Mill. inländische Finanzaktiva gegenüber dem Realsektor)	0.244	0.244	0.244	0.244	

A.6. Finnland (FI)

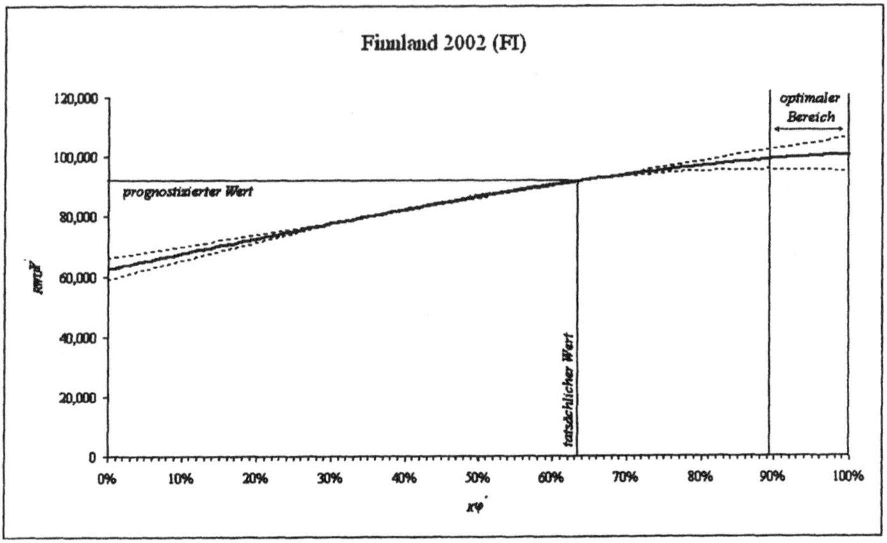

	Tatsächlicher Wert ($_{K}\dot{\varphi} = {_{K}\varphi}_{2002}$)	+0.75 Stabw. Optimaler Wert ($_{K}\dot{\varphi} = {_{K}\varphi}^{*}$)	Basisszenario Optimaler Wert ($_{K}\dot{\varphi} = {_{K}\varphi}^{*}$)	- 0.75 Stabw. Optimaler Wert ($_{K}\dot{\varphi} = {_{K}\varphi}^{*}$)	Lücke
Bedeutung des Finanzsektors 2002 ($_{K}\varphi$) (in Prozent)	63.2%	89.2%	100.0%	100.0%	26.0% - 36.8%
	Prognostizierter Wert	Optimaler Wert	Optimaler Wert	Optimaler Wert	Lücke
Bruttowertschöpfung des Realsektors 2002 ($_{RWU}Y$) (in Mill. €)	92,162	95,739	100,718	106,710	3.9% - 15.8%
Parameter:					
γ_1	0.861	1.113	0.861	0.609	
γ_2	-0.356	-0.609	-0.356	-0.104	
L_{2002} (in Mill. Personen)	1.6962	1.6962	1.6962	1.6962	
α	0.3	0.3	0.3	0.3	
$_{RWU}K_{2002}$ (in Mill. €)	322,557	322,557	322,557	322,557	
ϕ_{2002} (in Personen pro Mill. inländische Finanzaktiva gegenüber dem Realsektor)	0.196	0.196	0.196	0.196	

A.7. Frankreich (FR)

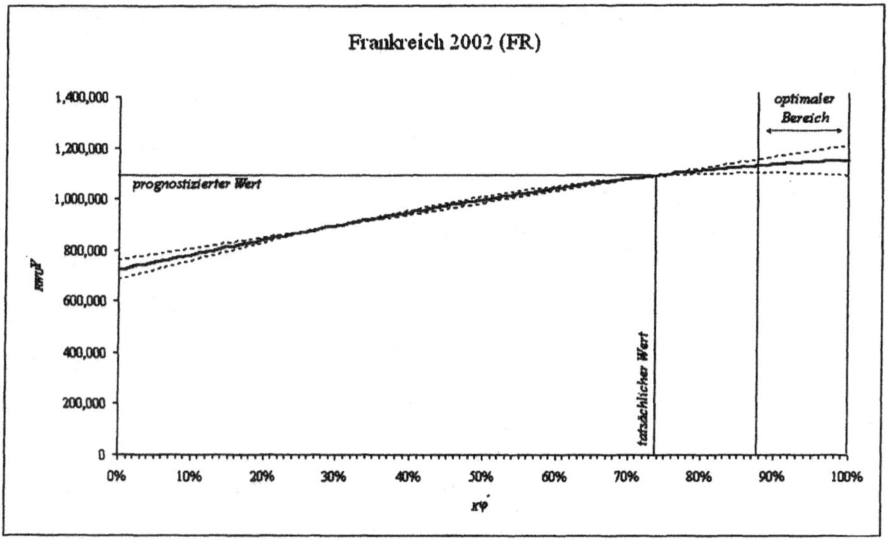

	Tatsächlicher Wert ($_K\dot{\varphi}={}_K\varphi_{2002}$)	+0.75 Stabw. Optimaler Wert ($_K\dot{\varphi}={}_K\varphi^*$)	Basisszenario Optimaler Wert ($_K\dot{\varphi}={}_K\varphi^*$)	- 0.75 Stabw. Optimaler Wert ($_K\dot{\varphi}={}_K\varphi^*$)	Lücke
Bedeutung des Finanzsektors 2002 ($_K\varphi$) (in Prozent)	73.8%	87.8%	100.0%	100.0%	14.0% - 26.2%
	Prognostizierter Wert	Optimaler Wert	Optimaler Wert	Optimaler Wert	Lücke
Bruttowertschöpfung des Realsektors 2002 ($_{RWU}Y$) (in Mill. €)	1,090,656	1,100,202	1,147,819	1,208,432	0.9% - 10.8%
Parameter:					
γ_1	0.861	1.113	0.861	0.609	
γ_2	-0.356	-0.609	-0.356	-0.104	
L_{2002} (in Mill. Personen)	18.383	18.383	18.383	18.383	
α	0.3	0.3	0.3	0.3	
$_{RWU}K_{2002}$ (in Mill. €)	3,398,054	3,398,054	3,398,054	3,398,054	
ϕ_{2002} (in Personen pro Mill. inländische Finanzaktiva gegenüber dem Realsektor)	0.324	0.324	0.324	0.324	

A.8. Griechenland (GR)

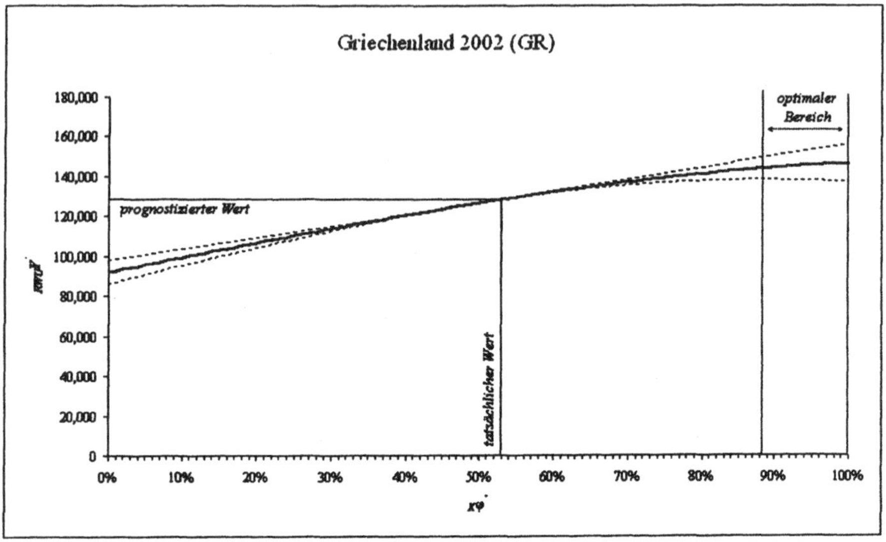

	Tatsächlicher Wert ($_K\dot{\varphi} = {}_K\varphi_{2002}$)	+0.75 Stabw. Optimaler Wert ($_K\dot{\varphi} = {}_K\varphi^*$)	Basisszenario Optimaler Wert ($_K\dot{\varphi} = {}_K\varphi^*$)	- 0.75 Stabw. Optimaler Wert ($_K\dot{\varphi} = {}_K\varphi^*$)	Lücke
Bedeutung des Finanzsektors 2002 ($_K\varphi$) (in Prozent)	52.9%	88.2%	100.0%	100.0%	35.3% - 47.1%
	Prognostizierter Wert	Optimaler Wert	Optimaler Wert	Optimaler Wert	Lücke
Bruttowertschöpfung des Realsektors 2002 ($_{RWU}Y$) (in Mill. €)	128,719	138,584	146,480	156,144	7.7% - 21.3%
Parameter:					
γ_1	0.861	1.113	0.861	0.609	
γ_2	-0.356	-0.609	-0.356	-0.104	
L_{2002} (in Mill. Personen)	3.2224	3.2224	3.2224	3.2224	
α	0.3	0.3	0.3	0.3	
$_{RWU}K_{2002}$ (in Mill. €)	401,398	401,398	401,398	401,398	
ϕ_{2002} (in Personen pro Mill. inländische Finanzaktiva gegenüber dem Realsektor)	0.428	0.428	0.428	0.428	

A.9. Irland (IE)

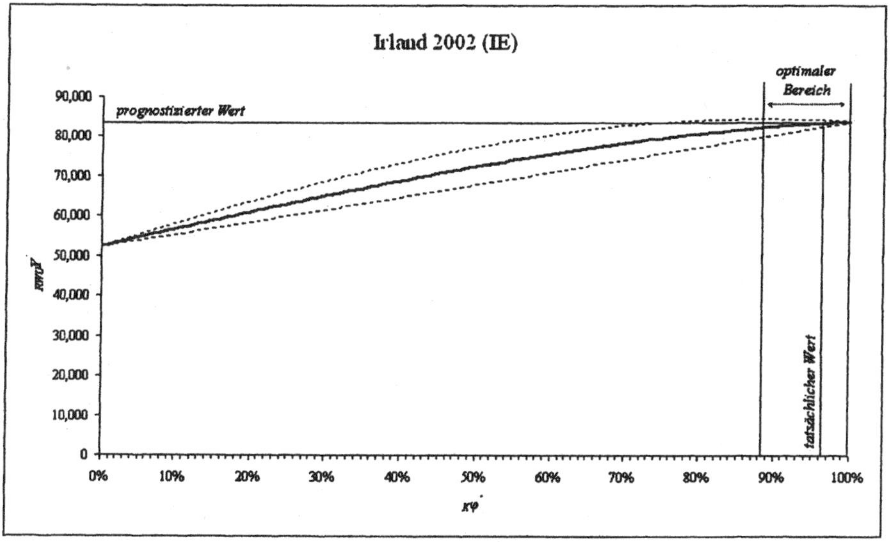

	Tatsächlicher Wert ($\dot{_K\varphi} = {_K\varphi}_{2002}$)	+0.75 Stabw. Optimaler Wert ($\dot{_K\varphi} = {_K\varphi}^*$)	Basisszenario Optimaler Wert ($\dot{_K\varphi} = {_K\varphi}^*$)	- 0.75 Stabw. Optimaler Wert ($\dot{_K\varphi} = {_K\varphi}^*$)	Lücke
Bedeutung des Finanzsektors 2002 (${_K\varphi}$) (in Prozent)	96.6%	88.3%	100.0%	100.0%	–
	Prognostizierter Wert	Optimaler Wert	Optimaler Wert	Optimaler Wert	Lücke
Bruttowertschöpfung des Realsektors 2002 (${_{RWU}Y}$) (in Mill. €)	83,320	84,529	83,670	83,515	–
Parameter:					
γ_1	0.861	1.113	0.861	0.609	
γ_2	-0.356	-0.609	-0.356	-0.104	
L_{2002} (in Mill. Personen)	1.430	1.430	1.430	1.430	
a	0.3	0.3	0.3	0.3	
${_{RWU}K}_{2002}$ (in Mill. €)	188,823	188,823	188,823	188,823	
ϕ_{2002} (in Personen pro Mill. inländische Finanzaktiva gegenüber dem Realsektor)	0.394	0.394	0.394	0.394	

A.10. Italien (IT)

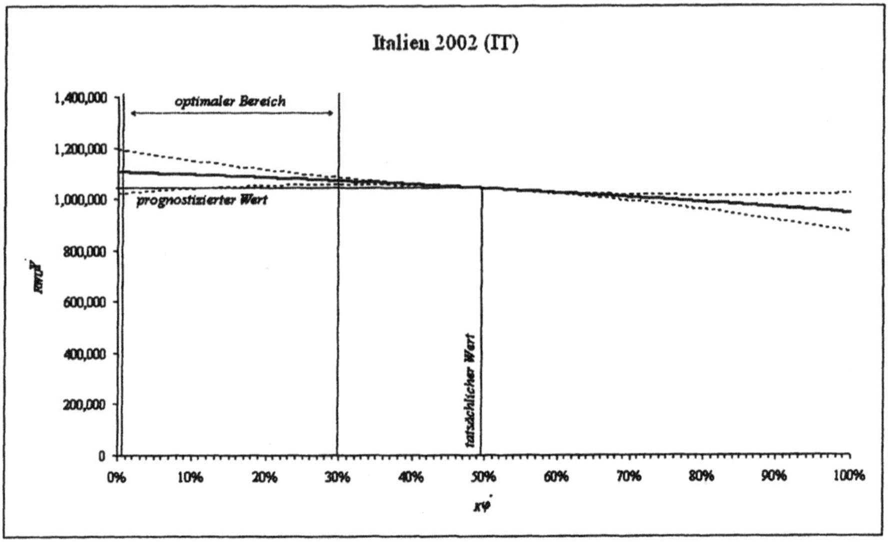

	Tatsächlicher Wert (${}_{R}\dot{\varphi} = {}_{R}\varphi_{2002}$)	+0.75 Stabw. Optimaler Wert (${}_{R}\dot{\varphi} = {}_{R}\varphi^{*}$)	Basisszenario Optimaler Wert (${}_{R}\dot{\varphi} = {}_{R}\varphi^{*}$)	- 0.75 Stabw. Optimaler Wert (${}_{R}\dot{\varphi} = {}_{R}\varphi^{*}$)	Lücke
Bedeutung des Finanzsektors 2002 (${}_{R}\varphi$) (in Prozent)	49.5%	29.9%	0.0%	0.0%	-19.6% - -49.5%
	Prognostizierter Wert	Optimaler Wert	Optimaler Wert	Optimaler Wert	Lücke
Bruttowertschöpfung des Realsektors 2002 (${}_{RWU}Y$) (in Mill. €)	1,042,319	1,057,950	1,104,684	1,194,409	1.5% - 14.6%
Parameter:					
γ_1	-0.033	0.279	-0.033	-0.346	
γ_2	-0.075	-0.388	-0.075	0.237	
L_{2002} (in Mill. Personen)	19.563	19.563	19.563	19.563	
α	0.3	0.3	0.3	0.3	
${}_{RWU}K_{2002}$ (in Mill. €)	3,388,075	3,388,075	3,388,075	3,388,075	
ϕ_{2002} (in Personen pro Mill. inländische Finanzaktiva gegenüber dem Realsektor)	0.383	0.383	0.383	0.383	

A.11. Niederlande (NL)

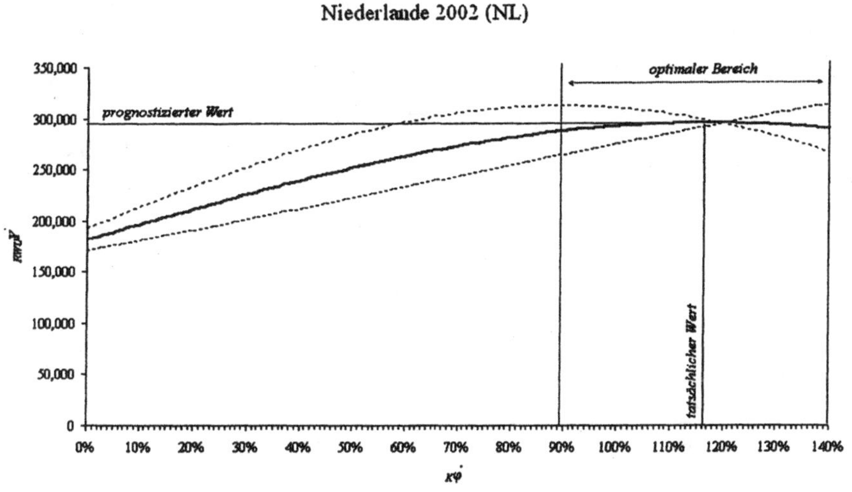

	Tatsächlicher Wert ($\dot{x\varphi} = x\varphi_{2002}$)	+0.75 Stabw. Optimaler Wert ($\dot{x\varphi} = x\varphi^*$)	Basisszenario Optimaler Wert ($\dot{x\varphi} = x\varphi^*$)	- 0.75 Stabw. Optimaler Wert ($\dot{x\varphi} = x\varphi^*$)	Lücke
Bedeutung des Finanzsektors 2002 ($x\varphi$) (in Prozent)	116.5%	89.0%	116.5%	140.0% →	–
	Prognostizierter Wert	Optimaler Wert	Optimaler Wert	Optimaler Wert	Lücke
Bruttowertschöpfung des Realsektors 2002 ($_{RWU}Y$) (in Mill. €)	295,018	312,414	295,018	313,877 →	–
Parameter:					
γ_1	0.861	1.113	0.861	0.609	
γ_2	-0.356	-0.609	-0.356	-0.104	
L_{2002} (in Mill. Personen)	6.331	6.331	6.331	6.331	
α	0.3	0.3	0.3	0.3	
$_{RWU}K_{2002}$ (in Mill. €)	969,593	969,593	969,593	969,593	
ϕ_{2002} (in Personen pro Mill. inländische Finanzaktiva gegenüber dem Realsektor)	0.268	0.268	0.268	0.268	

A.12. Portugal (PT)

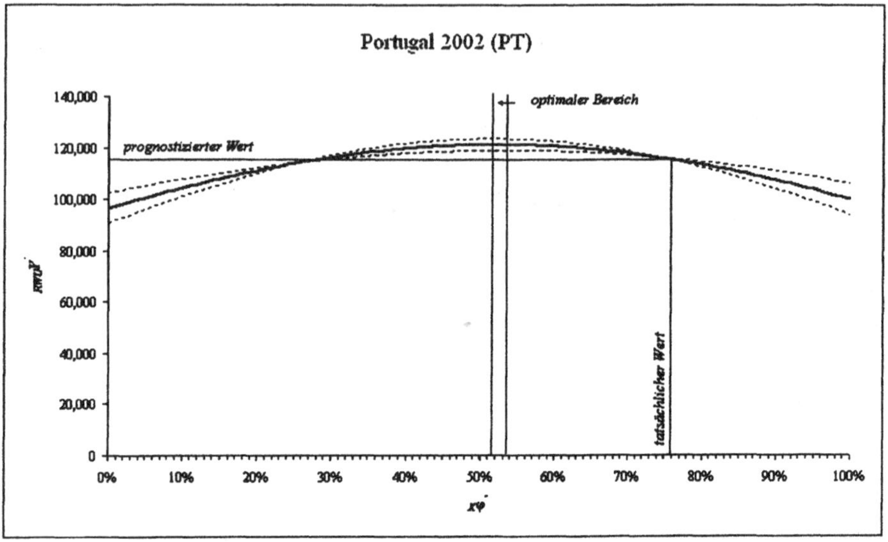

	Tatsächlicher Wert ($\dot{x\varphi} = x\varphi_{2002}$)	+0.75 Stabw. Optimaler Wert ($\dot{x\varphi} = x\varphi^*$)	Basisszenario Optimaler Wert ($\dot{x\varphi} = x\varphi^*$)	- 0.75 Stabw. Optimaler Wert ($\dot{x\varphi} = x\varphi^*$)	Lücke
Bedeutung des Finanzsektors 2002 ($x\varphi$) (in Prozent)	76.0%	51.5%	52.1%	53.3%	-22.7% - -24.5%
	Prognostizierter Wert	Optimaler Wert	Optimaler Wert	Optimaler Wert	Lücke
Bruttowertschöpfung des Realsektors 2002 ($_{RWU}Y$) (in Mill. €)	115,556	123,581	121,261	118,999	3.0% - 6.9%
Parameter:					
γ_1	0.900	1.219	0.900	0.581	
γ_2	-0.838	-1.157	-0.838	-0.519	
L_{2002} (in Mill. Personen)	3.963	3.963	3.963	3.963	
α	0.3	0.3	0.3	0.3	
$_{RWU}K_{2002}$ (in Mill. €)	429,312	429,312	429,312	429,312	
ϕ_{2002} (in Personen pro Mill. inländische Finanzaktiva gegenüber dem Realsektor)	0.345	0.345	0.345	0.345	

A.13. Schweden (SE)

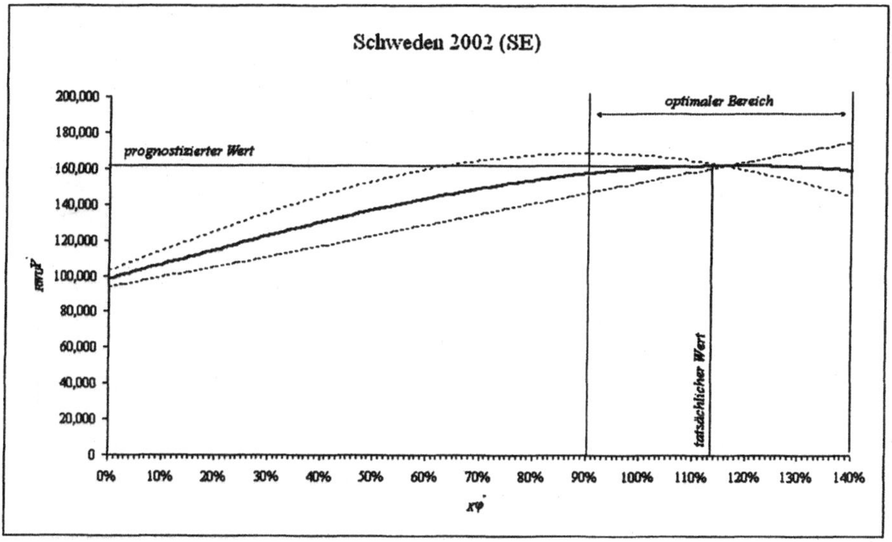

	Tatsächlicher Wert ($_{K}\dot{\varphi} = {}_{K}\varphi_{2002}$)	+0.75 Stabw. Optimaler Wert ($_{K}\dot{\varphi} = {}_{K}\varphi^{*}$)	Basisszenario Optimaler Wert ($_{K}\dot{\varphi} = {}_{K}\varphi^{*}$)	- 0.75 Stabw. Optimaler Wert ($_{K}\dot{\varphi} = {}_{K}\varphi^{*}$)	Lücke
Bedeutung des Finanzsektors 2002 ($_{K}\varphi$) (in Prozent)	113.4%	89.8%	117.9%	140.0% →	--
	Prognostizierter Wert	Optimaler Wert	Optimaler Wert	Optimaler Wert	Lücke
Bruttowertschöpfung des Realsektors 2002 ($_{RWU}Y$) (in Mill. €)	161,581	168,616	161,699	174,625 →	--
Parameter:					
γ_1	0.861	1.113	0.861	0.609	
γ_2	-0.356	-0.609	-0.356	-0.104	
L_{2002} (in Mill. Personen)	2.979	2.979	2.979	2.979	
α	0.3	0.3	0.3	0.3	
$_{RWU}K_{2002}$ (in Mill. €)	449,208	449,208	449,208	449,208	
ϕ_{2002} (in Personen pro Mill. inländische Finanzaktiva gegenüber dem Realsektor)	0.185	0.185	0.185	0.185	

A.14. Großbritannien (UK)

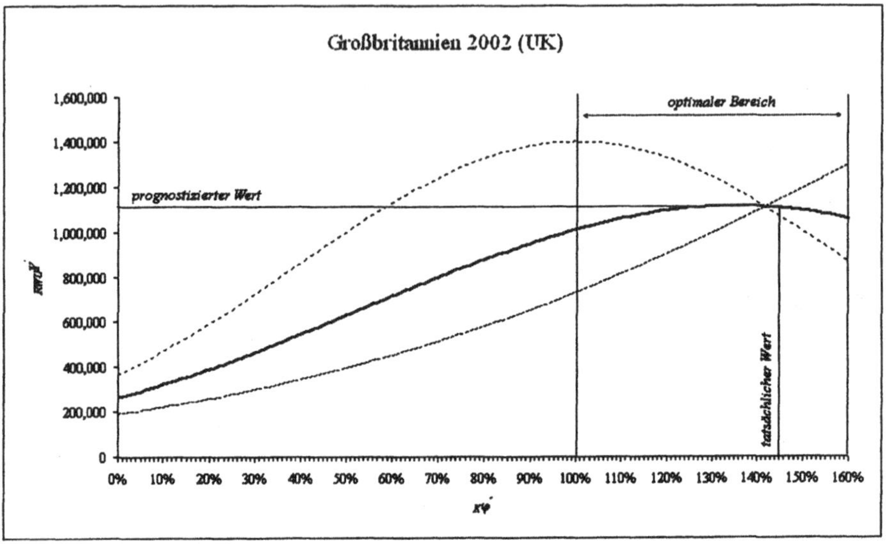

	Tatsächlicher Wert ($\dot{x\varphi} = x\varphi_{2002}$)	+0.75 Stabw. Optimaler Wert ($\dot{x\varphi} = x\varphi^*$)	Basisszenario Optimaler Wert ($\dot{x\varphi} = x\varphi^*$)	- 0.75 Stabw. Optimaler Wert ($\dot{x\varphi} = x\varphi^*$)	Lücke
Bedeutung des Finanzsektors 2002 ($x\varphi$) (in Prozent)	145.1%	100.1%	134.9%	160.0% →	–
	Prognostizierter Wert	Optimaler Wert	Optimaler Wert	Optimaler Wert	Lücke
Bruttowertschöpfung des Realsektors 2002 ($_{RWU}Y$) (in Mill. €)	1,105,877	1,401,920	1,115,005	1,298,994 →	–
Parameter:					
γ_1	2.165	2.715	2.165	1.615	
γ_2	-0.792	-1.342	-0.792	-0.242	
L_{2002} (in Mill. Personen)	22.241	22.241	22.241	22.241	
a	0.3	0.3	0.3	0.3	
$_{RWU}K_{2002}$ (in Mill. €)	3,021,758	3,021,758	3,021,758	3,021,758	
ϕ_{2002} (in Personen pro Mill. inländische Finanzaktiva gegenüber dem Realsektor)	0.280	0.280	0.280	0.280	

B. Transformationsökonomien

B.1. Bulgarien (BG)

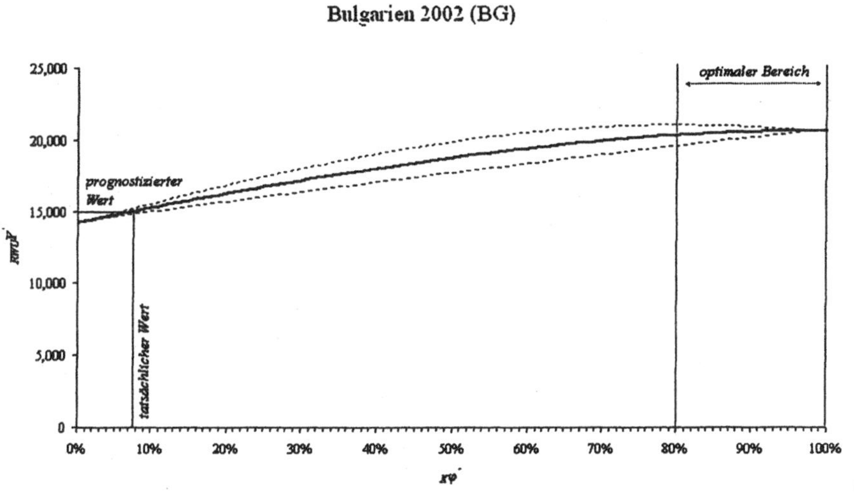

	Tatsächlicher Wert ($_K\dot{\varphi} = {}_K\varphi_{2002}$)	+0.75 Stabw. Optimaler Wert ($_K\dot{\varphi} = {}_K\varphi^*$)	Basisszenario Optimaler Wert ($_K\dot{\varphi} = {}_K\varphi^*$)	- 0.75 Stabw. Optimaler Wert ($_K\dot{\varphi} = {}_K\varphi^*$)	Lücke
Bedeutung des Finanzsektors 2002 ($_K\varphi$) (in Prozent)	7.6%	79.8%	100.0%	100.0%	72.2% - 92.4%
	Prognostizierter Wert	Optimaler Wert	Optimaler Wert	Optimaler Wert	Lücke
Bruttowertschöpfung des Realsektors 2002 ($_{RWU}Y$) (in Mill. €)	14,992	21,033	20,830	20,736	37.6% - 40.4%
Parameter:					
γ_1	0.861	1.113	0.861	0.609	
γ_2	-0.356	-0.609	-0.356	-0.104	
L_{2002} (in Mill. Personen)	2.531	2.531	2.531	2.531	
α	0.3	0.3	0.3	0.3	
$_{RWU}K_{2002}$ (in Mill. €)	56,618	56,618	56,618	56,618	
ϕ_{2002} (in Personen pro Mill. inländische Finanzaktiva gegenüber dem Realsektor)	7.794	7.794	7.794	7.794	

B.2. Serbien & Montenegro (CS)

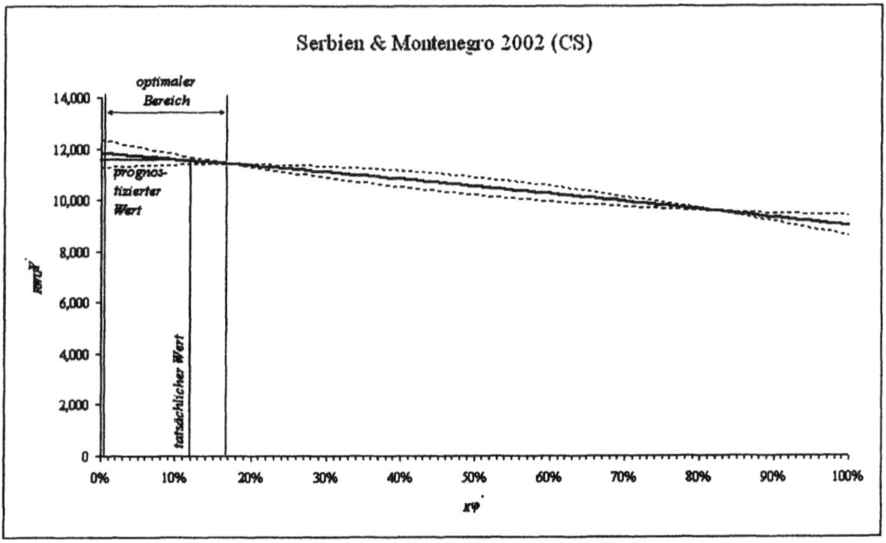

	Tatsächlicher Wert ($_{R}\dot{\varphi} = {}_{R}\varphi_{2002}$)	+0.75 Stabw. Optimaler Wert ($_{R}\dot{\varphi} = {}_{R}\varphi^{*}$)	Basisszenario Optimaler Wert ($_{R}\dot{\varphi} = {}_{R}\varphi^{*}$)	- 0.75 Stabw. Optimaler Wert ($_{R}\dot{\varphi} = {}_{R}\varphi^{*}$)	Lücke
Bedeutung des Finanzsektors 2002 ($_{R}\varphi$) (in Prozent)	11.8%	16.5%	0.0%	0.0%	--
	Prognostizierter Wert	Optimaler Wert	Optimaler Wert	Optimaler Wert	Lücke
Bruttowertschöpfung des Realsektors 2002 ($_{RWU}Y$) (in Mill. €)	11,446	11,407	11,806	12,354	--
Parameter:					
γ_1	-0.033	0.279	-0.033	-0.346	
γ_2	-0.075	-0.388	-0.075	0.237	
L_{2002} (in Mill. Personen)	1.417	1.417	1.417	1.417	
a	0.3	0.3	0.3	0.3	
$_{RWU}K_{2002}$ (in Mill. €)	21,628	21,628	21,628	21,628	
ϕ_{2002} (in Personen pro Mill. inländische Finanzaktiva gegenüber dem Realsektor)	13.669	13.669	13.669	13.669	

B.3. Tschechien (CZ)

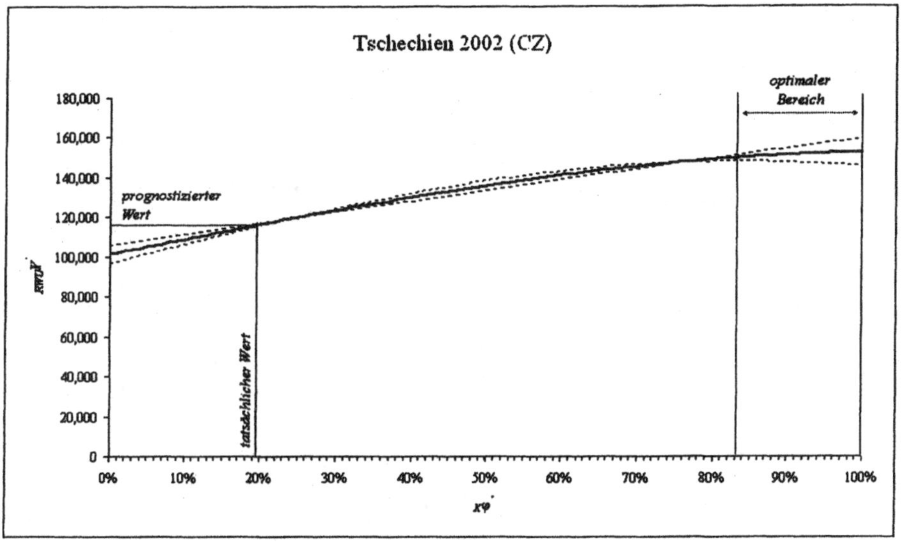

	Tatsächlicher Wert ($_{K}\dot{\varphi} = {}_{K}\varphi_{2002}$)	+0.75 Stabw. Optimaler Wert ($_{K}\dot{\varphi} = {}_{K}\varphi^{*}$)	Basisszenario Optimaler Wert ($_{K}\dot{\varphi} = {}_{K}\varphi^{*}$)	- 0.75 Stabw. Optimaler Wert ($_{K}\dot{\varphi} = {}_{K}\varphi^{*}$)	Lücke
Bedeutung des Finanzsektors 2002 ($_{K}\varphi$) (in Prozent)	19.3%	83.1%	100.0%	100.0%	63.8% - 80.7%
	Prognostizierter Wert	Optimaler Wert	Optimaler Wert	Optimaler Wert	Lücke
Bruttowertschöpfung des Realsektors 2002 ($_{RWU}Y$) (in Mill. €)	116,349	148,259	152,508	159,652	27.4% - 37.2%
Parameter:					
γ_1	0.861	1.113	0.861	0.609	
γ_2	-0.356	-0.609	-0.356	-0.104	
L_{2002} (in Mill. Personen)	3.826	3.826	3.826	3.826	
α	0.3	0.3	0.3	0.3	
$_{RWU}K_{2002}$ (in Mill. €)	404,373	404,373	404,373	404,373	
ϕ_{2002} (in Personen pro Mill. inländische Finanzaktiva gegenüber dem Realsektor)	1.219	1.219	1.219	1.219	

B.4. Estland (EE)

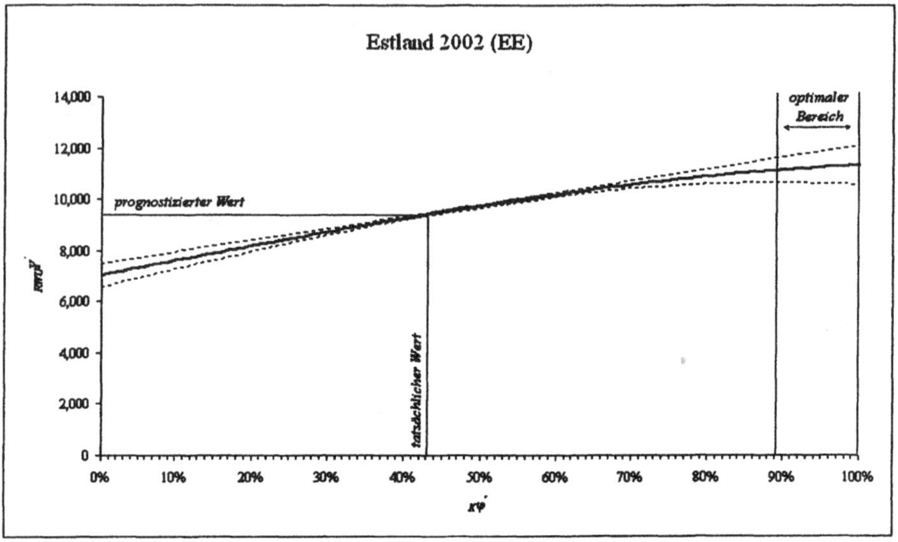

	Tatsächlicher Wert ($_{K}\dot{\varphi} = {}_{K}\varphi_{2002}$)	+0.75 Stabw. Optimaler Wert ($_{K}\dot{\varphi} = {}_{K}\varphi^{*}$)	Basisszenario Optimaler Wert ($_{K}\dot{\varphi} = {}_{K}\varphi^{*}$)	- 0.75 Stabw. Optimaler Wert ($_{K}\dot{\varphi} = {}_{K}\varphi^{*}$)	Lücke
Bedeutung des Finanzsektors 2002 ($_{K}\varphi$) (in Prozent)	43.0%	89.1%	100.0%	100.0%	46.1% - 57.0%
	Prognostizierter Wert	Optimaler Wert	Optimaler Wert	Optimaler Wert	Lücke
Bruttowertschöpfung des Realsektors 2002 ($_{RWU}Y$) (in Mill. €)	9,451	10,657	11,320	12,113	12.8% - 28.2%
Parameter:					
γ_1	0.861	1.113	0.861	0.609	
γ_2	-0.356	-0.609	-0.356	-0.104	
L_{2002} (in Mill. Personen)	0.465	0.465	0.465	0.465	
α	0.3	0.3	0.3	0.3	
$_{RWU}K_{2002}$ (in Mill. €)	24,210	24,210	24,210	24,210	
ϕ_{2002} (in Personen pro Mill. inländische Finanzaktiva gegenüber dem Realsektor)	0.000	0.000	0.000	0.000	

B.5. Kroatien (HR)

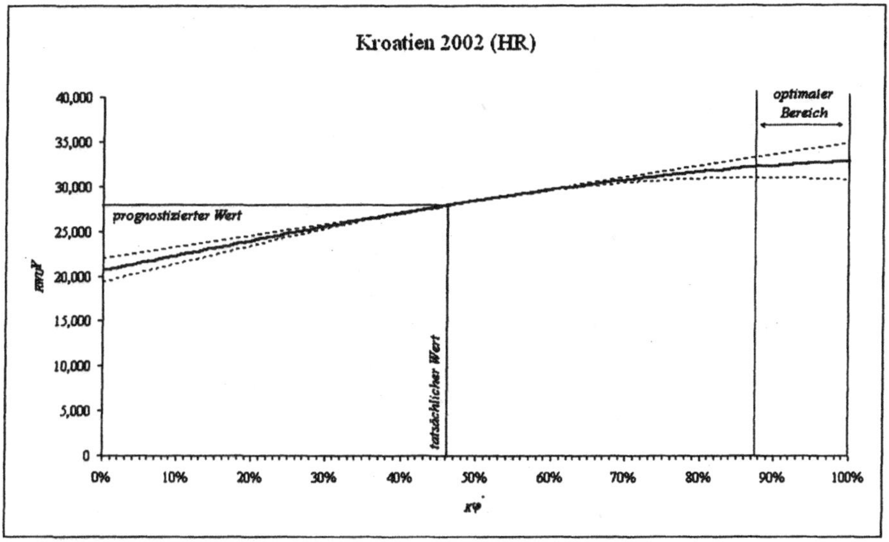

	Tatsächlicher Wert ($_K\dot{\varphi} = {}_K\varphi_{2002}$)	+0.75 Stabw. Optimaler Wert ($_K\dot{\varphi} = {}_K\varphi^*$)	Basisszenario Optimaler Wert ($_K\dot{\varphi} = {}_K\varphi^*$)	- 0.75 Stabw. Optimaler Wert ($_K\dot{\varphi} = {}_K\varphi^*$)	Lücke
Bedeutung des Finanzsektors 2002 ($_K\varphi$) (in Prozent)	46.0%	87.7%	100.0%	100.0%	41.7% - 54.0%
	Prognostizierter Wert	Optimaler Wert	Optimaler Wert	Optimaler Wert	Lücke
Bruttowertschöpfung des Realsektors 2002 ($_{RWU}Y$) (in Mill. €)	27,901	31,003	32,737	34,889	11.1% - 25.0%
Parameter:					
γ_1	0.861	1.113	0.861	0.609	
γ_2	-0.356	-0.609	-0.356	-0.104	
L_{2002} (in Mill. Personen)	1.073	1.073	1.073	1.073	
α	0.3	0.3	0.3	0.3	
$_{RWU}K_{2002}$ (in Mill. €)	62,072	62,072	62,072	62,072	
ϕ_{2002} (in Personen pro Mill. inländische Finanzaktiva gegenüber dem Realsektor)	1.061	1.061	1.061	1.061	

B.6. Ungarn (HU)

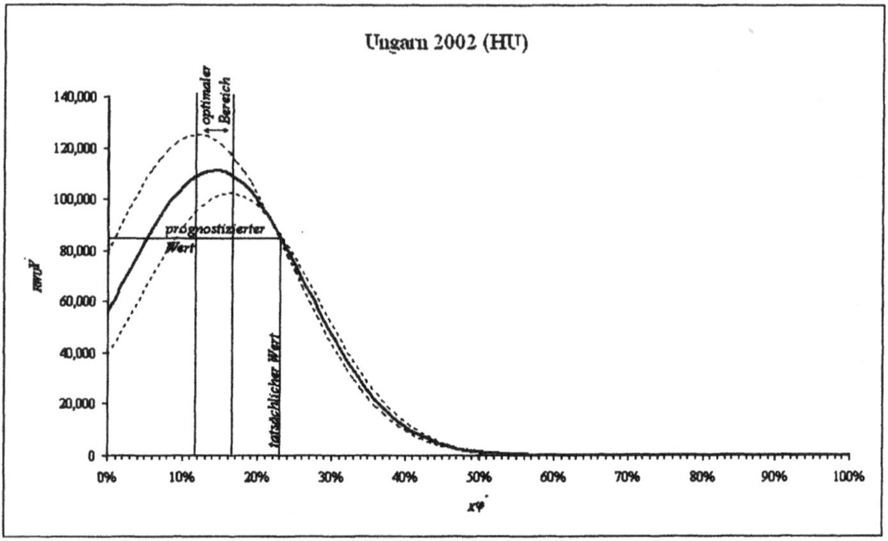

	Tatsächlicher Wert ($_{X}\dot{\varphi} = {}_{X}\varphi_{2002}$)	+ 0.75 Stabw. Optimaler Wert ($_{X}\dot{\varphi} = {}_{X}\varphi^{*}$)	Basisszenario Optimaler Wert ($_{X}\dot{\varphi} = {}_{X}\varphi^{*}$)	- 0.75 Stabw. Optimaler Wert ($_{X}\dot{\varphi} = {}_{X}\varphi^{*}$)	Lücke
Bedeutung des Finanzsektors 2002 ($_{X}\varphi$) (in Prozent)	23.0%	16.2%	14.1%	11.9%	-6.8% - -11.1%
	Prognostizierter Wert	Optimaler Wert	Optimaler Wert	Optimaler Wert	Lücke
Bruttowertschöpfung des Realsektors 2002 ($_{RWU}Y$) (in Mill. €)	85,403	102,191	111,234	124,979	19.7% - 46.3%
Parameter:					
γ_1	9.790	11.845	9.790	7.736	
γ_2	-34.345	-36.400	-34.345	-32.291	
L_{2002} (in Mill. Personen)	3.030	3.030	3.030	3.030	
α	0.3	0.3	0.3	0.3	
$_{RWU}K_{2002}$ (in Mill. €)	312,461	312,461	312,461	312,461	
ϕ_{2002} (in Personen pro Mill. inländische Finanzaktiva gegenüber dem Realsektor)	1.048	1.048	1.048	1.048	

B.7. Litauen (LT)

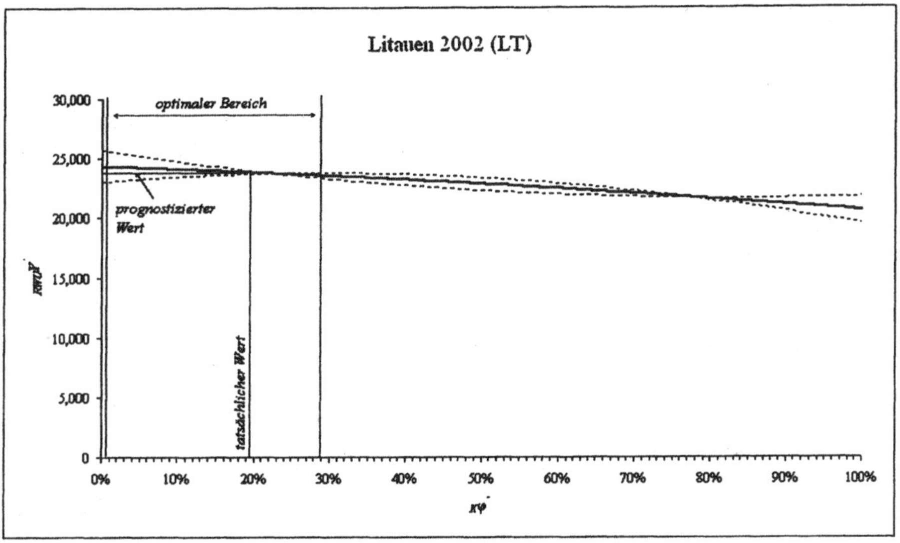

	Tatsächlicher Wert ($_K\dot{\varphi} = {}_K\varphi_{2002}$)	+ 0.75 Stabw. Optimaler Wert ($_K\dot{\varphi} = {}_K\varphi^*$)	Basisszenario Optimaler Wert ($_K\dot{\varphi} = {}_K\varphi^*$)	- 0.75 Stabw. Optimaler Wert ($_K\dot{\varphi} = {}_K\varphi^*$)	Lücke
Bedeutung des Finanzsektors 2002 ($_K\varphi$) (in Prozent)	19.4%	28.9%	0.0%	0.0%	–
	Prognostizierter Wert	Optimaler Wert	Optimaler Wert	Optimaler Wert	Lücke
Bruttowertschöpfung des Realsektors 2002 ($_{RWU}Y$) (in Mill. €)	23,833	23,779	24,313	25,678	–
Parameter:					
γ_1	-0.033	0.279	-0.033	-0.346	
γ_2	-0.075	-0.388	-0.075	0.237	
L_{2002} (in Mill. Personen)	1.248	1.248	1.248	1.248	
α	0.3	0.3	0.3	0.3	
$_{RWU}K_{2002}$ (in Mill. €)	60,711	60,711	60,711	60,711	
ϕ_{2002} (in Personen pro Mill. inländische Finanzaktiva gegenüber dem Realsektor)	1.600	1.600	1.600	1.600	

B.8. Lettland (LV)

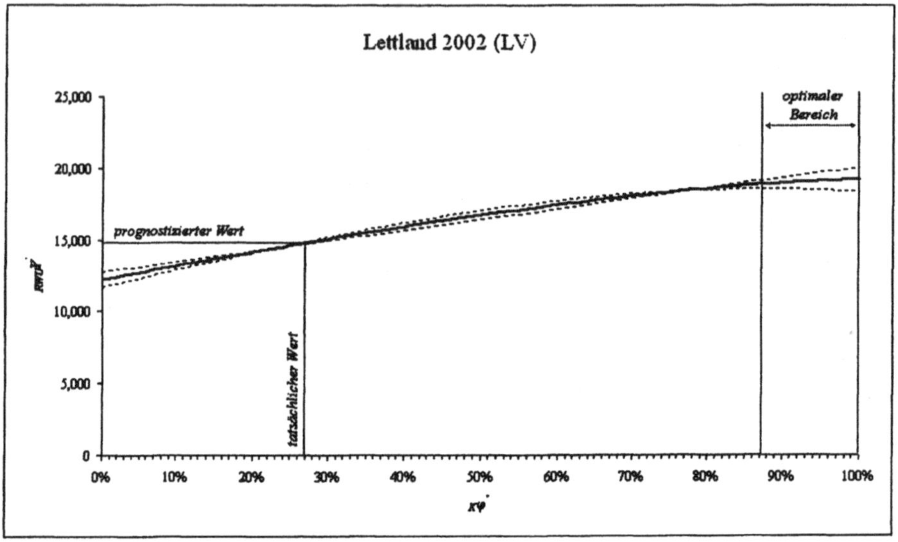

	Tatsächlicher Wert (${}_K\dot{\varphi} = {}_K\varphi_{2002}$)	+0.75 Stabw. Optimaler Wert (${}_K\dot{\varphi} = {}_K\varphi^*$)	Basisszenario Optimaler Wert (${}_K\dot{\varphi} = {}_K\varphi^*$)	- 0.75 Stabw. Optimaler Wert (${}_K\dot{\varphi} = {}_K\varphi^*$)	Lücke
Bedeutung des Finanzsektors 2002 (${}_K\varphi$) (in Prozent)	26.8%	87.1%	100.0%	100.0%	60.3% - 73.2%
	Prognostizierter Wert	Optimaler Wert	Optimaler Wert	Optimaler Wert	Lücke
Bruttowertschöpfung des Realsektors 2002 (${}_{RWU}Y$) (in Mill. €)	14,790	18,563	19,208	20,077	25.5% - 35.7%
Parameter:					
γ_1	0.861	1.113	0.861	0.609	
γ_2	-0.356	-0.609	-0.356	-0.104	
L_{2002} (in Mill. Personen)	0.867	0.867	0.867	0.867	
a	0.3	0.3	0.3	0.3	
${}_{RWU}K_{2002}$ (in Mill. €)	30,853	30,853	30,853	30,853	
ϕ_{2002} (in Personen pro Mill. inländische Finanzaktiva gegenüber dem Realsektor)	1.980	1.980	1.980	1.980	

B.9. Mazedonien (MK)

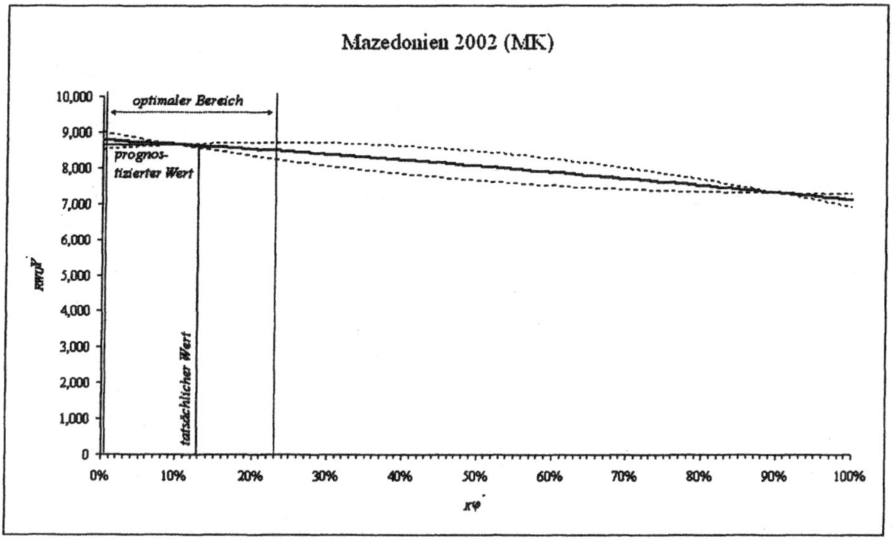

	Tatsächlicher Wert ($x\dot{\varphi}=x\varphi_{2002}$)	+0.75 Stabw. Optimaler Wert ($x\dot{\varphi}=x\varphi^*$)	Basisszenario Optimaler Wert ($x\dot{\varphi}=x\varphi^*$)	-0.75 Stabw. Optimaler Wert ($x\dot{\varphi}=x\varphi^*$)	Lücke
Bedeutung des Finanzsektors 2002 ($x\varphi$) (in Prozent)	12.9%	23.0%	0.0%	0.0%	–
	Prognostizierter Wert	Optimaler Wert	Optimaler Wert	Optimaler Wert	Lücke
Bruttowertschöpfung des Realsektors 2002 ($_{RWU}Y$) (in Mill. €)	8,619	8,722	8,777	9,020	–
Parameter:					
γ_1	-0.033	0.279	-0.033	-0.346	
γ_2	-0.075	-0.388	-0.075	0.237	
L_{2002} (in Mill. Personen)	0.468	0.468	0.468	0.468	
α	0.3	0.3	0.3	0.3	
$_{RWU}K_{2002}$ (in Mill. €)	24,136	24,136	24,136	24,136	
ϕ_{2002} (in Personen pro Mill. inländische Finanzaktiva gegenüber dem Realsektor)	2.704	2.704	2.704	2.704	

B.10. Polen (PL)

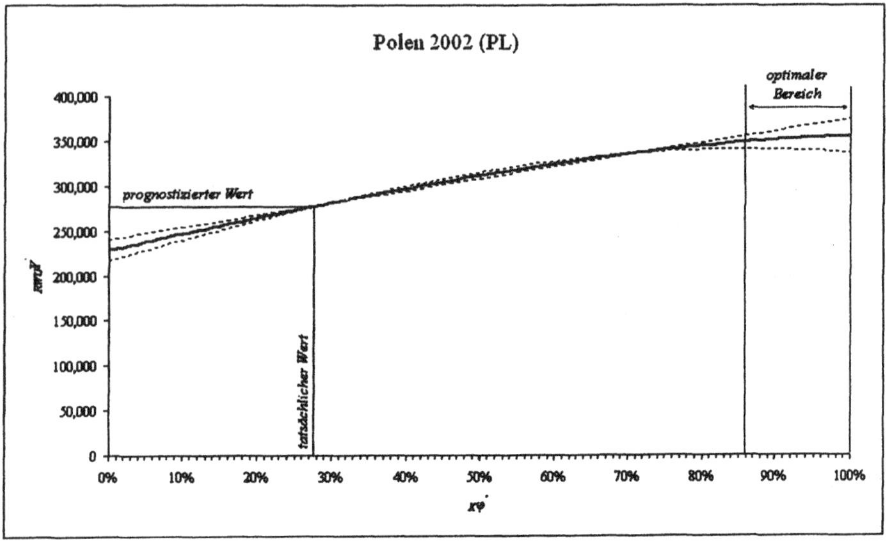

	Tatsächlicher Wert ($_{K}\dot{\varphi} = {}_{K}\varphi_{2002}$)	+0.75 Stabw. Optimaler Wert ($_{K}\dot{\varphi} = {}_{K}\varphi^{*}$)	Basisszenario Optimaler Wert ($_{K}\dot{\varphi} = {}_{K}\varphi^{*}$)	- 0.75 Stabw. Optimaler Wert ($_{K}\dot{\varphi} = {}_{K}\varphi^{*}$)	Lücke
Bedeutung des Finanzsektors 2002 ($_{K}\varphi$) (in Prozent)	27.5%	85.9%	100.0%	100.0%	58.4% - 72.5%
	Prognostizierter Wert	Optimaler Wert	Optimaler Wert	Optimaler Wert	Lücke
Bruttowertschöpfung des Realsektors 2002 ($_{RWU}Y$) (in Mill. €)	277,569	341,362	355,321	374,355	23.0% - 34.9%
Parameter:					
γ_1	0.861	1.113	0.861	0.609	
γ_2	-0.356	-0.609	-0.356	-0.104	
L_{2002} (in Mill. Personen)	12.268	12.268	12.268	12.268	
α	0.3	0.3	0.3	0.3	
$_{RWU}K_{2002}$ (in Mill. €)	592,736	592,736	592,736	592,736	
ϕ_{2002} (in Personen pro Mill. inländische Finanzaktiva gegenüber dem Realsektor)	1.827	1.827	1.827	1.827	

B.11. Rumänien (RO)

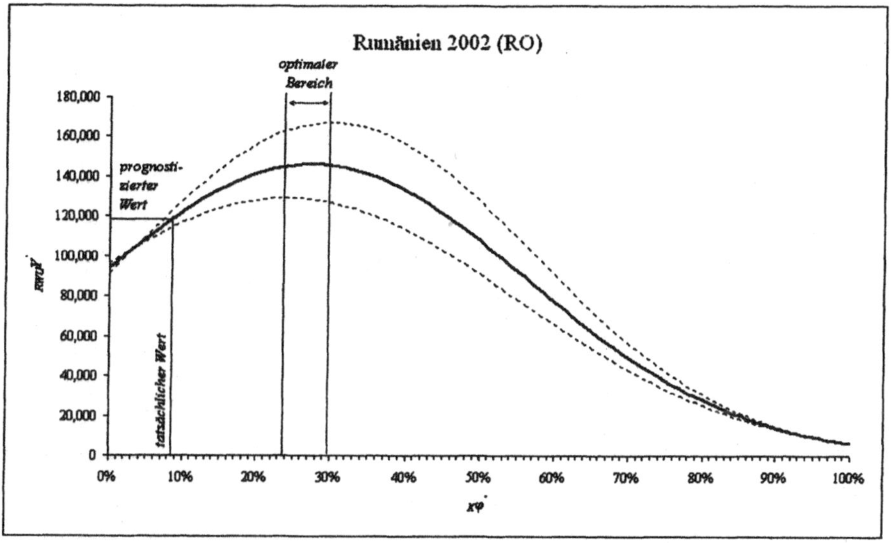

	Tatsächlicher Wert ($x\varphi = x\varphi_{2002}$)	+0.75 Stabw. Optimaler Wert ($x\varphi = x\varphi^*$)	Basisszenario Optimaler Wert ($x\varphi = x\varphi^*$)	- 0.75 Stabw. Optimaler Wert ($x\varphi = x\varphi^*$)	Lücke
Bedeutung des Finanzsektors 2002 ($x\varphi$) (in Prozent)	8.5%	29.9%	27.3%	23.8%	15.3% - 21.4%
	Prognostizierter Wert	Optimaler Wert	Optimaler Wert	Optimaler Wert	Lücke
Bruttowertschöpfung des Realsektors 2002 ($_{RWU}Y$) (in Mill. €)	118,530	166,976	146,179	129,347	9.1% - 40.9%
Parameter:					
γ_1	3.319	4.096	3.319	2.542	
γ_2	-5.941	-6.718	-5.941	-5.164	
L_{2002} (in Mill. Personen)	7.408	7.408	7.408	7.408	
a	0.3	0.3	0.3	0.3	
$_{RWU}K_{2002}$ (in Mill. €)	283,940	283,940	283,940	283,940	
ϕ_{2002} (in Personen pro Mill. inländische Finanzaktiva gegenüber dem Realsektor)	2.863	2.863	2.863	2.863	

B.12. Slowenien (SI)

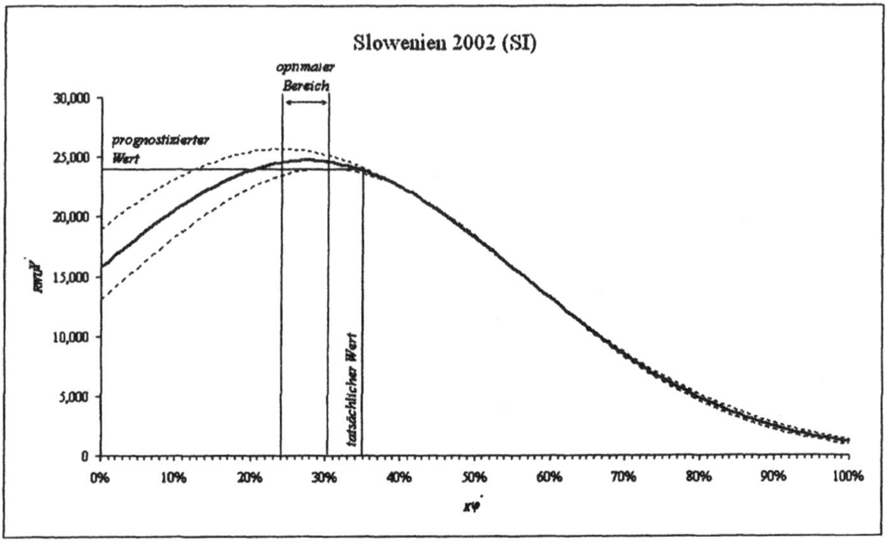

	Tatsächlicher Wert ($_K\dot{\varphi} = _K\varphi_{2002}$)	+0.75 Stabw. Optimaler Wert ($_K\dot{\varphi} = _K\varphi^*$)	Basisszenario Optimaler Wert ($_K\dot{\varphi} = _K\varphi^*$)	- 0.75 Stabw. Optimaler Wert ($_K\dot{\varphi} = _K\varphi^*$)	Lücke
Bedeutung des Finanzsektors 2002 ($_K\varphi$) (in Prozent)	34.9%	24.1%	27.5%	30.1%	-4.8% - -10.8%
	Prognostizierter Wert	Optimaler Wert	Optimaler Wert	Optimaler Wert	Lücke
Bruttowertschöpfung des Realsektors 2002 ($_{RWU}Y$) (in Mill. €)	23,902	25,658	24,694	24,018	0.5% - 7.3%
Parameter:					
γ_1	3.319	2.542	3.319	4.096	
γ_2	-5.941	-5.164	-5.941	-6.718	
L_{2002} (in Mill. Personen)	0.753	0.753	0.753	0.753	
a	0.3	0.3	0.3	0.3	
$_{RWU}K_{2002}$ (in Mill. €)	62,392	62,392	62,392	62,392	
ϕ_{2002} (in Personen pro Mill. inländische Finanzaktiva gegenüber dem Realsektor)	0.964	0.964	0.964	0.964	

B.13. Slowakei (SK)

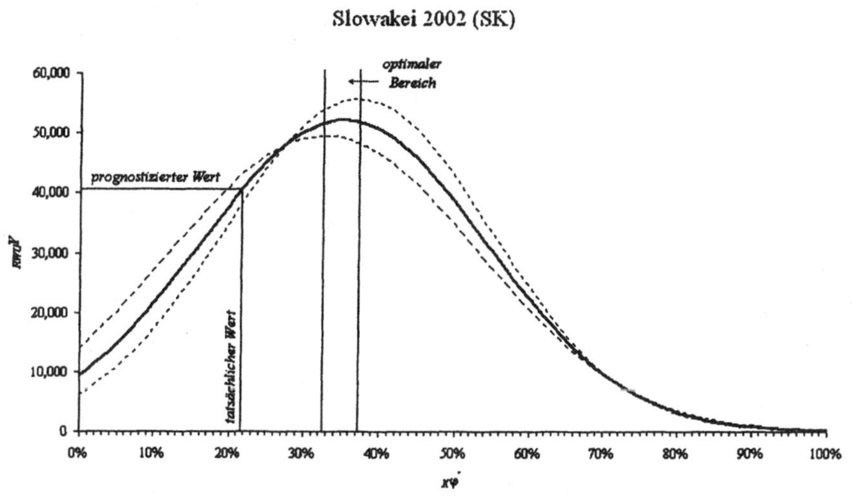

	Tatsächlicher Wert ($_{K}\dot{\varphi} = {_K}\varphi_{2002}$)	+0.75 Stabw. Optimaler Wert ($_{K}\dot{\varphi} = {_K}\varphi^*$)	Basisszenario Optimaler Wert ($_{K}\dot{\varphi} = {_K}\varphi^*$)	- 0.75 Stabw. Optimaler Wert ($_{K}\dot{\varphi} = {_K}\varphi^*$)	Lücke
Bedeutung des Finanzsektors 2002 ($_{K}\varphi$) (in Prozent)	21.8%	37.1%	35.2%	32.6%	10.8% - 15.3%
	Prognostizierter Wert	Optimaler Wert	Optimaler Wert	Optimaler Wert	Lücke
Bruttowertschöpfung des Realsektors 2002 ($_{RWU}Y$) (in Mill. €)	40,608	55,629	52,126	49,516	21.9% - 37.0%

Parameter:

γ_1	9.790	11.845	9.790	7.736
γ_2	-13.788	-15.843	-13.788	-11.734
L_{2002} (in Mill. Personen)	1.673	1.673	1.673	1.673
α	0.3	0.3	0.3	0.3
$_{RWU}K_{2002}$ (in Mill. €)	140,429	140,429	140,429	140,429
ϕ_{2002} (in Personen pro Mill. inländische Finanzaktiva gegenüber dem Realsektor)	1.303	1.303	1.303	1.303

B.14. Ukraine (UA)

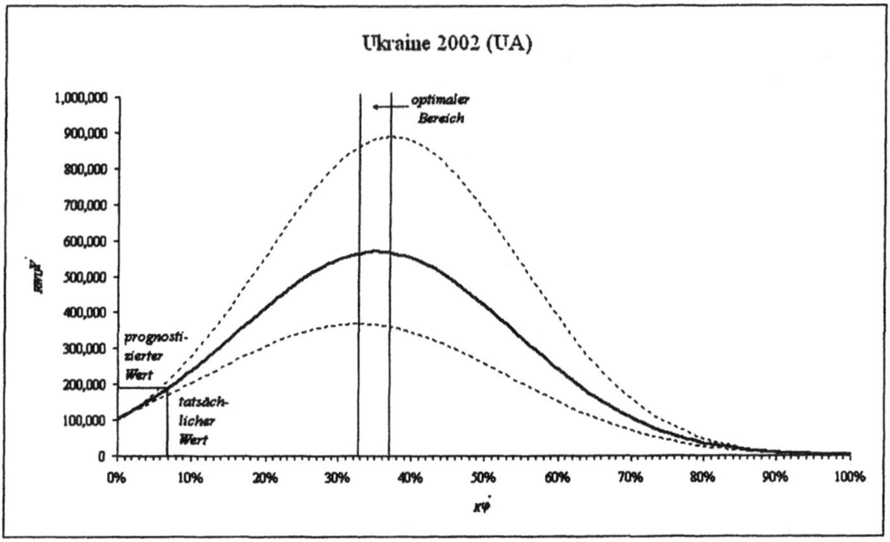

	Tatsächlicher Wert ($_{K}\dot{\varphi} = _{K}\varphi_{2002}$)	+0.75 Stabw. Optimaler Wert ($_{K}\dot{\varphi} = _{K}\varphi^{*}$)	Basisszenario Optimaler Wert ($_{K}\dot{\varphi} = _{K}\varphi^{*}$)	- 0.75 Stabw. Optimaler Wert ($_{K}\dot{\varphi} = _{K}\varphi^{*}$)	Lücke
Bedeutung des Finanzsektors 2002 ($_{K}\varphi$) (in Prozent)	6.9%	37.0%	35.1%	32.5%	25.6% - 30.1%
	Prognostizierter Wert	Optimaler Wert	Optimaler Wert	Optimaler Wert	Lücke
Bruttowertschöpfung des Realsektors 2002 ($_{RWU}Y$) (in Mill. €)	189,760	888,956	568,993	369,292	94.6% - 368.5%
Parameter:					
γ_1	9.790	11.845	9.790	7.736	
γ_2	-13.788	-15.843	-13.788	-11.734	
L_{2002} (in Mill. Personen)	17.427	17.427	17.427	17.427	
α	0.3	0.3	0.3	0.3	
$_{RWU}K_{2002}$ (in Mill. €)	618,460	618,460	618,460	618,460	
ϕ_{2002} (in Personen pro Mill. inländische Finanzaktiva gegenüber dem Realsektor)	4.287	4.287	4.287	4.287	

Forschungsergebnisse der Wirtschaftsuniversität Wien

Herausgeber: Wirtschaftsuniversität Wien –
vertreten durch a.o. Univ. Prof. Dr. Barbara Sporn

Band 1 Stefan Felder: Frequenzallokation in der Telekommunikation. Ökonomische Analyse der Vergabe von Frequenzen unter besonderer Berücksichtigung der UMTS-Auktionen. 2004.

Band 2 Thomas Haller: Marketing im liberalisierten Strommarkt. Kommunikation und Produktplanung im Privatkundenmarkt. 2005.

Band 3 Alexander Stremitzer: Agency Theory: Methodology, Analysis. A Structured Approach to Writing Contracts. 2005.

Band 4 Günther Sedlacek: Analyse der Studiendauer und des Studienabbruch-Risikos. Unter Verwendung der statistischen Methoden der Ereignisanalyse. 2004.

Band 5 Monika Knassmüller: Unternehmensleitbilder im Vergleich. Sinn- und Bedeutungsrahmen deutschsprachiger Unternehmensleitbilder – Versuch einer empirischen (Re-)Konstruktion. 2005.

Band 6 Matthias Fink: Erfolgsfaktor Selbstverpflichtung bei vertrauensbasierten Kooperationen. Mit einem empirischen Befund. 2005.

Band 7 Michael Gerhard Kraft: Ökonomie zwischen Wissenschaft und Ethik. Eine dogmenhistorische Untersuchung von Léon M.E. Walras bis Milton Friedman. 2005.

Band 8 Ingrid Zechmeister: Mental Health Care Financing in the Process of Change. Challenges and Approaches for Austria. 2005.

Band 9 Sarah Meisenberger: Strukturierte Organisationen und Wissen. 2005.

Band 10 Anne-Katrin Neyer: Multinational teams in the European Commission and the European Parliament. 2005.

Band 11 Birgit Trukeschitz: Im Dienst Sozialer Dienste. Ökonomische Analyse der Beschäftigung in sozialen Dienstleistungseinrichtungen des Nonprofit Sektors. 2006

Band 12 Marcus Kölling: Interkulturelles Wissensmanagement. Deutschland Ost und West. 2006.

Band 13 Ulrich Berger: The Economics of Two-way Interconnection. 2006.

Band 14 Susanne Guth: Interoperability of DRM Systems. Exchanging and Processing XML-based Rights Expressions. 2006.

Band 15 Bernhard Klement: Ökonomische Kriterien und Anreizmechanismen für eine effiziente Förderung von industrieller Forschung und Innovation. Mit einer empirischen Quantifizierung der Hebeleffekte von F&E-Förderinstrumenten in Österreich. 2006.

Band 16 Markus Imgrund: Wege aus der Insolvenz. Eine Analyse der Fortführung und Sanierung insolventer Klein- und Mittelbetriebe unter besonderer Berücksichtigung des Konfigurationsansatzes. 2007.

Band 17 Nicolas Knotzer: Product Recommendations in E-Commerce Retailing Applications. 2008.

Band 18 Astrid Dickinger: Perceived Quality of Mobile Services. A Segment-Specific Analysis. 2007.

Band 19 Nadine Wiedermann-Ondrej: Hybride Finanzierungsinstrumente in der nationalen und internationalen Besteuerung der USA. 2008.

Band 20 Helmut Sorger: Entscheidungsorientiertes Risikomanagement in der Industrieunternehmung. 2008.

Band 21 Martin Rietsch: Messung und Analyse des ökonomischen Wechselkursrisikos aus Unternehmenssicht: Ein stochastischer Simulationsansatz. 2008.

Band 22 Hans Christian Mantler: Makroökonomische Effizienz des Finanzsektors. Herleitung eines theoretischen Modells und Schätzung der Wachstumsimplikationen für die Marktwirtschaften und Transformationsökonomien Europas. 2008.

www.peterlang.de

Peter Lang · Internationaler Verlag der Wissenschaften

Jörg Friedrich Diesfeld

Strategieoptionen für den Ausbau Strategischer Allianzen

Theoriegestützte Analyse alternativer Wachstumswege für kooperierende Unternehmen im Rahmen einer externen Unternehmensentwicklung
Am Beispiel der europäischen Linienluftverkehrsgesellschaften

Frankfurt am Main, Berlin, Bern, Bruxelles, New York, Oxford, Wien, 2004.
XXIII, 638 S., zahlr. Abb.
Europäische Hochschulschriften: Reihe 5, Volks- und Betriebswirtschaft.
Bd. 3086
ISBN 978-3-631-53005-4 · br. € 97.50*

Strategische Allianzen stellen ein bedeutendes Realphänomen der letzten zwei Jahrzehnte dar. Insbesondere im Linienluftverkehr wurden seit Beginn der 90er-Jahre eine Vielzahl von Kooperations- und Allianzvereinbarungen zwischen internationalen Luftverkehrsgesellschaften abgeschlossen. Zunehmend steht dabei die Frage nach einer sinnvollen Intensivierung der bestehenden Zusammenarbeit im Mittelpunkt des Interesses. In diesem Zusammenhang führt die Arbeit zu einem weit reichenden theoretischen und anwendungsorientierten Erkenntnisgewinn. Neben der theoretischen Fundierung von Allianzausbauentscheidungen werden zahlreiche Optionen für die weitere Gestaltung der Luftverkehrsallianzen identifiziert. Dazu wurden einschlägige Theorieansätze verwendet und mehrere Expertengespräche in der Luftfahrtbranche durchgeführt.

Aus dem Inhalt: Unternehmenskooperation und Strategische Allianzen · Unternehmensentwicklung und Unternehmenswachstum · Strategie und Strategisches Management

Frankfurt am Main · Berlin · Bern · Bruxelles · New York · Oxford · Wien
Auslieferung: Verlag Peter Lang AG
Moosstr. 1, CH-2542 Pieterlen
Telefax 0041 (0)32/376 17 27

*inklusive der in Deutschland gültigen Mehrwertsteuer
Preisänderungen vorbehalten

Homepage http://www.peterlang.de

FSC
www.fsc.org
MIX
Papier | Fördert
gute Waldnutzung
FSC® C083411

Kolibri 360 GmbH
Ferdinand-Jühlke-Straße 7
99095 Erfurt, Deutschland
produktsicherheit@kolibri360.de

Druck:
CPI Druckdienstleistungen GmbH
im Auftrag der
Kolibri 360 GmbH
Ferdinand-Jühlke-Str. 7
99095 Erfurt